발견론

정암고전총서 키케로 전집

발견론

키케로

김기영 옮김

아카넷

'정암고전총서'를 펴내며

그리스·로마 고전은 서양 지성사의 뿌리이며 지혜의 보고다. 그러나 이를 한국어로 직접 읽고 검토할 수 있는 원전 번역은 여전히 드물다. 이런 탓에 우리는 서양 사람들의 해석을 수동적으로 수용하는 처지를 완전히 극복하지 못하고 있다. 사상의 수입은 있지만 우리 자신의 사유는 결여된 불균형의 문제를 안고 있는 것이다. 이런 상황은 우리의 삶과 현실을 서양의 문화유산과 연관 지어 사색하고자 할 때 특히 심각한 문제를 야기한다. 우리 자신이 부닥친 문제를 자기 사유 없이 남의 사유를 통해 이해하거나 해결하는 것은 거의 불가능하기 때문이다. 우리의 문제에 대한 인문학적 대안이 때로는 현실을 적확하게 꼬집지 못하고 공허한 메아리로 들리는 것도 그런 이유 때문일 것이다.

한 공동체에서 살아가는 사람들이 함께 고민하는 문제를 두고 자신들의 생각과 말을 나눌 때, 인문학은 비로소 진정한 울림이 있는 메아리가 될 수 있다. 그리고 그 출발점은 서로가 같은 문제의식을 공유하는 데 있으나 그조차도 함께 사유할 텍스트가 없다면 무용지물일 것이다. 사유를 공유할 텍스트가 없을 때는 앎과 말과 함이 분열될 위험에 처한다. 이런 점에서 진정한 인문학적 탐색은 삶의 현실이라는 텍스트, 그리고 생각을 나눌 수 있는 문헌 텍스트와 만나는 이중의 노력에 의해 가능할 것이다.

현재 한국의 인문학적 상황은 기묘한 이중성을 보인다. 대학 강단의 인문학은 시들어 가고 있는 반면 대중 사회의 인문학은 뜨거운 열풍이 불어 마치 중흥기를 맞이한 듯하다. 그러나 현재의 대중 인문학은 비판적으로 사유하는 인문학이 되지 못하고 자신의 삶을 합리화하는 도구로 전락하는 경향이 없지 않다. 사유 없는 인문학은 대중의 욕망을 충족시키기 위해 소비되는 상품에 지나지 않는다. 정암고전총서 기획은 이와 같은 한계를 극복할 수 있는 기본적인 토대를 마련하고자 하는 절실한 문제의식에서 시작되었다.

정암학당은 철학과 문학을 아우르는 서양 고전 문헌의 연구와 번역을 목표로 2000년 임의 학술 단체로 출범했다. 그리고 그 첫 열매로 서양 고전 철학의 시원이라 할 『소크라테스 이전 철학자들의 단편 선집』을 2005년도에 펴냈다. 2008년에는 비영리 공익

법인의 자격을 갖는 공적인 학술 단체의 면모를 갖추고 플라톤 원전 번역을 완결한다는 목표 아래 지금까지 20여 종에 이르는 플라톤 번역서를 내놓았다. 이제 '플라톤 전집' 완간을 눈앞에 두고 있는 시점에 정암학당은 지금까지의 시행착오를 밑거름 삼아 그리스·로마의 문사철 고전 문헌을 한국어로 옮기는 고전 번역 운동을 본격적으로 펼치려 한다.

정암학당의 번역 작업은 철저한 연구에 기반한 번역이 되도록 하기 위해 처음부터 공동 독회와 토론을 통해 이루어진다. 번역 초고를 여러 번에 걸쳐 교열, 비평을 하는 공동 독회 세미나를 수행하여 이를 기초로 옮긴이가 최종 수정하는 방식으로 진행된다. 이같이 공동 독회를 통해 번역서를 출간하는 방식은 서양에서도 유래를 찾기 어려운 시스템이다. 공동 독회를 통한 번역은 매우 더디고 고통스러운 작업이지만, 우리는 이 같은 체계적인 비평의 과정을 거칠 때 믿고 읽을 수 있는 텍스트가 탄생할 수 있다고 확신한다. 이런 번역 시스템 때문에 모든 '정암고전총서'에는 공동 윤독자를 병기하기로 한다. 그러나 윤독자들의 비판을 수용할지 여부는 결국 옮긴이가 결정한다는 점에서 번역의 최종 책임은 어디까지나 옮긴이에게 있다. 따라서 공동 윤독에 의한 비판의 과정을 거치되 옮긴이들의 창조적 연구 역량이 자유롭게 발휘될 수 있도록 노력했다.

정암학당은 앞으로 세부 전공 연구자들이 각각의 팀을 이루어

연구와 번역을 병행함으로써 아리스토텔레스 철학 원전, 키케로 전집, 헬레니즘 선집 등의 번역본을 출간할 계획이다. 그리고 이렇게 출간할 번역본에 대한 대중 강연을 마련하여 시민들과 함께 호흡할 수 있는 장을 열어 나갈 것이다. 공익법인인 정암학당은 전적으로 회원들의 후원으로 유지된다는 점에서 정암고전총서는 연구자들의 의지뿐만 아니라 시민들의 소중한 뜻이 모여 세상 밖에 나올 수 있는 셈이다. 이런 점에서 정암고전총서가 일종의 고전 번역 운동으로 자리매김되기를 기대한다.

정암고전총서를 시작하는 이 시점에 두려운 마음이 없지 않으나, 이런 노력이 서양 고전 연구의 디딤돌이 될 것이라는 희망, 그리고 새로운 독자들과 만나 새로운 사유의 향연이 펼쳐질 수 있으리라는 기대감 또한 적지 않다. 어려운 출판 여건에도 정암고전총서 출간의 큰 결단을 내린 아카넷 김정호 대표에게 경의와 감사의 뜻을 전한다. 끝으로 정암학당의 기틀을 마련했을 뿐만 아니라 앎과 실천이 일치된 삶의 본을 보여 주신 이정호 선생님께 존경의 마음을 표한다. 그 큰 뜻이 이어질 수 있도록 앞으로도 치열한 연구와 좋은 번역을 내놓는 노력을 다할 것이다.

2018년 11월
정암학당 연구자 일동

'정암고전총서 키케로 전집'을 펴내며

"철학 없이는 우리가 찾는 연설가를 키워 낼 수 없다(Sine philosophia non posse effici quem quaerimus eloquentem)."(키케로, 『연설가』 4.14)

키케로가 생각한 이상적 연설가는 철학적 사유가 뒷받침된 연설가다. 정암학당 키케로 연구 번역팀의 문제의식 역시 여기서 출발한다. 당파를 지키고 정적을 공격하는 수많은 연설문, 연설문 작성의 방법론을 논하는 수사학적 저술, 개인적 시각에서 당대 로마 사회를 증언하는 사적인 편지 등 로마 공화정 말기를 기록한 가장 풍부한 문헌 자료를 남긴 키케로를 전체적으로 이해하는 토대는 그의 철학 저술이다.

키케로의 철학 저술은 그의 모든 저술을 이해하는 벼리가 될 뿐만 아니라, 로마 문명이 희랍 철학을 주체적으로 수용하게 되는 계기를 제공했다는 점에서 중요한 철학사적 의의를 지닌다. 기원전 1세기 전후로 본격화된 희랍 철학자들과의 교류를 통해 회의주의 아카데미아학파, 소요학파, 스토아학파, 에피쿠로스학파, 견유학파 등의 학설이 로마에 소개되고 정착되었으며, 그 과정에서 키케로는 당시 로마 사회의 지적 요구와 실천적 관심을 반영한 철학책들을 라틴어로 저술했다. 그의 철학 저술은 희랍 철학이 로마라는 새로운 용광로에서 뒤섞이고 번역되어 재창조되는 과정을 생생하게 보여 준다.

키케로의 철학 저술에 담긴 내용은 비단 철학에 국한되지 않는다. 정치가로서 탁월한 역할을 수행한 만큼 로마법에 대한 해박한 지식이 깔려 있고, 로마 전통에 대한 자긍심과 희랍 문물을 로마에 소개하려는 열정에 이끌려 인용하는 희랍과 로마 문학 작품의 주옥같은 구절들이 그의 저술 곳곳에 박혀 있다. 이에 정암학당 키케로 연구 번역팀은 고대 철학, 법학, 문학, 역사 전공자들이 한자리에 모여 함께 그의 작품을 연구하기 시작했고, 이는 이미 10년을 훌쩍 넘겼다. 서로 다른 전공 분야의 이해와 어휘를 조율하는 어려움 속에서도 키케로 강독은 해를 거듭하면서 점차 규모와 체계를 갖추게 되었다. 번역어 색인과 인명 색인이 쌓였고, 미술사를 포함한 인접 학문과의 연계와 접점도 확대되었으며, 이제 키케로의 철학 저술을 출발점으로 삼아 정암고전총서 키케로 전집을 선보인다.

   키케로 전집 출간이라는 이 과감한 도전은 2019년 한국연구재단의 연구소 지원 사업을 통해 획기적으로 진척되었으며, 2020년 이탈리아 토리노 대학 인문학부와의 협약으로 키케로 저술과 관련된 문헌 자료 지원을 받게 되었다. 이 두 기관은 정암고전총서 키케로 번역 전집을 출간하는 데 큰 도움을 주었다. 그러나 이 도전과 성과는 희랍·로마 고전 번역의 토대가 되도록 정암학당의 터를 닦은 이정호 선생님, 이 토대를 같이 다져 주신 원로 선생님들, 20년에 걸친 플라톤 번역의 고된 여정을 마다하지 않은 정암학당 선배 연구원들, 그리고 서양 고대 철학에 대한 애정과 연구자들에 대한 호의로 정암학당을 아껴 주신 후원자들, 흔쾌히 학술 출판을 맡아 준 아카넷 출판사가 없었다면 불가능했을 것이다. 학문 공동체의 면모가 더욱 단단해지는 가운데 우리는 내일 더 큰 파도를 타리라.

2021년 9월
정암고전총서 키케로 전집 번역자 일동

차례

'정암고전총서'를 펴내며 5
'정암고전총서 키케로 전집'을 펴내며 9
작품 내용 구분 14
일러두기 18

1권 19
2권 113

주석 217
작품 안내 245
참고 문헌 261
찾아보기 265
옮긴이의 말 273

작품 내용 구분

1권

서론(1~5a)
수사학의 기본 개념들(5b~9): 종류, 임무, 목표, 소재(전시적인 것, 심의적인 것, 소송적인 것), 부분들(발견, 배치, 표현, 기억, 실연)

1부

1. 쟁점 이론의 개요와 개념들(10~19a)
    1) 쟁점의 정의(10)
    2) 네 가지 쟁점(10~16): 추정의 쟁점, 정의의 쟁점, 질의 쟁점, 이전의 쟁점
    3) 단순한 사안과 복합적인 사안(17a), '논증'과 '문서'에서의 논쟁(17b~18a)
    4) 쟁점 질문, 근거, 판단 사항, 확증(18b~19a)

2부

2. 연설의 부분들(19b~109)
    1) 머리말(20~26)
        ① 세 가지 요건: 청자가 호의를 보여 주는 것(20~22), 주의를 기울이는 것(23), 수용적인 것(23)
        ② 다섯 가지 종류의 사안(연설): 훌륭한 것, 기이한 것, 사소한 것, 양가적인 것, 난해한 것(20)
        ③ 두 가지 종류의 머리말: 단도직입과 우회도입(20~25)
        ④ 머리말의 결함들: 평범한 것, 공통된 것, 전용 가능한 것, 장황

한 것, 무관한 것, 빗나간 것, 지침에 반하는 것(26)
2) 서술(27~30)
　　① 사건을 다루는 서술: 신화, 역사, 허구(27)
　　② 인물을 다루는 서술(27)
　　③ 서술의 요건: 간결함, 명료함, 개연성(28~30)
3) 구분(31~33)
　　① 유와 종 구분의 중요성(32)
4) 확증(34~77)
　　① 논소의 속성들(34~43)
　　② 인물의 속성들: 이름, 본성, 생활 방식, 운수, 습성, 상태, 애호, 의도, 행적, 변고(34~36)
　　③ 행위의 속성들: 행위 자체와 직결되는 것, 행위의 실행(장소, 일시, 방법, 시기, 수단), 행위에 결부되는 것, 귀결(37~43)
　　④ 논증의 종류(44~49)
　　　· 필연적인 논증: 딜레마, 소거, 단순 결론(44~45)
　　　· 개연적인 논증: 보통 일어나곤 하는 것, 의견에 근거한 것, 유사함(46~47), 징후, 믿을 만한 것, 판단, 비교 가능한 것(비유, 대비, 선례)(48~49)
　　⑤ 논증의 유형(50~77)
　　　· 귀납(50~56)
　　　· 연역(57~76): 다섯 부분, 네 부분, 세부분이나 두 부분 논의
5) 논박(78~96)
　　① 가정된 것들 중 하나나 그 이상을 인정하지 않는 것(78~86): 개연적인 논증의 반박(의견, 비교 가능한 것, 판단, 징후), 필연적

인 논증의 반박(딜레마, 소거, 단순 결론)
　② 결론의 도출을 부정하는 것(87~89a)
　③ 논증의 결함이 있는 것(89b~95)
　④ 똑같이 강력하거나 더 강력한 논증을 맞세우는 것(96)
6) 여담(97): 헤르마고라스에 대한 입장
7) 맺음말(98~109a)
　① 요약(98~100a)
　② 분개(100b~105)
　③ 한탄(106~109a)
8) 결어(109b)

2권

서론(1~10)

3부

3. 확증과 논박의 쟁점들 상세(11~178)
　1) 서론(11~13): 1권과의 차이점. 2권은 세 가지 종류의 연설에 따라서 구분됨
　2) 소송류의 지침(14~154)
　　① 추정의 쟁점(14~51)
　　② 정의의 쟁점(52~56)
　　③ 이전의 쟁점(57~61)
　　④ 질의 쟁점과 그 종들(62~115)

- 법무와 관련된 종(62~68)
- 사법과 관련된 종(69~115)

　　내재인 것(69~71a)

　　외재인 것(71b~109): 비교(72~78a), 역고발(78b~86a),
　　　전가(86b~94), 자인(94b~109)

　　포상 개념과 논소들(110~115)

⑤ 문서에 대한 논쟁(116~154)

- 애매함(116~121a)
- 문언과 의도(121b~143)
- 법률의 상충(144~147)
- 유추(148~153a)
- 정의(153b~154)

3) 심의류의 지침(155~176)

① 훌륭함의 근거로 한 논증. 훌륭함의 종류: 지혜, 정의, 용기, 절제(159~165)

② 훌륭함과 유익의 근거로 한 논증(166~168a)

③ 유익에 대한 논증(168b~169)

④ 불가피함(170~175)

⑤ 상태(176)

4) 전시류의 지침(177~178a): 칭찬과 비난

5) 결어(178b)

일러두기

1 이 책은 G. Achard, *De l'invention*, Paris: Les Belles Lettres, 1994를 우리말로 옮긴 것이다.
2 참고한 번역본들은 아래와 같다.
   Achard, G., *De l'invention*, Paris: Les Belles Lettres, 1994.
   Greco, M., *De inventione*, Galatina: Concedo Eidtore, 1998.
   Nüßlein, Theodor, *De Inventione; De optimo genere oratorum*, Düsseldorf: Artemis & Winkler, 1998.
   Hubbell, H. M., *De inventione; De optimo genere oratorium; Topica*, Cambridge, Mass.: Harvard UP, 1949.
   片山英男(翻訳), キケロー『発想論ほか』, 岩波書店, 2000.
3 〔 〕는 삭제 판정한 부분이다. 주석에 삭제를 제안한 학자의 이름을 밝혀 놓았다. 아샤르(Achard) 비판 정본 46~47쪽에서 학자의 이름과 서지 사항을 확인할 수 있다.
4 ( )는 이해의 편의를 위해서 옮긴이가 삽입한 부분이다.
5 문단 구분은 번역 대본인 아샤르의 비판 정본에 따랐다.

1권

Ⅰ1 나는 자주 곰곰이 심사숙고했다. 웅변과 연설 능력에 쏟은 엄청난 열의가 과연 개인과 국가에 많은 선을 낳았는가, 아니면 많은 악을 낳았는가? 실로 우리 국가에 끼친 해악을 고려하고 거대한 국가를 덮쳤던 오래된 재앙을 상기해 보면, 매우 유창한 자들이 제법 큰 손해를 끼쳤음을 알게 되기 때문이다. 한편 오랜 세월이 흘러서 우리 기억에서 사라진 사건들을 고문헌에서 다시 찾아보면, 영혼 이성의 도움뿐 아니라 웅변의 도움 역시 있었기에 더 쉽게 많은 도시가 건설되었고, 수많은 전쟁의 불꽃이 꺼졌고, 가장 강력한 동맹과 가장 신성한 우정이 맺어졌다는 것을 이해하게 되기 때문이다.[1]

게다가 오랜 숙고 끝에 오로지 이성의 안내로 도달한 매우 강력한 의견에 따르면 웅변 없는 지혜는 국가에 매우 미미한 이익을 주는 반면 지혜 없는 웅변은 일반적으로 매우 해롭고 전혀 이롭지 않다. 그러므로 만일 어떤 이가 이성과 의무에 대한 가장 옳고 훌륭한 연구를 게을리 하고 연설 연습에만 온 힘을 쏟는다면, 그는 자신에게는 아무 쓸모없고 자기 나라에는 아주 해로운 시민으로 자랄 것이다. 그러나 웅변으로 무장하여 조국의 이익을 해치지 않고 그 이익을 위해 싸울 수 있다면 사익과 공익 모두에서 매우 쓸모 있고 매우 호의적인 시민이 된다고 생각한다.

2 이른바 웅변이라고 부르는 것이 기술이든, 학문이든, 연습이든, 타고난 능력이든지 간에,[2] 웅변은 가장 훌륭한 동기에서 생겨났고 가장 뛰어난 생각에서 시작했다는 것을 발견하게 된다.

II 실로 사람들이 짐승처럼 들판에 흩어져 떠돌며 날음식으로 연명하던 시기가 있었다.[3] 사람들은 영혼 이성의 도움으로는 아무 일도 하지 않고 대부분 육체의 힘에 의존해 일하고 있었다. 아직은 신성한 종교나 사람다운 의무를 유념하지도 않았다. 법적인 결혼은 아무도 본 적 없었고 누구도 자기 자식을 특정하기 어려웠다. 또한 공정한 법이 어떤 유익을 주는지도 이해하지 못했다. 이처럼 착오와 무지로 인해서 영혼의 눈 멀고 경솔한 여주인인 욕망은 자기만족을 위해서 육체의 힘을 아주 해로운 수행원으로 삼아 잘못 부리고 있었다.

이런 시기에 분명 한 위대한 현자는 영혼 안에 어떤 소질이 숨어 있고 그것을 끌어내 가르쳐 개선하면 가장 위대한 업적을 성취할 수 있는, 참으로 큰 기회가 있다는 것을 깨달았다. 그는 어떤 계획에 따라서, 들판에 흩어져 있고 숲속 지붕 아래 숨어 있던 사람들을 한 장소에 몰아넣었다. 사람들 각자에게 유용하고 명예로운 일들을 소개하자 처음에 사람들은 낯설어하며 반대했지만, 이후에는 그의 조리 있는 연설에 점점 더 열심히 귀를 기울였다. 마침내 현자는 이 사납고 무서운 야만인들을 이제는 온순하고 친절한 사람들로 변모시킨 것이었다.[4] **3** 어쨌든 사람들이 갑자기 익숙한 관습에서 벗어나서 상반된 삶의 방식으로 넘어갈 수 있었던 건 침묵하거나 말수가 적은 지혜 덕분은 아니었을 거라 생각한다.

도시들이 건설되고 나서 사람들은 신뢰를 중히 여기고 정의를 수호하는 것을 배우며 자발적으로 다른 이들에게 복종하는데 익숙해지고, 공익을 위해서는 수고를 떠맡을 뿐만 아니라 심지어 목숨마저도 바쳐야 한다고 믿게 되었다. 만일 사람들이 이성의 힘으로 발견한 것을 웅변을 이용해 동료를 설득할 수 없었다면, 어떻게 이런 일이 일어날 수 있었을까? 실로 무력으로 뭐든지 해결할 수 있는 자는 진중하고 매력적인 연설에 마음이 동해서, 무력의 행사 없이 순순히 정의에 복종하고 싶어 했으리라. 그래서 그는 자신보다 훨씬 열등한 약자들과 동등하게 지내는 것을 감내하며 오랜 세월 동안 천성의 힘으로 획득한 매우 안락한 관습에서 자발적으로 물러나고 말았다.

이렇게 생겨나서 장족의 발전을 이룬 웅변은, 이후에도 마찬가지로 전쟁과 평화라는 가장 중요한 사안에서 사람들에게 엄청난 유익을 주었다고 생각한다. 그러나 덕의 비뚤어진 모방자인 이득을 쫓는 자들은 의무를 도외시하고는 연설 능력을 얻고 나자, 그 재능에 기대어 악의를 품고는 종종 도시를 파괴하고 인간의 삶을 해쳤다.

III 4 이미 선의 기원을 말했으니 이제는 악의 시작도 설명하겠다. 내게 아주 그럴듯해 보이는 가설은 다음과 같다. 어느 시기에 어눌하고 무지한 자들은 공적인 일에 종사하지 않았고, 뛰어나고 유창한 자들은 사적인 송사에는 관여하지 않았다. 그런데 가장 뛰어난 자들이 가장 중요한 사안을 관리하는 동안에 어리석지 않은 자들이 사인(私人)들의 사소한 다툼에 관여하고 있었다. 이러한 다툼에서 바로 그들은 진실에 반대하며 거짓의 편에 서는 데 익숙해지고, 끊임없이 연설을 연마하다가 무모함까지 겸비하게 되었다. 이 무모한 자들에게서 시민들이 해악을 입자 지위 높은 자들은 그들에 맞서 대항하고 각자는 자기 친척과 친구를 도와줄 수밖에 없었다. 그래서 지혜의 탐구 없이 웅변만을 습득한 자는 연설에서 종종 동등한 자로, 아니 심지어 더 월등한 자로 보였기에 자신의 판단과 군중의 판단을 등에 업고 국가 통치에 적합한 자로 나타나게 되었다. 이때부터, 확실하고 당연하게도, 경솔하고 대담한 자들이 국가의 배를 조종할 때마다 엄청나고 처참한 난파에 부딪히곤 했다. 이러한 사태 때문에 웅변이 큰 미움과 질시를 받게 되자 재능이 뛰어난 자들은 마치 거센 폭풍우를 피해 항구에서 피난처를 찾듯이 소란하고 혼란한 삶을 등지고 평온한 탐구에 몰두하게 되었다.

그래서 이후에 옳고 훌륭한 다른 연구들은 가장 고귀한 자들이 은둔하여 열심히 수행한 결과 빛나는 발전을 이루었지만, 이 웅변 연구는, 그 연구가 더 힘차게 유지되고 더 열심히 확장되어야 했던 시기에도 대다수 고귀한 자들이 포기했기 때문에 그 빛을 잃고 말았다고 생각한다. **5** 우둔하고 부도덕한 자들이 무분별과 무모함으로 가장 훌륭하고 정의로운 일을 짓밟아 버리며 국가에 엄청난 해악을 끼치는 부적절한 사태가 심각해질수록, 우리는 계속 그들에게 더욱더 열정적으로 저항하고 국가의 안녕을 위해 숙고해야만 했다. **IV** 우리의 카토,[5] 라일리우스,[6] 솔직히 말하자면 그들의 제자인 아프리카누스,[7] 〔그리고 그의 손자인 그락쿠스 형제[8]〕[9]는 이러한 사태를 숙지하고 있었다. 이들은 최고의 덕과 그 덕으로 강화된 권위는 물론, 덕과 권위의 장식이고 국가의 방벽인 '웅변'도 갖추고 있었다.

그러므로 내 생각에 비록 웅변이 사적이든 공적이든 오용된다고 하더라도 우리는 더욱더 웅변 연구에 전념해야 한다. 악인들이 거대한 권력을 장악하여 선량한 시민들을 크게 해치고 모두를 공멸에 이르도록 하지 않기 위해서라도 웅변을 더욱더 진지하게 연구해야 하는 것이다. 무엇보다도 웅변은 사적이든 공적이든 모든 일에 관여하는 유일한 것이니, 우리 삶을 안전하게, 훌륭하게, 영광스럽게, 또한 즐겁게 만들어 준다. 실로 만물의 지배자인 지혜가 함께하는 웅변만이 국가에 매우 큰 이익을 주는 법이다. 이러한 웅변을 습득한 자는 칭찬과 명예와 위엄을 얻게 되어 그의 친구들에게도 가장 확실하고 가장 안전한 보호를 제공한다.

더구나 사람은 야수와 비교해 여러모로 더 열등하고 더 나약하지만 언어 능력이 있다는 점에서는 야수보다 앞서 있다고 나는 생각한다.[10] 그래서 바로 사람이 야수보다 우위에 있는 언어 능력 면에서 사람들 가운데 뛰어난 자는 탁월한 능력을 얻었다고 하겠다. 이 능력이 본성적으로 타고나기도 하지만 연습으로 얻을 수도 있고, 이론으로도 마련되는 것이라면 우리에게 연설의 지침을 내려 준 자들이 무슨 말을 하는지 살펴봐야 할 것이다.

연설의 지침을 말하기 전에 바로 그 기술의 성질, 임무, 목표, 소재, 부분들을 말해야겠다. 이것들을 알고 나면 모든 독자는 어려움 없이 더 쉽게, 바로 그 기술의 이론과 방법을 고찰할 수 있을 것이다.

V 6 정치학은 여러 중요한 부분들로 이루어져 있는데, 그것의 중요하고 포괄적인 일부는 연설술이라고 부르는 정교한 웅변이다. 나는 정치학에서 웅변이 필요 없다고 생각하는 자들에게 동

의하지 않고, 또 정치학이 연설가의 힘과 기교에 전적으로 의존한다고 생각하는 자들에게는 더더욱 동의하지 않는다. 따라서 이 연설 능력을 정치학의 일부로 분류하려는 것이다.

연설 능력의 임무는 설득을 위해 적합하게 말하는 것이고, 그것의 목표는 언설을 통해서 설득하는 것이라 하겠다. 그 임무와 목표 사이에는 차이가 있다. 임무는 무엇을 해야 하는지, 목표는 무엇을 실현해야 하는지 고찰하기 때문이다. 예를 들어, 의사의 임무는 병을 고치기 위해서 적합하게 치료하는 것이고, 또 그의 목표는 치료하여 병을 고치는 것이다. 마찬가지로 연설가가 마땅히 수행해야 하는 일을 그의 임무라고 부르고, 또 그가 마땅히 수행해야 하는 이유를 그의 목표라고 부른다면, 그의 임무와 목표가 무엇인지 이해할 수 있다.[11]

7 기술의 소재(素材)는 모든 기술과, 기술로 발휘되는 능력과 관련이 있다. 예를 들어, 질병과 상처는 모든 의술이 다루는 대상이기에 의술의 소재라고 한다. 마찬가지로 연설의 기술과 능력이 다루는 대상은 연설술의 소재라고 한다. 그런데 어떤 이는 그 소재가 다수라고 생각했고, 또 어떤 이는 소수라고 생각했다. 실로 거의 가장 오래된[12] 수사학 교사인 레온티노이의 고르기아스[13]는 연설가가 모든 주제에 대해 가장 잘 말할 수 있다고 주장한 바 있다.[14] 그는 이 기교에 방대한, 아니 사실상 무한한 소재를 배정한 것이라 하겠다. 그런데 연설술에 매우 많은 수단과 장

비를 마련해 주었던 아리스토텔레스는 연설가의 임무가 세 가지 종류의 사안, 즉 전시(展示)적인 것, 심의(審議)적인 것, 소송(訴訟)적인 것과 관련된다고 생각했다.[15] '전시적인 것'은 어떤 인물에 대한 칭찬이나 비난에 집중한다. '심의적인 것'은 정치적인 논쟁에 속하고 의견의 개진을 포함한다. 법정에 속하는 '소송적인 것'은 고발과 변호, 또는 청원과 이의를 포함한다. 연설가의 기술과 능력은 적어도 이 세 종류의 소재에서 발휘되어야 한다고 생각한다.

VI 8 정말로 헤르마고라스[16]는 자신이 무슨 말을 하는지 주의하지도 못하고, 또 자신이 무엇을 제안하는지 이해하지도 못한 것으로 보인다. 왜냐하면 그가 연설가의 소재를 '특수 사안'과 '일반 문제'로 나누었기 때문이다.[17] '특수 사안'은 특정인들과 관련된 연설에서 전개되는 논쟁을 포함하고 있는 문제를 말하는데, 나도 이것은 연설가의 소재에 해당한다고 주장한다. 내가 앞에서 언급한 세 가지 소재, 즉 소송적인 것, 심의적인 것, 전시적인 것이 여기에 속하기 때문이다. 반면 헤르마고라스는 특정 인물들과 관련 없는 연설에 근거한 논쟁을 포함하는 것을 '일반 문제'라고 부른다. 이를테면 "훌륭함 이외에 다른 좋음이 있는가?" 또는 "감각은 참인가?" 또는 "우주의 형태는 어떠한가?" 또는 "태양은 얼마나 큰가?" 이 문제들이 연설가의 임무와는 거리가 멀다는 점은 모두가 쉽게 이해할 수 있을 것이다. 이 주제들은 철학자들이 가장 뛰어난 지성으로 엄청난 노력을 기울여 탐구했음을 알고 있고, 그것들을 변변치 않은 문제들인 양 연설가에게 배정하는 것은 매우 어리석은 일이기 때문이다. 그 주제들에 대해서 헤르마고라스가 연구와 훈련을 통해서 탁월한 능력을 성취하여 갖추었다고 가정해도, 그는 자기 지식에 기대어 연설가에 대한 나머지 이론을 잘못 규정했을 것이고 또 연설술이 아니라 자신이 할 수 있는 바를 기술했을 것이다. 그러나 실제로 그의 재능을 알아본 사람들에게는 그의 철학 지식을 인정하기보다는 그의 연설술을 부정하는 것이 더 쉬운 일이었다. 그가 집필했던 교과서가 결함이 많아 보여서 내가 이렇게 말하는 것은 아니다. 그가 이전 저자들로부터 선택한 주제를, 정교하고 꼼꼼하게 정리하고 거기에 어느 정도 새로운 내용을 추가했다고 보기 때문이다. 하지만 그가 했듯이 연설술에 대해 말하는 것은 연설가에게는 거의 의미 없는 일이다. 연설술 지침에 따라서 말하는 것이 가장 중요한 일인데, 그가 그렇게 할 수 없었음을 우리 모두가 알고 있다.

VII 9 그러므로 연설술의 소재는 내가 말했듯이 아리스토텔레스가 규정한 것이라고 생각한다. 대다수 연구자가 동의했듯이 연설술의 부분들은 발견, 배치, 표현, 기억, 실연(實演)이다.[18] '발견'은 자신의 사안을 신빙성 있게 보여 주기 위해서 참이거나 참되어 보이는 논거들을 생각해 내는 것이다. '배치'는 이렇게 발견된 논거들을 질서 있게 배정하는 것이다. '표현'은 발견된 논거들에 적합한 말을 적용하는 것이다. '기억'은 영혼 안에 말과 주제를 확고하게 장악하는 것이다. '실연'은 말과 주제에 어울리게 신체와 음성을 통제하는 것이다.

이들 개념을 간략하게 규정했으니 연설술의 성질, 목적, 임무를 상술하는 일은 다음 기회로 미뤄야겠다. 이 주제는 자세하게 다룰 필요가 있지만, 그것이 연설술의 설명과, 전수해야 하는 지침과는 그렇게 밀접하게 연관되어 있지 않기 때문이다. 하지만 연설술 교과서의 집필자는 두 가지 주제, 즉 연설술의 소재와 부분들을 반드시 논의해야 한다고 생각한다. 게다가 소재와 부분들은 함께 묶어서 논의해야 할 것이다. 그러므로 모든 부분 중에서 가장 중요한 발견이 모든 종류의 사안에서 어떤 성질을 가져야 하는지 고찰해 보자.

VIII 10 연설과 토론에서 논쟁하게 되는 모든 주제는 사실이나 명칭이나 성질[19]이나 소송의 문제를 포함하고 있다. 그로부터 사안이 생겨나는 질문은 쟁점[20]이라고 부른다. '쟁점'은 주장들의 첫 충돌로서 고발을 부인하며 시작된다. 예를 들어, "당신은 그것을 했습니다." 또는 "나는 하지 않았습니다." 또는 "나는 정당하게 했습니다." 사실에 대한 논쟁은 주장이 추정으로 강화되기에 추정의 쟁점이라고 부른다. 명칭에 대한 논쟁은 어휘의 의미가 말로 정의되어야 하기에 정의(定義)의 쟁점이라고 부른다. 사태가 어떤 성질인지 질문하게 될 때, 그것은 행위의 성질과 그 의미에 대한 논쟁이기에 질(質)의 쟁점이라고 부른다. 그리고 소송을 제기해야 하는 자가 소를 제기하지 않거나, 다른 사람에게 소를 제기하거나, 맞지 않는 법정이나 시간이나 법률에 따라서, 맞지 않는 죄목이나 처벌로써 소를 제기하는 상황에 사안이 달려 있는 경우는 이전(移轉)의 쟁점이라고 부른다. 왜냐하면 소송이 다른 법원으로 이송되거나 변론 형식이 변경될 필요가 있기 때문이다. 모든 종류의 사안은 필연적으로 이들 쟁점 중 하나를 포함한다. 어떤 쟁점도 포함하지 않는 사안에서는 논쟁이 성립되지 않기 때문이다. 따라서 쟁점을 하나의 사안으로 간주하는 것은 전혀 합당치 않다.[21]

11 사실에 대한 논쟁은 과거, 현재, 미래로 나뉠 수 있다. 무슨 일이 행해졌는지는 이렇게 질문할 수 있다. "오뒷세우스가 아이아스를 죽였는가?"[22] 또 무슨 일이 행해지고 있는지는 이렇게 질문할 수 있다. "프레겔라이인은[23] 로마인에게 우호적인가?" 또 무슨 일이 일어날 것인지는 이렇게 질문할 수 있다. "카르타고를 그대로 놔둔다면 국가에 무슨 손해가 있을 것인가?"

명칭(名稱)에 대한 논쟁은 사실에는 동의하지만, 행해진 것을 무슨 이름으로 부를지가 문제가 되는 경우다. 이 경우에 명칭에 대한 논쟁이 생길 수밖에 없는 이유는 사태 자체에 대한 의견이 일치하지 않기 때문이다. 사실이 분명하지 않다는 것이 아니라,

행해진 것이 사람마다 다르게 보여서 서로 다른 명칭으로 불리기 때문이다. 따라서 이런 경우는 사태를 말로 정의하여 간략하게 기술해야 한다. 어떤 이가 개인 주택에서 성물(聖物)을 훔쳤다면, 그자를 단순 절도범이라고 불러야 하는가, 아니면 성물 절도범이라고 불러야 하는가? 이러한 질문이 제기될 때, 두 개념을 모두 정의해야 한다. 다시 말해서 단순 절도범은 무엇이고, 성물 절도범은 무엇인지 말이다. 그리고 문제가 되는 사태를, 상대방이 말하는 것과는 다른 명칭으로 불러야 하는지 직접 기술하여 보여 줘야 한다.

IX 12 질에 대한 논쟁은, 무엇이 행해졌는지 동의하고 행위 사실을 무슨 명칭으로 불러야 하는지 분명하지만, 그것이 얼마나 중요하고, 어떤 종류이고, 보통 어떤 성질인지 질문하는 경우이다. 예를 들어, "그 행위는 정당한가, 부당한가?" 또는 "유익한가, 무익한가?" 또한 행해진 일이 어떤 성질인지, 명칭에 대한 논쟁 없이 질문하는 모든 경우에도 해당한다.

헤르마고라스는 질에 대한 논쟁이라는 유(類)의 범주 아래 네 가지 종(種), 즉 심의(審議)적인 것, 전시(展示)적인 것, 사법(司法)과 관련된 것, 법무(法務)와 관련된 것을 배치했다. 이러한 분류는 사소한 잘못이 아니라서 아주 짧게라도 반박해야겠다. 그렇게 해야 내가 이 점을 무심결에 지나쳐서 아무 이유 없이 그를 따르지 않았다고 여겨지지 않을 것이고, 또 이 점을 너무 장황하게 설명하다가 나머지 지침을 전수하지 못하거나 그것을 미루는 것으로 보이지 않을 것이다.

 만일 '심의적인 것'과 '전시적인 것'이 사안의 유라고 한다면, 그것들을 사안의 유의 종으로 간주하는 것은 옳지 않다. 왜냐하면 같은 것이 어느 하나에 대해서는 유가 될 수 있고 다른 하나에 대해서는 종이 될 수 있지만, 그것이 똑같은 것에 대해서 유이고 동시에 종이 될 수는 없기 때문이다. 그런데 '심의적인 것'과 '전시적인 것'은 사안의 유이다. 실로 사안의 어떤 유도 없거나, 또는 단지 소송에 대한 사안만 있거나, 또는 소송 사안과 전시 사안과 심의 사안이 있다고 하겠다. 많은 사안이 있다고 주장하고 그것들의 지침을 제시하지만, 사안의 유가 없다고 주장하는 것은 어리석은 짓이다. 그 자체로 서로 유사하지 않은 '심의적인 것'과 '전시적인 것'은 '소송적인 것'과는 완전히 상이하며 이들 각각이 겨냥해야 하는 자신만의 목표를 갖고 있다고 한다면, 어떻게 소송에 대한 사안 하나만 존재할 수 있겠는가? 그러므로 사안의 세 가지 유가 있다는 결론만이 남게 된다. 〔'심의적인 것'과 '전시적인 것'을 사안의 유의 종으로 간주하는 것은 옳지 않다. 따라서 그것들이 질의 쟁점의 종이라는 주장은 틀린 것이다.〕[24]

X 13 그러므로 '심의적인 것'과 '전시적인 것'이 사안의 유의 종들로 간주되는 것이 옳지 않다면, 그것들이 사안의 종의 종들로 간주되는 것은 더더욱 옳지 않다. 그런데 모든 쟁점은 사안의 종

에 해당한다. 사안이 쟁점에 속하지 않고 쟁점이 사안에 속하기 때문이다. 그런데 '전시적인 것'과 '심의적인 것'은 그 자체로 유이기 때문에 사안의 유의 종들로 간주되는 것은 옳지 않다. 그러므로 '전시적인 것'과 '심의적인 것'이 여기에서 언급한 종의 종들로 간주되는 것은 더더욱 옳지 않다는 말이다.

다음으로 쟁점 자체나 쟁점의 종이 고발의 부인(否認)이라고 하면, 고발의 부인이 아닌 것은 쟁점도 아니고 쟁점의 종도 아니다. 그런데 '고발의 부인'이 아닌 것이 쟁점도 아니고 쟁점의 종도 아니라고 하면, '심의적인 것'과 '전시적인 것'은 쟁점도 아니고 쟁점의 종도 아니다. 〔그러므로 쟁점 그 자체와 쟁점의 종이 고발의 부인이라고 하면, '심의적인 것'과 '전시적인 것'은 쟁점도 아니고 쟁점의 종도 아니다.〕[25] 그런데 헤르마고라스 자신은 쟁점이 '고발의 부인'이라고 생각했다. 따라서 그도 '전시적인 것'과 '심의적인 것'이 쟁점도 아니고 쟁점의 종도 아니라고 생각했음이 틀림없다. 그가 쟁점을 사안에 대한 고발인의 첫 확증이라고 부르든지, 또는 변호인의 첫 사죄라고 부르든지 간에, 같은 이치로 인해 궁지에 몰려서 온갖 어려움을 겪게 될 것이다.

14 더욱이 추정의 사안은 같은 유 내에서 같은 종의 관점에 따라서 사실을 추정하는 것이고 동시에 정의하는 것이 될 수 없다. 정의(定義)적 사안도 같은 유 내에서 같은 종의 관점에 따라서 정의에 대한 것이고 동시에 이전에 대한 것일 수 없다. 대체로 하

나의 쟁점이나 쟁점의 종도 고유한 의미를 가지고 동시에 다른 쟁점의 의미를 가질 수 없는데, 각각의 쟁점은 그 자체로, 그리고 고유한 본성에 따라서 단일하게 규정되기 때문이다. 만일 다른 쟁점이 추가된다면 쟁점의 수가 두 배로 늘어나겠지만, 그럼에도 쟁점의 의미가 확장되는 것은 아니다. 그런데 심의적인 사안은 일반적으로 같은 유 내에서 같은 종의 관점에 따라서 추정의 쟁점과 질의 쟁점과 정의의 쟁점과 이전의 쟁점을 동시에 포함하곤 하며, 때로는 하나의 쟁점이나 하나 이상의 쟁점을 포함하게 된다. 따라서 심의적인 사안은 그 자체로 쟁점도 아니고 쟁점의 종도 아니다. 일반적으로는 전시적인 사안도 똑같이 그러하다. 그러므로 앞에서 말했듯이 '심의적인 것'과 '전시적인 것'은 어떤 쟁점의 종이 아니라 사안의 유로 간주해야 하는 것이다.

XI 따라서 질의 쟁점은 사법과 관련된 종과 법무(法務)와 관련된 종의 두 가지 종을 갖는다고 생각한다. '사법과 관련된 쟁점'은 형평과 옳음의 본성이나 포상과 처벌의 근거를 탐구하는 것이다. '법무와 관련된 쟁점'은 무엇이 시민의 관습과 형평의 관점에서 정당한지 고려하는 것이다. 우리에게는 이러한 주제를 성실하게 연구하는 법률가가 있다고 믿고 있다.

15 '사법과 관련된 쟁점' 자체는 실로 내재적인 것과 외재적인 것의 두 가지 종으로 나뉜다. '내재적인 종'은 그 자체로 정의와 불의의 문제를 내포하는 것이다. '외재적인 종'은 항변을 하려 하

나 확고한 것 자체를 제시하지 못해서 외부에서 방어 논리를 취하는 것인데, 그것의 네 부분은 자인(自認), 전가(轉嫁), 역(逆)고발, 비교(比較)다.

'자인'은 피고인이 행한 것을 변호하려 하지 않고 용서해 달라고 요구하는 것이다. 이것은 다시 면죄(免罪)와 사죄(謝罪)의 두 부분으로 나뉜다.

'면죄'는 행위 사실은 인정하지만 죄는 부정하는 경우다. 그것은 다시 '부지(不知)', '변고(變故)', '불가피함'의 세 부분으로 나뉜다.

'사죄'는 피고인이 범죄를 저질렀고 또 의도적으로 그렇게 했음을 인정하지만, 여전히 용서해 달라고 요구하는 경우다. 그런데 실제로 '사죄'하는 경우는 매우 드물다.

'전가'는 피고인이 자신에게 제기된 고발을, 자신의 죄나 능력으로부터, 즉 자신으로부터 다른 사람에게 넘기려고 시도하는 것이다. 그것은 책임이나 행위가 다른 사람에게 전가되는 두 가지 방법으로 나뉜다.

'책임'의 전가는 다른 이의 힘과 권력에 의해 행해졌다고 주장하는 경우다. '행위'의 전가는 다른 이가 했어야만 했거나 할 수 있었다고 주장하는 경우다.

'역고발'은 어떤 이가 먼저 불의하게도 자신을 도발해서 이에 정당하게 행위했다고 주장하는 것이다.

'비교'는 옳거나 유익한 다른 행위를 했다고 주장하는 것인데,

그 행위를 하기 위해서 고발된 바의 저 행위가 저질러졌다고 주장하기 때문이다.[26]

16 이전(移轉)의 쟁점이라고 부르는 네 번째 쟁점의 논쟁은 다음과 같다. 누가, 누구를 상대로, 어떤 방식으로, 어느 법원에서, 어떤 법률에 따라서, 어느 시간에 소송을 제기해야 하는지 질문하는 경우나, 또는 일반적으로 소송의 변경이나 무효에 대한 논쟁이 있는 경우다. 사람들은 헤르마고라스가 '이전의 쟁점'을 착안했다고 믿고 있다. 앞선 많은 연설가가 종종 그것을 활용하지 않았다는 말이 아니라, 교과서를 집필한 초기 작가들이 그것에 주목하지 못했거나 그것을 쟁점으로 꼽지 않았기 때문이다. 이후에 많은 이들은 헤르마고라스가 착안한 '이전의 쟁점'을 비난했는데, 그들이 무지하여 간과했다기보다는 오히려 시기하고 비방하며 그 용어를 채택하지 않았다고 생각한다.

XII 나는 쟁점과 그것의 종들에 대해 설명했다. 그런데 개별 종류에 대한 사례에 대해서는 각각에 사용되는 다수의 논거를 제시할 때 더 쉽게 설명할 수 있을 것이다. 논증 이론이 더 명확해지는 이유는 그것이 사안의 종류와 사례에 곧장 적용될 수 있기 때문이다.

17 사안의 쟁점을 찾아내고 나서, 당장 그 사안이 단순한지 또는 복합적인지 고려하는 것이 바람직하다고 생각한다. 만일 사안이 복합적이라면, 그것이 여러 문제들로 복합적인지, 아니면

어떤 비교로 그러한지 고려하는 것이 좋다. '단순한 사안'은 내재적인 문제를 포함하는 것이다. 예를 들어, "코린토스에 선전포고를 할 것입니까, 말 것입니까?"[27] '복합적인 사안'은 여러 문제들로 이루어지는데, 여기에서는 여러 질문들을 던지게 된다. 예를 들어, "카르타고가 파괴되어야 합니까?" 또는 "카르타고가 카르타고인들에게 되돌려져야 합니까?" 또는 "그곳에 식민지가 건설되어야 합니까?" 그리고 비교로 이루어지는 복합적인 사안에서는 대비를 통해서 무엇이 더 바람직한지, 또는 무엇이 가장 바람직한지 질문한다. 예를 들어, "우리 동맹군을 도와줄 수 있는 군대를 필립포스에게 대항하여 마케도니아에 보내야 합니까,[28] 아니면 가능한 한 가장 큰 규모의 군대가 한니발과 맞설 수 있도록 이탈리아에 머무르게 해야 합니까?"[29]

그리고 나서 논쟁이 논증에 기인하는지, 아니면 문서에 기인하는지 고려해야 한다. 문서와 관련된 논쟁은 문서 기록의 성질에서 생겨난다.

XIII 쟁점과는 별개인, 문서와 관련된 논쟁은 다섯 가지 종류가 있다. 하나는 말 자체가 글쓴이의 의도와 괴리되는 것으로 보이는 경우다. 또 하나는 둘 이상의 법률이 서로 충돌하는 경우이다. 또 하나는 작성된 것이 둘 이상의 사태를 지시하는 경우다. 또 하나는 작성된 것에서 작성되지 않은 무엇을 발견하는 경우다. 마지막 하나는 말의 의미가, 정의(定義)의 쟁점에서처럼 무엇에 근거하는지 질문하는 경우다. 그러므로 첫 번째 종류는 문언(文言)과 의도(意圖), 두 번째 종류는 법률의 상충, 세 번째 종류는 애매함, 네 번째 종류는 유추(類推), 그리고 다섯 번째 종류는 정의(定義)에 대한 것이다.

18 모든 문제가 문서 기록이 아니라 어떤 논거에 달려 있다면 논증이 필요하다.[30]

사안의 종류를 고려하고 쟁점을 인지하고 나서는 그것이 단순한지 또는 복합적인지 이해하고, 또 그것이 문서에 대한 논쟁인지, 아니면 논증에 대한 논쟁인지 인식했다면, 다음으로는 쟁점 질문이 무엇인지, 근거(根據)가 무엇인지, 판단 사항이 무엇인지, 사안의 확증(確證)이 무엇인지 고찰해야 할 것이다. 이들 모두는 '쟁점'에서 출발해야 한다.

'쟁점 질문'은 주장들이 충돌하여 생겨나는 논쟁이다. 예를 들어, "당신은 정당하게 행하지 않았습니다"라는 주장이 있고, "나는 정당하게 행했습니다"라는 주장이 있다. 이 두 주장의 충돌에서 쟁점이 성립한다. 따라서 여기에서 우리가 '쟁점 질문'이라고 부르는 논쟁이 일어나는 것이다. 예를 들어, "그가 정당하게 행했습니까?"

'근거'는 사실상 사안을 구성하는 것인데, 이 근거가 없다면 사안에는 어떤 논쟁도 남아 있지 않을 것이다. 예를 들어, 이해를 돕기 위해 간단하고 유명한 사례를 들어 보겠다. 모친 살해로 기소된 오레스테스가, "나는 정당하게 행했습니다. 그녀가 내 부친을 살해했기 때문입니다"라고 말하지 않는다면, 그에게는 변호의 여지가 없다. 이 근거가 없다면, 모든 논쟁은 사라지고 말 것이다. 따라서 이 사안에서 '근거'는 그녀가 아가멤논을 살해했다는 것이다.

'판단 사항'은 '근거'를 반박하여 생겨나는 논쟁이다. 예를 들어, 방금 전에 언급한 근거가 제시되었다고 해 보자. 오레스테스가 "그녀가 내 부친을 살해했기 때문입니다"라고 말하자 상대방은 이렇게 응수할 것이다. "하지만 그녀는 아들인 당신의 손에 살해되어서는 안 되었습니다. 그녀의 살인 행위는 굳이 당신이 그녀를 살해하지 않더라도 처벌받을 수 있었을 겁니다." **XIV** 이러한 근거의 제한에서 일어나는 주요 논쟁을 '판단 사항'이라고 부른다. 예를 들어, "오레스테스가 부친을 살해한 모친을 살해한 것은 정당합니까?"

19 '확증'은 변호인의 가장 확고한 논증이고 '판단 사항'과 가장 밀접한 것이다. 예를 들어, 오레스테스가 이렇게 말하길 원했다고 하자. "나의 모친이 나의 부친과, 나 자신과 내 누이들과,[31] 왕국과, 종족과 가족의 명성을 더럽혔기 때문에 모든 이들 가운데 그녀의 자녀들이야말로 그녀를 처벌할 의무가 있었습니다."[32]

나머지 쟁점들에서도 위와 같은 방식으로 '판단 사항'을 찾아낸다. 그런데 추정의 쟁점에는 근거가 없으므로, 즉 사실이 인정되지 않기 때문에 근거의 제한으로부터는 판단 사항이 나올 수가 없다. 따라서 '쟁점 질문'과 '판단 사항'이 동일할 수밖에 없다. "했습니까?" "하지 않았습니다." 즉 했는지 여부다. 그런데 한 사안에는 쟁점들이나 그것들의 종들이 있는 만큼, 그만큼의 '쟁점 질문', '근거', '판단 사항', '확증'을 찾아내야만 한다.

한 사안에서 그것들 모두를 찾아낸다면, 전체 사안의 개별 종들[33]을 고찰해야만 한다. 가장 먼저 말해야 하는 것이 가장 먼저 주목해야 하는 것으로 보이지는 않기 때문이다.[34] 연설에서 가장 먼저 말하는 것이 사안에 부합하고 그것과 관련되길 당신이 간절히 바란다면, 가장 먼저 말하는 것으로부터 나중에 말해야 하는 것을 끌어내야 할 것이다. 그러므로 '판단 사항'과, 그것을 위해 발견해야 하는 논거들을 연설술의 규칙으로 면밀하게 찾아내고 신중하게 숙고하여 살펴보고 나서는 연설의 다른 부분들을 순서에 맞게 배치해야 할 것이다.

내가 보기에 연설의 부분은 모두 합쳐서 여섯인데, 그것들은 머리말, 서술(敍述), 구분(區分), 확증(確證), 논박(論駁), 맺음말이다.[35]

'머리말'은 모든 것의 처음에 나와야 하므로, 나도 우선 머리말 이론에 대한 지침을 주고자 한다.

XV 20 '머리말'은 청자의 마음이 연설의 나머지 부분을 받아들일 수 있도록 그 마음을 적합하게 준비시키는 화법이다. 이 일은 청자가 호의를 보이고 주의를 기울이고 수용하는 자가 되게 하면 가능하다. 그러므로 해당 사안을 머리말로 잘 도입하길 원하는 자는 자기 사안의 종류를 미리 주의 깊게 인지해야 한다.

사안(연설)의 다섯 가지 종류는 훌륭한 것, 기이한 것, 사소한 것, 양가적인 것, 난해한 것이다.[36] '훌륭한 것'은 우리의 연설 없이도 청자의 마음이 호의를 보여 주는 종류다. '기이한 것'은 연설을 들으려는 청자의 마음을 멀어지게 하는 종류다. '사소한 것'은 청자가 무시하기에 크게 주의를 기울일 필요가 없어 보이는 종류다. '양가적인 것'은 '판단 사항'이 의심스럽거나, 사안이 부분적으로 훌륭하고 부분적으로 치욕적이라서 호의와 반감을 모두 유발하는 종류다. '난해한 것'은 청자들이 따라가기 힘들거나 사안이 파악하기 꽤 어려운 전문 분야와 얽혀 있는 종류다.

사안의 종류가 이처럼 다양하므로 '머리말'도 개별 사안에 따라서 다른 방식으로 도입해야 한다. '머리말'은 단도직입과 우회 도입의 두 가지 종으로 나뉜다.

'단도직입'은 청자가 분명히 곧장 호의를 보이고 주의를 기울이며 뭐든 수용하게 하는 화법이다.

'우회 도입'은 위장이나 간접적인 방법으로 은밀하게 청자의 마음에 스며드는 화법이다.

21 '기이한 유'의 사안에서는 청자들이 아주 적대적이지 않다면 '단도직입'으로 호의를 얻는 것이 허용될 것이다. 하지만 그

들이 아주 큰 적의를 품고 있다면 '우회 도입'을 사용하여 물러날 필요가 있다. 왜냐하면 분노한 청자들에게 노골적으로 화합과 호의를 구한다면 원하는 결과를 얻지 못하고 증오가 커져 불타오를 것이기 때문이다. '사소한 유'의 사안에서는 경멸당하지 않도록 정자가 주의를 기울이게 할 필요가 있다. '양가적인 유'의 사안에서는 '판단 사항'이 의심스럽다면, 바로 '판단 사항'의 논의로 머리말을 시작해야 한다. 그런데 사안이 부분적으로 훌륭하고 부분적으로 추하다면, 사안이 훌륭한 유로 옮겨진 것으로 보이도록 청자의 호의를 얻으려고 노력할 필요가 있다. 그런데 훌륭한 유의 사안이라면, '단도직입'을 생략할 수 있다. 또는 그것이 더 유리하다면 '서술'로, 또는 법률 조항으로, 또는 우리 연설의 가장 강력한 논거로 시작해야 한다. 그러나 '단도직입'을 사용하는 것이 바람직하다면, 기존의 이점을 더 살릴 수 있도록 호의를 얻을 수 있는 부분을 사용해야 한다. **XVI** '난해한 유'의 사안에서는 '단도직입'을 통해서 청중이 수용할 수 있도록 해야 한다.

머리말에서 연설가가 어떤 결과를 달성해야 하는지 말했으니, 이제는 어떤 방법으로 개별 결과를 달성할 수 있는지 보여 주는 과제가 남아 있다.

22 호의는 우리 자신, 상대방, 심판인들, 사안의 네 가지 영역에서 얻어진다.

'우리 자신'에 의해 호의를 얻는 것은 우리가 우리 행위와 의무에 대해 오만하지 않게 언급하는 경우이거나, 우리가 당한 고발이나 훌륭하지 못한 행위에 대한 혐의를 논파하는 경우이거나, 우리가 이전에 겪은 불운이나 목전의 곤란을 제시하는 경우이거나, 겸손하고 간절한 기도와 간원을 이용하는 경우다.

'상대방'에 의해 호의를 얻는 것은 상대방이 증오나 반감이나 경멸의 대상이 되게 하는 경우다. 상대방이 증오의 대상이 되게 하려면, 그가 더럽거나 거만하거나 잔인하거나 사악한 행위를 했음을 제시해야 한다.[37] 또 상대방이 반감을 사게 하려면, 그의 폭행, 권력, 재산, 친족 관계를 폭로하고, 게다가 그가 그것들을 오만하고 과도하게 남용하는 것이 드러나서 그 자신의 사안의 정당성보다는 그것들을 더 믿고 있는 것으로 보이게 해야 한다. 또 상대방이 경멸을 사게 하려면, 그의 안일함, 부주의, 나태함, 한가한 열정이나 방탕한 무위를 드러내야 한다.

'청자들'에 의해 호의를 얻는 것은[38] 지나치게 아첨하지 않고 심판인들이 용기 있게, 지혜롭게, 자비롭게 행했음을 언급하는 경우이고, 그들의 평판이 얼마나 훌륭하고 또 얼마나 그들의 판단과 의견을 고대하고 있는지 보여 주는 경우다.

'사안'에 의해 호의를 얻는 것은 우리 자신의 사안은 칭찬하고 부각하지만, 상대방의 사안은 경멸하고 무시하는 경우다.

23 청자들이 주의를 기울이게 하려면, 우리가 논의하려는 대상이 중대하거나 희한하거나 믿기 어려운 것임을 제시해야 하

고, 그 사안이 모든 사람이나 청자들이나 몇몇 저명한 인물이나 불멸의 신들이나 중대한 국사(國事)와 관련되어 있음을 제시해야 하고, 우리의 사안을 간략하게 제시한다고 약속하고 하나의 판단 사항이나, 판단 사항이 여럿이라면 여럿인 그것들을 설명해야 한다.

청자들을 수용적이 되게 하려면 사안의 핵심인 논쟁점을 간단명료하게 설명해야 한다. 실로 어떤 이가 수용적이기를 바랄 때는 그가 주의를 기울이게 해야 한다. 아주 주의 깊게 경청할 준비가 된 자는 매우 수용적이기 마련이기 때문이다.

XVII 이제는 어떤 방법으로 적절하게 '우회 도입'을 구사해야 하는지 말해야겠다. 앞에서 말했듯이[39] '우회 도입'은 사안의 '기이한 유'에서 청자가 적의를 품고 있을 때 사용하는데, 청자의 적의는 특히 세 가지 원인에서 생겨난다. 사안 자체에 추한 일이 포함된 경우, 또 먼저 말한 연사가 어떤 부분에서 청자를 이미 설득한 것으로 보이는 경우, 또 들어야 하는 자들이 듣다가 이미 지쳤을 때 하필 발언 시점이 찾아온 경우다. 청자는 종종 처음 두 가지 원인만큼이나 똑같이 이 마지막 원인에서도 연설가에게 감정이 상한다.

24 만일 사안의 추함이 감정을 해친다면, 감정을 해치는 자 대신에 사랑받는 자를 삽입하고, 감정을 해치는 것 대신에 인정을 받는 것을 삽입해야 한다. 또한 사태 대신에 인물을, 또는 인

물 대신에 사태를 삽입해야 하는데, 이는 청자의 마음을 싫어하는 대상에서 좋아하는 대상으로 옮기기 위함이다. 그리고 당신이 변호할 거라고 기대되는 바를 변호하려는 의도가 있음을 숨겨야 한다. 그러고 나서 이제 청자의 마음이 누그러졌다면, 서서히 변호에 착수해서는 상대방이 분노하는 대상이 당신도 분노할 만하다고 말해야 한다. 청자를 진정시키고 나서는 어떤 혐의도 당신과는 상관없음을 제시해야 하고, 상대방에 대해서 이것이든 저것이든 아무것도 말하지 않겠다고 강조해야 하는데, 이는 당신이 사랑받는 자들을 해치지 않고, 가능한 한 은밀하게 도모하며 상대방에게서 청자들의 호의를 빼앗아 오기 위함이다. 그리고 유사한 사안에 대한 어떤 이들의 판단이나 본받을 만한 권위를 제시해야 한다. 그러고 나서 현재 사안에서는 같거나 아주 비슷하거나 더 중요하거나 더 사소한 문제를 다루고 있음을 설명해야 한다.

25 만일 상대방의 연설이 청자들의 신뢰를 얻은 것으로 보인다면—어떤 방법으로 신뢰를 얻었는지 이해하는 자라면 쉽게 알 수 있을 텐데—, 당신은 상대방이 가장 강력하다고 여겼고 특히 청자들이 가장 인정했던 바를 먼저 말하겠다고 약속해야 한다. 또는 상대방이 했던 말로, 가장 바람직하게는 그가 방금 했던 말로 시작해야 한다. 또는 무엇을 처음에 말해야 할지, 그리고 특히 어떤 논점에 대답할지 당혹해하며 의문을 제기해야 한다. 상

대방의 연설에 당황한 것으로 보이는 자가 아주 자신만만하게 답변할 준비가 되어 있는 모습을 보게 되면, 청자는 그자가 근거 없이 확신했다기보다는, 대체로 자신이 경솔하게 동의했다고 믿을 것이기 때문이다.

그런데 청자가 피곤하여 당면 사안에 주의력을 잃은 경우라면, 말하려고 준비한 것보다 더 짧게 말하겠다고, 또 상대방을 피곤하게 하지 않겠다고 약속하는 것이 유익하다. 또 사정이 된다면 새로운 주제나 농담으로 시작하는 것도 무익하지 않다. 이를테면 즉흥적으로 소음이나 고함 같은 것을 사용하거나 앞서 준비한 우화나 꾸며낸 이야기나 조롱거리 같은 것으로 시작해도 좋다.[40] 그러나 상황이 엄중해서 농담할 여지가 없다면, 당장 음울하고 전례 없고 소름 끼치는 내용을 삽입하는 것도 불리하지 않다. 마치 음식에 물리거나 입맛이 없을 때 쓴 것으로 완화되거나 단것으로 달래지듯이, 그렇게 듣느라 지쳐 버린 청자의 마음은 놀람으로 활력을 되찾거나 웃음으로 상쾌함을 느끼게 되는 것이다.

XVIII 이상으로 '단도직입'과 '우회 도입'을 나누며 필요한 거의 모든 것을 설명했다. 이제는 양자 모두에 똑같이 적용되는 몇 가지 간단한 규칙을 말하는 것이 바람직해 보인다.

'머리말'은 상당한 교훈성과 진지함을 담고 있어야 하고, 대체로 위엄(威嚴)의 모든 요소를 갖추어야 한다. 청자에게 연설가를 가장 잘 소개하는 것이야말로 매우 적절하게 실행해야 하는 일이기 때문이다. 머리말에는 화려함과 해학과 형식적 조화를 아주 약간만 가미해야 한다. 그렇지 않으면 작위적 의도와 인공적 치밀함을 꾀했다고 의심을 사게 되고 연설에서는 신뢰를, 연설가에게선 권위를 앗아가기 때문이다.

26 머리말에서 보이는 너무 분명한 결함은 어떤 방법으로든 피해야 한다. 예를 들어, 평범한 것, 공통된 것, 전용(轉用) 가능한 것, 장황한 것, 무관한 것, 빗나간 것, 지침에 반하는 것을 말한다. '평범한' 머리말은 많은 사안에 부합하기에 많은 사안에 적용될 수 있는 것처럼 보이는 것이다. '공통된' 머리말은 재판에서 양측 입장에 모두 똑같이 부합할 수 있는 것이다. '전용 가능한' 머리말은 상대방이 정반대 입장에서 조금 변경하여 말할 수 있는 것이다. '장황한' 머리말은 단어와 문장이 너무 많아서 필요 이상으로 늘어지는 것이다. '무관한' 머리말은 사안 자체로부터 파생되지 않거나, 또는 마치 분리된 사지(四肢)처럼 연설과 연결되지 않은 것이다. '빗나간' 머리말은, 사안의 종류가 요구하는 바와는 다른 효과를 낳는 것이다. 예를 들어, 호의가 필요한 상황에 청자를 수용적으로 만들거나, 또는 '우회 도입'이 필요한 상황에 '단도직입'을 사용하는 경우를 말한다. '지침에 반하는' 머리말은, 머리말의 지침이 목표로 삼은 것들 중 어느 하나도 달성하지 못하는 것이다. 즉 머리말로써 청자가 호의를 갖게도, 주의를

기울이게도, 수용적이게도 만들지 못하는 경우이거나,[41] 또는 가장 나쁜 것으로는 머리말이 정반대의 효과를 낳는 경우다. 머리말에 대해선 충분히 설명했다.

XIX 27 서술은 실제로 일어났거나 일어났을 법한 일을 설명하는 것이다. '서술'은 세 가지 종류가 있다. 첫째는 사안 자체와 논쟁의 모든 근거가 포함되어 있는 설명이다. 둘째는 고발이나 비유나 현안에 어울리는 즐거움이나 확장을 위해서 사안 밖에 삽입되는 여담이다. 셋째는 정치적인 사안과는 거리가 멀지만, '즐거움'을 주기 위하여 유용한 연습으로 말해지고 작성되는 것이다.

이 '서술'은 두 가지 종으로 나뉘는데, 하나는 사건을 다루는 것이고 다른 하나는 주로 인물을 다루는 것이다.[42]

사건 설명을 위한 서술은 세 가지 하위 구분으로 신화, 역사, 허구[43]가 있다. '신화'는 진실도 아니고 진실과 유사하지도 않은 일들이 포함된 것이다. 예를 들어, "마차에 묶인, 날개 달린 엄청난 뱀들"[44]과 같은 것이다. '역사'는 우리 시대와는 멀리 떨어져 있지만 실제로 일어났던 일이다. 예를 들어, "압피우스가 카르타고인들에게 선전 포고했다"[45] 따위다. '허구'는 가공한 것이지만 실제로 일어났을지도 모르는 것이다. 테렌티우스의 희극을 인용하면, "이 사람이 성년에 접어든 후로는 … 이기 때문이다."[46]

인물을 다루는 서술은 사건 자체는 물론 인물의 대화와 심리

도 들여다볼 수 있는 종류다. 예를 들어,

> 그는 내게 다가와서 소리쳤네. "미키오, 뭐 하냐?
> 왜 우리 애를 망치냐? 왜 그가 사랑하게 두냐?
> 왜 술을 마시고 있냐? 왜 이런 것들에 돈을 주냐?
> 왜 옷으로 멋부리게 놔두냐? 아주 어리석구나."
> 그런데 그 자신은 합당함을 넘어 너무 엄격하다.[47]

이 종류의 서술에는 해학이 많이 내포되어 있어야 한다. '해학'이 생겨나는 이유는 사건의 다양함 때문이거나, 엄격함, 상냥함, 희망, 두려움, 의심, 욕망, 위선, 착각, 연민처럼 심리의 상이함 때문이거나, 예기치 못한 손해, 돌발적인 즐거움, 사건의 유쾌한 결말처럼 운수의 변화 때문이다.[48] 그런데 이러한 장식들[49]은 나중에 전수할 문장 표현의 규칙에서 취할 수 있다.[50]

XX 28 이제는 사안 설명을 포함하는 서술에 대해 말해야겠다. '서술'은 간결하고 명료하고 개연적이어야 한다.[51]

'간결한' 서술을 위해서는 필요한 곳에서 시작하고 아주 먼 사건으로 거슬러 올라가지 말아야 하고, 또 사안의 개요를 설명하는 것으로 충분해서 기타 부분을 언급하지 말아야 한다. 때로는 무슨 일이 일어났는지 말하는 것으로 충분하다면, 어떻게 그 일이 일어났는지 말할 필요가 없기 때문이다. 또 서술은 필요 이상으로 나아가지 않고 다른 사건으로 일탈하지 말아야 한다. 또 때로는 말한 것에서 말하지 않은 것이 이해되는 방식으로 말해야 한다. 또 해로운 것뿐만 아니라 해롭지도, 유익하지도 않은 것은 지나쳐야 하고, 개별 논점을 한 번만 언급해야 하고, 방금 멈춘 곳에서 다시 새롭게 시작하지 말아야 한다. 하지만 간결함을 흉내 내다가 현혹되는 많은 이들은 자신들이 간결하다고 믿지만 매우 장황해지기 쉽다. 이런 잘못은, 아주 조금만 말하거나 꼭 필요한 것만을 말하기보다는 대체로 많은 것을 짧게 말하려고 하다가 일어난다. 예를 들어, 대부분 사람들에게는 이렇게 하는 말이 간결하게 보일지도 모른다. "나는 그의 집에 갔다. 노예를 불렀다. 노예가 대답했다. 나는 주인어른 계시냐고 물었다. 주인어른은 댁에 계시지 않는다고 노예가 말했다." 여기에서 그가 비록 많은 내용을 더 간결하게 말할 수 없었지만, 그럼에도 그는 많은 내용으로 인해 장황해지고 말았다.[52] "주인어른이 댁에 계시지 않는다고 노예가 말했다"라는 말로 충분했을 것이기 때문이다. 그러므로 '서술'에서도 '간결함'을 흉내 내는 것을 피해야 하고, 단어를 많이 사용하는 것은 물론 내용을 많이 집어 넣는 것도 삼가야 한다.[53]

29 '명료한' 서술을 위해서는 처음에 일어난 일을 그렇게 처음에 설명하고, 사건의 순서와 시간의 순서를 지키며 어떻게 사건이 일어났는지, 또는 어떻게 사건이 일어날 수 있었는지 서술해

야 한다. 여기에서 유념해야 하는 점은 아무것도 혼란스럽고 뒤틀린 방식으로는 말하지 않고, 다른 주제로 넘어가지 않고, 맨 처음으로 되돌아가지 않고, 결말 부분으로 앞서가지 않고, 그리고 주제에 해당하는 것을 지나치지 않는 것이다. 명료한 서술에서도 대체로 간결함의 지침을 따라야 한다. 때때로 서술의 모호함보다는 장황함 때문에 사태를 파악하기 어렵기 때문이다. 또한 발음이 또렷한 단어를 사용해야 하는데, 이 주제는 표현에 대한 지침에서 논의할 것이다.

XXI '개연적인' 서술을 위해서는 실제로 일어나곤 하는 일이 서술에 담겨져 있음을 보여 주어야 하고, 인물의 적합함을 유지해야 하고, 행위의 동기를 부각해야 하고, 행위 능력이 있었음을 보여 주어야 하고, 시점이 알맞았고 공간이 충분했으며 서술되는 사건에 장소가 알맞았음을 제시해야 하고, 그리고 사건이 행위자의 성격과 대중의 습관과 청자들의 의견에 부합해야 한다. 이러한 원칙을 지킨다면 서술이 개연적일 수 있다.

30 또한 서술이 해가 되거나 전혀 이롭지 않다면, 서술을 삽입하지 않도록, 또 제자리가 아닌 곳이나 사안이 요구하는 바와 다르게 서술하지 않도록 주의해야 할 것이다. 서술이 해가 되는 것은 사건 자체의 설명이 커다란 반감을 불러일으키는 경우인데, 그 반감은 논증하고 변호함으로써 완화해야 한다. 이 경우에는 사안 안에 사건의 부분들을 조금씩 섞어 넣고 개별 사건의 부분

에 곧장 근거를 제시해 넣어야 한다. 그리하여 당장 상처를 치료약으로 치유하듯이 변호한다면 증오를 줄일 수 있다. 또 서술이 전혀 이롭지 않은 것은 상대방이 이미 사건을 설명했는데도 우리가 다시, 또는 다른 방식으로 사건을 서술하는 것이 쓸모없는 경우이거나, 청자들이 그 일을 이미 숙지하고 있기에 다른 방식으로 알려 주는 일이 쓸모없는 경우다. 이들 경우에는 전적으로 서술하지 말아야 한다. 또 사안이 요구하는 연설의 부분에 위치하지 않은 서술은 제자리에 놓여 있는 것이 아니다. 이러한 것은 배치에 속하기 때문에 배치에 대해 논의할 때 다룰 것이다.[54] 만일 상대방에게 이로운 것을 명료하고 품위 있게 설명하거나, 자신에게 도움이 되는 것을 모호하고 너절하게 서술한다면, 이는 사안이 요구하는 대로 서술하는 것이 아니다. 그러므로 이러한 잘못을 피하기 위해서는 자신의 사안에 유리하게 모든 것을 왜곡해야 한다. 다시 말해서, 자신의 사안에 불리한 것들은 지나칠 수 있다면 지나치고, 반드시 말해야 하는 것은 가볍게 언급하고, 자신의 입장은 주도면밀하고 명백하게 전개하여 서술하는 방식으로 말이다.

서술에 대해서는 충분히 설명한 것 같다. 이제는 구분으로 넘어가자.

XXII 31 한 사안에서 옳게 도입된 '구분'은 연설 전체를 일목요연하고 명료한 것으로 만들어 준다. 그것은 두 부분인데, 그것들 모두 사안을 밝히고 논쟁의 핵심을 세우는 것을 목표로 한다. 하나는 우리가 상대방과 합의하는 점과 논쟁의 여지가 있는 점이 무엇인지 보여 주는 것이다. 이를 통해서 청자가 온 주의를 기울여야 하는 특정한 논점이 확정되는 것이다. 또 하나는 우리가 말하려고 하는 논점들을 구분하여 간략하게 제시하는 것이다. 그래서 청자는 마음속에 특정한 논점을 기억하고는 그것을 논의하고 나면 연설이 끝난다는 것을 알 수 있다.

이제는 두 종류의 '구분'을 어떻게 적합하게 사용하는지 간략하게 말하겠다.[55] 무엇이 합의되었고 무엇이 합의되지 않았는지 보여 주는 '구분'에서는 합의된 점을 자신의 사안에 유리하게 돌려야 한다. 예를 들어, "어머니가 아들에게 살해되었다는 것은 나와 상대방이 합의한 점입니다." 마찬가지로 상대방이 응수한다. "아가멤논이 클리타이메스트라에게 살해되었다는 것은 합의된 점입니다." 여기에서 화자 양쪽은 합의된 내용을 진술했지만, 그럼에도 각자는 자기 사안의 이점을 염두에 둔 것이다. 다음으로, '판단 사항'을 설명하여 무엇에 대한 논쟁인지 제시해야 한다.[56] 이것이 어떻게 발견되는지는 앞에서 설명했다.[57]

32 논점들을 나눠 서술하는 '구분'은 간결함, 완결됨, 최소화를 갖춰야 한다. '간결함'은 필요한 것 이외에는 어떤 말도 하지 않을 때 얻어지는 것이다. 그것은 어휘와 외적인 장식들이 아니라, 논점들 자체와 사안의 부분들을 제시하여 청중의 마음을 사

로잡기 때문에 유용한 것이다. '완결됨'은 반드시 언급해야 하는, 사안에 해당하는 모든 종류를 '구분' 안에 망라하는 것인데, 어떤 유용한 논거를 누락하거나, 구분하고 나서 그것을 뒤늦게 도입하지 않도록 주의해야 한다. 그렇게 뒤늦게 도입하는 것은 매우 심각하고 아주 흉해 보이는 결함이기 때문이다. '최소화'는 사건의 유(類)들 자체만을 제시하며 종(種)들과 섞어 엮지 않는다면 확보되는 것이다. 예를 들어, 동물의 유는 여러 종을 포함한다. 종은 유의 한 부분인데, 말(馬)의 예에서 알 수 있다. 그런데 때때로 같은 것이 하나에 대해선 유이지만 다른 하나에 대해서는 종이다. 예를 들어, 인간은 동물의 종이고 테바이인이나 트로야인의 유다.

XXIII 이러한 분류를 세심하게 도입하고 나서 유와 종의 분류 방법을 명확하게 이해한다면 '구분'에서 유의 최소화를 확보할 수 있다. 실로 어떤 이가 이렇게 구분한다. "나는 상대방의 욕망과 무모함과 탐욕 때문에 온갖 해악이 국가에 닥쳤음을 보여 주려 합니다." 그는 '구분'에서 유를 도입하고 나서 유와 그 하위 종을 뒤섞었음을 이해하지 못한 것이다. 욕망은 모든 욕구의 유인데, 틀림없이 탐욕은 욕망의 종이기 때문이다.

33 그러므로 유 개념을 언급하고 나서 그것의 종 개념을, 마치 상이하고 다른 것인 양 같은 '구분' 안에 언급하는 것을 피해야 한다. 그런데 하나의 유가 여러 종을 포함한다면, 사안의 첫

'구분'에서 유를 간단하게 언급하고 나서 종들로 나누는 것이 가장 유익한데, 그 시점은 '구분' 다음에 사안을 다루면서 바로 그것을 설명하는 때다. 게다가 우리가 필요한 것 이상을 입증하겠다고, 예를 들어, "상대방이, 우리가 고발한 바의 범죄를 저지를 수 있었고, 저지르고자 했고, 저질렀다는 것을 내가 보여 줄 것입니다"라고 말하지 않는 것이 최소화를 유지하는 데 도움이 된다. 그들이 범죄를 저질렀다는 말로 충분하기 때문이다. 또는 매우 드문 경우이긴 하지만, 아주 단순한 사안이 다루어지기에 그 사안 안에 어떤 '구분'도 들어 있지 않은 경우는 나누지 않는 것이 최소화를 유지하는 데 도움이 된다.

'구분'에 대해서는 다른 지침들도 있는데, 그것들은 연설의 실행에선 그렇게 큰 도움이 되지 않지만, 철학에서는 활용되고 있다. 이 지침들 중에서 적합해 보이는 것을 여기로 옮겨 왔는데, 나는 이러한 점을 여타의 교과서들에선 찾아볼 수 없었다.[58]

'구분'에 대한 이들 지침은 연설 전체에서 유념해야 한다. 매번 첫 부분은 '구분' 안에 제시된 순서대로 넘어가야 하고, 모든 부분을 설명하고 나서 추후에는 맺음말 이외에는 아무것도 도입하지 않고 연설을 끝내야 한다. 테렌티우스의 『안드리아』에서 등장하는 노인은 해방 노예가 알기를 바라는 내용을 간단하고 유익하게 구분했다.

이렇게 너는 내 아들 녀석의 생활 방식과 나의 계획을, 그리고 이 문제에서는 나의 바람대로 네가 무엇을 해야 하는지 알게 될 것이다.[59]

그러므로 '구분' 안에서 밝힌 대로 그는 그렇게 우선 아들의 생활 방식을 설명한다. "그가 성년에 접어든 후로는, 소시아, …"[60] 다음으로는 자신의 계획을 밝힌다. "지금 내가 애쓰고 있는 것은…"[61] 그리고 소시아가 해 주길 바라는 내용을 말하는데, 그것은 그가 '구분'에서 마지막 항목을 마지막에 말한 것이다. "이제, 그대의 임무는…"[62] 그러므로 그가 우선 첫 번째 부분에 착수했고 모든 개별 부분을 다루고 나서 연설을 마무리했듯이 개별 부분에 착수하여 모든 개별 부분을 다루고 나서는 연설을 마무리해야 한다고 생각한다.

이제는 바로 연설의 순서가 요구하는 대로 확증(確證)[63]에 대한 지침을 차례로 제시하는 것이 바람직하다.[64]

XXIV 34 '확증'은 논증을 통해서 우리의 사안에 신뢰, 권위, 근거를 부여하는 연설의 부분이다. 이 확증에는 특정 지침들이 있는데, 그것들은 개별 사안의 종류에 따라 나뉜다. 그럼에도 모든 논증을 이루는 일종의 원자재와 같은 일반 소재 다수를 구분 없이 뒤섞인 채로 전시하고 나서 이곳에서 도출된 모든 논증 방법을 가지고 어떻게 개별 사안의 종류를 확증해야 하는지 알려

줄 필요가 있어 보인다.[65]

모든 사태는 '인물들에게 속한 것'이나 '행위들에 속한 것'으로써 논증하여 확증한다.[66]

내 생각에 인물의 속성이라 하는 것은 이름, 본성, 생활 방식, 운수, 습성, 상태, 애호, 의도, 행적, 변고, 발언이다.

'이름'은 개별 인물에 주어지는 것인데, 그는 고유하고 특정한 명칭으로 불리게 된다.[67]

'본성' 그 자체는 정의하기 어렵다. 그런데 이 지침을 위해 필요한 본성의 부분을 열거하는 일은 쉽다. **35** 그 부분들 가운데 일부는 신적인 종류에 속하고, 일부는 필멸의 종류에 속한다. 필멸의 존재들 가운데 일부는 인간류에, 일부는 동물류에 속하는 것으로 간주한다. 인간류는 남성 또는 여성의 성별 관점에서, 그리고 종족, 조국, 친족, 연령의 관점에서 고려한다. 종족에 관해서는 그가 그리스인인지 이방인인지, 조국에 관해서는 아테나이인인지 스파르타인인지, 친족에 관해서는 조상과 친척이 누구인지, 연령에 관해서는 소년인지 청년인지 중년인지 노년인지 고려한다. 그 밖에도 자연에 의해 정신이나 신체에 부여된 장단점, 이를테면 튼튼한지 허약한지, 키가 큰지 작은지, 잘생겼는지 못생겼는지, 민첩한지 굼뜬지, 총명한지 우둔한지, 기억력이 좋은지 나쁜지, 공손한지 조야한지, 염치가 있는지, 잘 참는지 그와 정반대인지 고려한다.[68] 그리고 자연이 정신과 신체에 부여한 것들을 전반적으로 고려할 것이다. 〔이것은 자연의 관점에서 고려해야 한다.〕[69] 자신의 노력으로 얻은 자질은 습성에 속해 있으니 그것은 이후에 논의할 것이다.[70]

XXV '생활 방식'에서 고려해야 할 점은 그가 누구의 집에서, 어떤 방식으로, 누구의 판단으로 교육받았는지, 또 교양 교육에서 어떤 교사의 지도가 있었는지, 또 누가 삶의 지침을 가르쳤는지,[71] 또 어떤 친구들과 교제하는지, 또 어떤 사업, 어떤 장사, 어떤 수공업에 종사하는지, 또 어떻게 가사를 관리하는지, 또 집안 관습은 어떠한지이다.

'운수'에 대해서 질문해야 하는 점은 그가 노예인지 자유인인지, 부자인지 빈자인지, 사인(私人)인지 직권 있는 자인지, 직권이 있다면 그가 그것을 정당하게 또는 부당하게 행사하는지, 행복한지, 유명한지 또는 정반대인지, 그에게 어떤 자식들이 있는지다. 그리고 더는 살아 있지 않은 자에 대해 질문하는 것이라면, 그가 어떤 죽음을 맞이했는지도 관찰해야 한다.

36 '습성'이란 정신이나 신체의 어떤 측면이 완결되며 확고하게 형성되는 것을 지칭한다. 이를테면 덕성이나 어떤 기술의 습득, 또는 어떤 전문 지식, 그리고 타고나지 않고 노력과 근면으로 획득한 신체의 유용함을 말한다.

'상태'는 어떤 이유로 인해 신체나 정신이 일시적으로 변화된 것이다. 이를테면 기쁨, 욕망, 공포, 불쾌,[72] 질병, 나약 및 같은 범주에 속하는 것들이다.

'애호'란 철학, 시(詩), 기하학, 문학과 같은 일에 열렬히 전념하여 강렬한 쾌락을 수반하는 정신의 몰입이다.

'의도'는 무엇을 하거나 하지 않기 위해서 잘 숙고한 계획이다.

'행적',[73] '변고', '발언'은 현재, 과거, 미래 시제로 고려한다. 어떤 이가 했던 일, 그에게 일어난 일, 그가 말했던 것, 또는 그가 하고 있는 일, 그에게 일어나고 있는 일, 그가 말하고 있는 것, 또는 그가 하게 될 일, 그에게 일어나게 될 일, 그가 말하게 될 것 말이다.

이것들 모두가 인물에 속하는 것이다. **XXVI 37** 그런데 행위의 속성은 더러는 행위 자체와 직결되어 있고, 더러는 행위 실행의 관점에서 고려되고, 더러는 행위에 결부되어 있고, 더러는 실행한 행위의 귀결로 나타난다.

'행위 자체와 직결되어 있는 것'은 행위에 밀착되어 분리될 수 없어 보이는 것이다. 첫째는 사건의 요점을 포함하며 행위 전체를 짧게 요약하는 것이다. 예를 들어, '부모 살해', '조국 배반'과 같은 것이다. 다음은 사건 요지의 근거를, 즉 어떤 수단으로, 무엇 때문에, 어떤 목적으로 행해졌는지 질문하는 것이다. 다음은 사건 이전에 무엇이 행위 자체에 이르기까지 중단 없이 행해졌는지 질문하는 것이다. 다음은 행위 자체의 실행 과정에서는 무엇이 일어났는지, 마지막으로는 그 이후에는 무엇이 행해졌는지 질문하는 것이다.

38 행위의 속성들의 두 번째 논소인 '행위의 실행'에서는 장소, 일시, 방법, 시기, 수단에 대해서 질문한다.[74]

어떤 일이 행해졌던 '장소'는, 행위 실행을 위해 어떤 이가 가졌을 만한 기회의 관점에서 바라본다. 기회에 대해서는 그것의 크기, 거리, 멂, 가까움, 한적, 변화, 그리고 바로 그 장소와 인접한 지역과 전체 지역의 성질의 관점에서 질문한다. 또한 장소의 속성들, 즉 그 장소가 과거나 현재에 신성한 곳인지 아닌지, 공적인 곳인지 사적인 곳인지, 타인의 소유인지, 아니면 논의 중인 자의 소유인지의 관점에서도 질문한다.[75]

39. '일시'는—지금 내가 사용하고 있지만 일반 용어로 정의하기 어렵다—영원의 부분으로 연, 월, 낮과 밤처럼 일정한 길이로 표시된다. 여기에서는 지나간 일들도 고려의 대상이다. 그것들 중 일부는 세월이 흘러 사라졌거나, 믿기 어려워 보여서 지어낸 이야기로 간주되는 것이다. 또 일부는 이미 오래전에 일어났고 우리의 기억에서 멀어졌지만, 그럼에도 정말로 전승 과정에서 신빙성을 주는 것들이 있는데, 문헌 속에 그것들의 확실한 기록이 남아 있기 때문이다. 그리고 비교적 최근에 일어났기에 대다수가 알 수 있는 일들이 있다. 또한 현재 일어나고 아주 틀림없이 일어나는 일, 그리고 앞으로 뒤따르는 일들이 있는데, 그것들 중에서 무엇이 더 먼저 일어날지, 그리고 무엇이 더 나중에 일어

날지 고려할 수 있다. 또한 '일시'를 주시하며 그것의 길이도 함께 고려해야 한다. 종종 일시의 단위로 행위를 측정하고, 중요한 행위와 다수의 과제가 그 일시 안에 완수될 수 있는지 알아야 하기 때문이다. 〔그런데 연, 월, 낮, 밤, 야경(夜警), 시(時)의 일시는 물론 그 부분들의 일시도 고려한다.〕[76]

XXVII 40 '시기'는 어떤 일을 하거나 하지 않는 적절한 기회를 가지는 시간의 부분이다. 그러므로 '시기'는 '일시'와는 다르다. 물론 일시와 시기는 모두 유(類)의 관점에서는 같은 것으로 보인다. 그런데 일시는 몇 년, 1년, 1년의 부분으로 계산되는 기간이 특정한 방식으로 명시되지만, 시기는 어떤 일을 하는 기회가 기간과 결합되어 있는 것으로 이해된다. 그래서 유의 관점에서 시기는 일시와 같지만, 앞에서 말했듯이[77] 종의 관점과 어떤 부분에서 차이가 있으니 다른 것이다. 시기는 공공적인 것, 공통적인 것, 개별적인 것의 세 종류로 나뉜다. '공공적인 것'은 경기, 축일, 전쟁과 같은 이유로 전체 시민 공동체가 모이는 시기다. '공통적인 것'은 추수, 포도 수확기, 혹서나 혹한처럼 거의 같은 시간에 모두에게 일어나는 시기다. '개별적인 것'은 결혼, 제사, 장례, 연회, 취침처럼 어떤 이유로 인해 어떤 이에게 사적으로 일어나곤 하는 시기다.

41 '방법'은 어떻게, 그리고 어떤 마음으로 행해졌는지 질문하는 것이다. 그것의 종(種)은 고의(故意)와 고의의 부재다. '고의'는

어떤 이가 무력이나 설득으로, 또는 비밀리에 했거나 공공연하게 했던 행위들에 비추어 헤아린다.[78] '고의의 부재'는 부지(不知), 변고(變故), 불가피함[79]의 종으로 나뉘는데, 그것은 면죄(免罪)에도 구실이 되고, 성가심, 분노, 욕정, 그리고 이와 유사한 감정의 상태와도 관련되어 있다.

'수단들'은 일이 더 쉽게 되도록 하는 것이거나, 어떤 일이 달성될 수 있도록 하는 것이다.[80]

XXVIII '행위에 결부되는 것'은 문제의 행위와 관련해서 더 큰 것이거나 더 작은 것이거나 같은 크기이거나 유사한 것이거나, 또 그것과 정반대인 것이거나 부정된 것이거나 유나 종이나 결과[81]와 관계 있는 것으로 이해하는 것이다. '더 큰 것', '더 작은 것', '같은 크기인 것'은 행위의 의미와 갯수,[82] 그리고 체격처럼 행위 형태의 관점에서 고려한다. **42** '유사한 것'은 비교 가능한 외양의 관점이나, 비견될 수 있고 비슷할 수 있는 본성의 관점에서 판단한다. '정반대인 것'은 차가움과 뜨거움, 그리고 삶과 죽음처럼 서로 다른 종에 속하며, 정반대의 것으로부터 최대한 멀리 떨어져 있는 것이다. '부정된 것'은 '알고 있음'과 '알고 있지 못함'처럼 부정 의미의 접두어를 붙여서 어떤 것과 구분되는 것이다. '유'는 욕망처럼 자신 안에 여러 종을 포함하는 용어다. '종'은 '욕정'과 '탐욕'[83]처럼 유의 하위 구분이다.[84] '결과'는 어떤 행위의 결말이다. 여기에서는 각각의 사태로부터 무슨 결과가 일어났는지, 무슨 결과가 일어나고 있는지, 무슨 결과가 일어날 것인지 질문하는 것이 보통이다. 따라서 이 종류에서 앞으로 무슨 일이 일어나는지 미리 쉽게 짐작하기 위해서는 각각의 사태로부터 대체로 어떤 결과가 나오는지 고려해야 한다. 예를 들어, 과도(過度)는 오만을 낳고 오만은 증오를 낳는다.

43 행위의 속성들 가운데 네 번째 부분은 귀결이다. 여기에서는 실행된 행위를 뒤따르는 것들에 대해서 질문한다. 우선 행해진 것을 어떤 이름으로 명명해야 합당한가? 다음으로 이 행위의 주범과 착안자는 누구이고, 그래서 누가 이 행위의 권위와 착안을 인정하고 모방하려고 애썼는가?[85] 또한 이 사태와 관련해 어떤 법률, 관습, 협약, 판결, 지식, 기술이 있고, 그 사태로 인해 어떤 법률, 관습, 협약, 판결, 지식, 기술이 발생하였는가? 다음으로는 사태의 성질에 대한 것인데, 그것이 일반적으로 일어나곤 하는가, 아니면 이례적으로 드물게 일어나곤 하는가? 이어서 사람들이 그들 자신의 권위로 그것을 인정하곤 하는가, 아니면 그것을 공격하곤 하는가? 그리고 나머지 것들이 비슷하게 어떤 행위를, 직후나 나중에 뒤따르곤 하는가? 마지막으로는 훌륭함이나 유익의 부분에 속하는 것들을 어떤 것이 뒤따르지는 않는지 주목해야 한다. 그것들에 대해서는 심의류(審議類) 사안에서 더 분명하게 언급해야 할 것이다.[86]

위와 같이 언급된 것들이 대체로 '행위'의 속성들이다.

XXIX 44 내가 언급한 논소(論所)들에서 취하는 모든 논증은 개연적이거나 필연적이어야 한다. 요컨대 '논증'이란 어떤 것을 개연적으로 제시하거나 또는 필연적으로 입증하기 위해서 어떤 방법으로 발견된 것이라 하겠다.[87]

자신이 주장하는 것과 다르게 일어날 수도 없고 인정될 수도 없는 것은 필연적으로 입증되는 것이다. 예를 들어, "만일 그녀가 아기를 낳았다면, 그녀는 남자와 동침한 겁니다." 필연적인 증명에서 사용되는 이런 논증류는 연설에서는 주로 딜레마, 소거, 단순 결론으로 나타난다.

45 '딜레마'[88]는 둘 중 어느 하나를 인정하면 반박되는 논증이다. 예를 들어, "그가 부정직한 사람이라면 왜 당신은 그와 사귀고 있습니까? 그가 정직한 사람이라면, 왜 당신은 그를 비난하고 있습니까?"

'소거'[89]는 여러 사항들을 열거하고 나서 하나를 제외하고는 모두가 반박된다면, 그 하나가 필연적으로 확증되는 논증이다. 예를 들어, "그가 살해했다면, 증오나 공포나 기대 때문에, 또는 어떤 친구를 위해서일 것입니다. 열거된 것들 중 어느 하나도 해당하지 않는다면 피고인이 그를 살해했을 리가 없습니다. 피고인이 동기 없이 악행을 저지를 수 없었기 때문입니다. 그에게 증오도 공포도 이익의 기대도 없었고, 피해자의 죽음이 피고인의 어떤 친구와도 아무 관련이 없었다면, 피고인이 그를 살해하지 않았다는 사실만이 남게 됩니다."

'단순 결론'은 필연적인 귀결로 이루어진다. 예를 들어, "내가 거기로 가서 그 시간에 그 범행을 저질렀다고 여러분이 주장하지만, 같은 시간에 내가 바다 건너편에 있었다면, 나는 여러분이 말한 그 범행을 저지르지 않았을 뿐만 아니라 심지어 그렇게 할 수도 없었다는 사실만이 남게 됩니다." 여기에서 이 종류의 논증은 어떤 식으로든 반박될 수 없다는 점을 유념해야만 한다. 그러므로 '확증'은 그 자체로 단지 논증 방법만을 갖추어 필연적 결론과 유사한 것이 아니라 논증 자체가 필연적인 근거로 이루어져 있다고 하겠다.

46 '개연적인 것'은 보통 일어나곤 하는 것이거나, 의견에 근거한 것이거나, 그것이 참이든 거짓이든 이들 두 가지와 유사한 것을 말한다. '보통 일어나곤 하는 것'의 종류는 다음 사례들처럼 개연적이다. "그녀가 어머니라면, 그녀는 아들을 사랑합니다." "그가 탐욕스러운 자라면, 그는 자신이 했던 맹세를 무시합니다." '의견에 근거한 것'의 종류는 다음 사례들처럼 개연적이다. "불경한 자들은 저승에서 형벌을 받습니다." "철학에 몰두하는 자들은 신의 존재를 믿지 않습니다." **XXX** '유사함'은, 상반되는 것들, 동등한 것들, 동일한 논리에 속하는 것들에서 주로 관찰된다. '상반되는 것'의 방식은 다음과 같다. "부지 중에 위해를 가한 자를 용서해도 된다면, 불가피하게 도와준 자에게도 감사하

지 말아야 합니다."[90] **47** '동등한 것'의 방식은 다음과 같다. "항구가 없는 장소에서는 배들이 안전할 수 없듯이, 신뢰 없는 마음에는 친구들이 의지할 수 없습니다."[91] '동일한 논리에 속하는 것'의 경우에 개연성은 이렇게 고려한다. "로도스인들이 항만 관세 징수권을 도급하는 것이 비난받을 일이 아니라면, 헤르모크레온이 그것을 도급받는 것도 비난받을 일이 아닙니다."[92] 이들 논증은 이를테면 "흉터가 있으니 상처가 있었습니다"처럼 참된 경우가 있고, 또 이를테면 "그의 신발에 먼지가 많이 묻어 있다면, 그가 여행에서 돌아왔음이 틀림없습니다"[93]처럼 참되어 보이는 경우가 있다.

논증을 위해 취하는 모든 개연적인 것을 더 구분하면, 징후(徵候),[94] 또는 믿을 만한 것, 또는 판단, 또는 비교 가능한 것으로 구분된다.

48 감각으로 파악되는 '징후'는 어떤 일이 자신에게서 비롯된 것으로 보이는 것을 지시하는데, 그것은 이전에 있었거나 행위 자체 안에 있었거나 나중에 그것을 뒤따른 것이지만[95] 증거와 더 중요한 확증을 필요로 한다. 징후의 예들로는 혈흔, 도주, 창백함, 먼지, 그리고 이와 유사한 것을 들 수 있다.[96]

'믿을 만한 것'은 증인 없이 청자의 의견만으로 확인되는 것이다. 이를테면 "자신의 자녀가 안전하고 행복하기를 바라지 않는 부모는 없습니다."[97]

'판단'은 어떤 사항이 사람이나 사람들의 동의나 권위나 판결에 의해 인정되는 것이다.[98] 그것은 경건한 것, 공통적인 것, 추인된 것의 세 종류로 나뉜다. '경건한 것'은 선서한 자가 법률에 따라서 판결하는 경우다. '공통적인 것'은 모든 사람이 대체로 인정하고 따랐던 경우이다. 이를테면 노인을 공경해야 한다거나 탄원자를 동정해야 한다는 것이다. '추인된 것'은 어떤 행위를 어떤 성질로 규정해야 마땅한지 의심스러워 사람들이 권위 있는 투표를 통해서 결정하는 경우다. 이를테면 로마 인민은 그락쿠스 부친[99]의 행위를 인정했는데, 그가 감찰관으로 재직할 때 동료에게 알리지 않고서는 어떤 행동도 하지 않았기 때문이다. 그래서 로마 인민은 감찰관 재직을 마친 그를 집정관으로 임명했다.

49 마지막으로 '비교 가능한 것'은 다양한 사태들에 어떤 유사한 양상이 내포되어 있는 경우다. 그것은 비유, 대비, 선례의 세 부분으로 나뉜다.[100] '비유'는 신체나 성격의 유사성을 제시하는 발언이다. '대비'는 유사성을 근거로 삼아서 어떤 것과 다른 어떤 것을 맞세우는 발언이다.[101] '선례'는 어떤 사람이나 행위의 권위나 사건을 통해서 사안을 확증하거나 반박하는 것이다. 이것들에 대한 예시와 상세는 표현의 지침에서 알 수 있다.

이제는 확증의 원천이 가능한 한 명료해지고, 문제의 본성이 요구한 것만큼 분명하게 제시되었다. 그런데 각각의 쟁점과 쟁점의 종과, 논증이나 문서에[102] 달려 있는 모든 논쟁을 어떻게 다루어야 하는지, 또 어떤 논거들이 개별 쟁점에 부합하는지는 2권에서 하나씩 따로 사안의 개별류와 관련지어 논의할 것이다. 지금은 다만 논증의 갯수와 방법들과 종들을 뒤섞어 혼합하고 흩어 놓았다. 나중에 그것들을 분류하고 선택한 이 자료를 바탕으로 무엇이 사안의 개별류에 부힙하는지 설명할 깃이다. **50** 게다가 이들 논소에서는 실로 모든 종류의 논거를 발견할 수 있을 것이다. 발견된 논거를 장식하고 특정한 부분들로 나누는 것은 지극히 즐겁고 필요한 작업이지만, 이러한 점을 수사학 교과서 저자들은 너무 경시하고 말았다. 그래서 나는 이 자리에서 그것에 대한 지침을 주어야 한다고 생각했다. 그러면 발견에 논증 이론을 결합하게 될 것이다. 이 모든 주제는 각별하게 주의하고 성실하게 고찰해야 하는데, 그 일이 매우 유용할 뿐만 아니라 이에 대한 지침을 주는 것도 매우 어렵기 때문이다.

XXXI 51 그러므로 모든 논증은 귀납이나 연역으로 전개되어야 한다.[103]

'귀납'은 의심스럽지 않은 것들로써 함께 논쟁하는 자의 동의를 얻어내려고 노력하는 화법이다. 이러한 동의를 통해서 대화 상대는, 의심스러운 사실이 자신이 동의한 사실들과 유사하기 때문에 그것을 인정하게 되는 것이다.

이를테면 소크라테스의 제자 아이스키네스[104]가 지은 대화편에서 소크라테스가 들려주는 이야기에 따르면, 아스파시아[105]가 크세노폰 본인과 그의 아내[106]와 함께 이런 대화를 나누었다고 한다. 아스파시아가 말했다. "부인, 당신의 이웃이 당신보다 더 좋은 금화를 가지고 있다면, 그 금화를 선호합니까, 아니면 자신의 것을 선호합니까?" 크세노폰의 아내가 "이웃의 것이요" 하고 대답했다. 또 아스파시아가 물었다. "자, 그녀가 당신보다 더 비싼 의상이나 여성의 장신구를 가지고 있다면, 당신의 것이나 그녀의 것 중에서 무엇을 선호합니까?" 그녀는 "물론 그녀의 것이죠" 하고 대답했다. "자, 그녀에게 당신보다 더 좋은 남편이 있다면, 당신의 남편과 그녀의 남편 중 누구를 더 선호합니까?" 이에 그녀는 얼굴을 붉혔다.

52 이어서 아스파시아는 크세노폰 본인과 대화하기 시작했다. "크세노폰, 대답해 주세요. 당신의 이웃이 당신보다 더 좋은 말을 가지고 있다면, 그의 말과 당신의 말 중에서 누구의 말이 더 좋은가요?"라고 그녀가 물었다. 크세노폰이 대답했다. "그의 것이오." 또 그녀가 물었다. "그리고 그가 당신보다 더 좋은 농장을 가지고 있다면, 어느 농장을 갖고 싶은가요?" 그가 대답했다. "틀림없이 더 좋은 농장을 갖고 싶을 것이오." 또 그녀가 물었다. "자, 그에게 당신보다 더 좋은 아내가 있다면, 당신의 아내와 그의 아내 중 어느 쪽을 택하겠소?" 그러자 크세노폰 본인도 침묵했다.

그러고 나서 아스파시아가 말했다. "두 분 모두는 내가 듣고 싶은 말만을 하지 않았으니 여러분의 생각을 내가 직접 말하죠. 부인, 당신은 최고의 남편을 갖기를 원하고, 그리고 크세노폰, 당신은 누구보다도 가장 모범적인 아내를 갖기를 열망하고 있어요. 그러므로 만약 여러분이, 세상에서 더 좋은 남자도 더 모범적인 여자도 없다는 결론을 내리지 않는 한, 정말로 여러분은 최선이라고 생각하는 것을 항상 열심히 찾으려고 노력하겠죠. 즉 당신은 최고 아내의 남편이고 그녀는 최고의 남편과 혼인했다는 말입니다."[107]

이 사례에서는 의심스럽지 않은 것들에 대한 동의가 이루어졌으니 따로따로 나눠서 질문하는 경우에는 의심스러워 보이는 것도 유사함으로 인해, 즉 문답법 덕분에 확실한 것으로 인정되는 결과가 나온다. **53** 소크라테스는 대체로 이런 방식의 대화를 사용했는데, 그 이유는 그 자신은 직접 어떤 논거도 제시하지 않고서 대화 상대가 이미 대답했던 것으로부터 결론을 도출하길 원했기 때문이다. 그 결론은 대화 상대가 이미 인정한 것이니 동의할 수밖에 없는 것이다.

XXXII 내 생각에 귀납의 지침은 다음과 같다. 우선, 유사함을 통해서 도입하는 것은 인정될 수밖에 없는 종류이어야 한다. 왜냐하면 어떤 의심스러운 것이 인정되기를 요청할 때 그 근거가 되는 진술 자체는 의심스럽지 않아야 하기 때문이다. 다음으로 귀납으로 확증하는 진술은 앞에서 의심스럽지 않은 것으로 도입했던 진술들과 유사한 것이 되도록 유념해야 한다. 앞에서 인정된 진술이 아무 도움도 되지 않는 경우, 그 이유는 그것이 우리가 인정되길 바라는 첫 요지의 이유가 되는 진술과 유사하지 않기 때문이다. 다음으로 앞선 귀납들이 무엇을 목표로 하는지, 그리고 그것들이 어떤 결론에 이르게 될지 대화 상대가 미리 알아서는 안 된다. **54** 첫 번째 질문에 긍정의 답변을 했기에 자신에게 내키지 않는 진술도 인정할 수밖에 없음을 알게 된 자는 대체로 대답을 회피하거나 잘못 답변함으로써 질문이 이어지는 걸 막기 때문이다. 그래서 문답법을 통해서, 대화 상대 자신이 부지중에 인정한 것으로부터 그 자신이 인정하고 싶지 않은 것으로 유도해야 하는 것이다.

마지막으로 대화 상대는 침묵하거나 인정하거나 부정해야 할 것이다. 그가 진술을 부정하는 경우라면, 그것이 이전에 인정한 진술들과 유사함을 보여 주거나 다른 귀납을 사용해야 한다. 그가 인정하는 경우라면 논증을 마쳐야 한다. 그가 침묵하는 경우라면 그가 답변하도록 유인하거나, "침묵은 동의를 의미한다"이니 그가 진술을 인정한 것으로 간주하며 논증을 마쳐야 한다.

따라서 귀납은 세 부분으로 나뉜다. 첫 번째 부분은 하나나 복수의 유사한 것으로 구성된다. 두 번째 부분은 인정되길 바라는 것으로 구성되는데, 그것 때문에 유사한 것들이 인용된 것이다. 세 번째 부분은 인정된 것을 확증하는 결론이거나, 또는 인정된 것으로부터 무엇이 추론되는지 보여 주는 결론이다.

XXXIII 55 그런데 만일 내가 정치적 사안의 종류에서 사례를 인용하지 않는다면, 어떤 이에게는 논증이 충분히 명료하지 않은 것으로 보이게 되니, 그러한 종류의 사례도 활용해야 한다. 이는 지침이 다르다거나, 대화는 연설과는 다르게 시점을 활용해야 하기 때문이 아니라, 만일 어느 곳에서 보았던 것이 다른 곳에서 보이지 않는다면, 그것을 알아보지 못하는 자들의 요구를 만족시키기 위함이다.

따라서 희랍인들에게 널리 알려진 사안을 예로 들어보자.[108] 테바이의 장군 에파미논다스는, 법률에 따라 자신의 지위를 승계한 장군에게 군대를 넘겨 주지 않고 며칠 동안 법률을 어기며 군대를 직접 지휘했지만, 스파르타인들에게 결정적인 패배를 안겨 승리했다. 그를 고발하는 자는 법률의 문언을 의도에 반하여 고수하면서[109] 다음과 같이 귀납 논증을 사용할 것이다. **56** "심판인 여러분, 에파미논다스가 자신의 주장에 따라서 입법자가 의미한 바를 법률에 부기(附記)하며, '어떤 이가 국가를 위해서 군대를 넘겨 주지 않는 경우는 제외한다'라는 예외 규정을 덧붙여야 한다고 말한다면, 여러분은 용인하겠습니까? 나는 그렇게 생각하지 않습니다. 또는 만일 여러분 스스로가 저자의 명예를 위하여 인민의 명령 없이 이러한 예외 규정을 법률에 부기하라고 명령한다면—이는 분명 여러분의 경건과 지혜와는 아주 거리가 먼 것입니다―, 과연 테바이 시민들은 이런 일을 용인하겠습니까? 분명 용인하지 않을 겁니다. 그래서 부기하면 죄가 되는 것을, 마치 법률에 부기되어 있는 양 준수하는 일이 여러분은 옳다고 생각합니까? 나는 여러분의 지성을 믿고 있습니다. 심판인 여러분, 그것은 옳은 일로 보일 수 없습니다. 만일 에파미논다스나 여러분이 입법자의 의사를 문자로 수정할 수 없다고 한다면, 결코 낱말로 바꿀 수 없는 것을 판결로 변경하다가 훨씬 더 부당한 일을 저지르지 않도록 주의하십시오."

지금까지 귀납에 대해서는 충분히 설명한 것 같다. **57** 다음으로 이제는 연역의 의미와 본성에 대해서 살펴보자.[110]

XXXIV '연역'은 사실 자체로부터 어떤 개연적인 것을 끌어내는 화법인데, 진술되어 그 자체로 확인된 개연적인 것이 자신의 의미와 추론으로 확증되는 것이다.[111] 연역을 더 세심하게 고찰해야 한다고 믿는 자들은 실제 연설에서는 동일한 목표를 추구하지만, 교수법에서는 다소 차이를 보여 준다. 일부는 '연역'이 다섯 부분으로 이루어져 있다고 말했지만, 일부는 많아야 세 부분으로 나눠질 수 있다고 생각했기 때문이다. 양측의 논쟁을 양쪽의 논리와 함께 설명하는 것이 유익해 보인다. 그 설명은 간결하기에 양측이 허튼 소리한다는 인상을 주지 않을 것이고, 또 우리는 연설에서 결코 이 주제를 무시해선 안 된다고 생각하기 때문이다.

58 '연역'이 다섯 부분으로[112] 나뉘어야 한다고 생각하는 자들은 먼저 논증의 개요를 진술해야 한다고 주장한다. 예를 들어, "계획을 세워 통제하는 일은 계획 없이 관리하는 일보다 더 잘 실행됩니다."[113] 이 논증의 개요를 첫 번째 부분으로 간주한다.

이어서 첫 번째 부분을 다양한 논리들과 최대한 상세한 말로써 증명해야 한다고 생각한다. "합리적인 계획으로 관리하는 집은 아무 계획 없이 아무렇게나 관리하는 집보다 모든 면에서 더 나은 설비와 장비를 갖추고 있습니다. 또 현명하고 영리한 지휘관이 이끄는 군대는 어리석고 경솔한 지휘관이 이끄는 군대보다 모든 부분에서 효과적으로 관리됩니다. 똑같은 논리가 항해에도 적용되는데, 가장 숙련된 키잡이가 조종하는 배가 가장 잘 항해를 마치기 때문입니다."[114]

59 대전제가 이러한 방식으로 증명되어 연역의 두 부분이 지나갔다면, 세 번째 부분인 소전제에서는 당신이 보여 주고 싶은 것을 대전제의 의미에서 취해야 할 것이다. 예를 들어, "만물 가운데 우주보다 더 잘 관리되는 것은 없습니다."[115]

네 번째 자리에서는 소전제의 또 다른 증명을 도입한다.[116] "왜냐하면 천체의 상승과 하강은 일정한 질서를 유지하고 계절의 변화는 어떤 필연성으로 항상 같은 방식으로 일어날 뿐만 아니라 만물의 유익에도 맞추어져 있고, 게다가 밤과 낮의 순환은 어떤 식으로 변한 적도 없고 결코 해악을 끼친 적도 없습니다." 〔이

모든 점은 우주의 본성이 어떤 평범하지 않은 계획에 의해 관리된다는 증거다.)[117]

다섯 번째 자리에는 모든 부분에서 추론된 것만을 진술하는 결론[118]을 도입한다. 예를 들어, "그러므로 우주는 계획에 의해 관리됩니다." 또는 다섯 번째 자리에는 대전제와 소전제를 한 자리에 간단하게 결합하여 귀결되는 것을 부가한다. 예를 들어, "그러므로 만일 계획으로 관리되는 것이 계획 없이 관리되는 것보다 더 잘 수행되고, 만물 가운데 우주보다 더 잘 관리되는 것이 없다면, 우주는 어떤 계획에 의해 관리되는 것입니다." 이러한 방식으로 그들은 논증이 다섯 부분으로 이루어져 있다고 생각하는 것이다.[119]

XXXV 60 논증이 세 부분으로 나뉜다고 주장하는 자들은, 논증이 다르게 전개되어야 한다고 생각하진 않지만 앞서 언급된 자들의 분할을 비판한다. 그들은 대전제와 소전제 모두 그것들의 증명과 분리되어야 한다는 것을 반대하고, 또 만일 증명에 의해 확증되지 않는다면, 어떤 대전제도 독립적이지 않고 어떤 소전제도 완전하지 않은 것으로 보인다고 주장하기 때문이다. 따라서 그들은 두 부분으로 헤아리는 대전제와 그것의 증명을 대전제 하나로 간주한다. 또 증명되지 않은 대전제는 논증의 대전제가 될 수 없을 것이다. 마찬가지로 그들은 저들이 소전제와 그 증명으로 나누는 것도 소전제 하나에 불과한 것으로 간주한다.

그리하여 이처럼 동일한 논리에 따라 전개되는 논증이 일부에게는 세 부분으로, 일부에게는 다섯 부분으로 나타나는 것이다. 따라서 이 문제는 연설의 실행보다는 오히려 교수법에 더 가깝다고 볼 수 있다.

61 나는 다섯 부분으로 나누는 분할이 더 합당하다고 생각한다. 이 분할은 특히 아리스토텔레스와 테오프라스토스의 모든 제자들이 따랐던 것이다.[120] 위에서 언급한, 귀납을 통해서 전개되는 논증류는 특히 소크라테스와 소크라테스의 제자들이[121] 다루었던 것처럼, 연역을 통해서 다듬어진 이 후자의 논증류는 특히 아리스토텔레스와 〔소요학파와〕[122] 테오프라스토스가 가장 많이 활용했고, 이후에는 가장 정교하고 가장 숙련된 자들로 여겨진 수사학 교사들이 활용했다. 그런데 내가 이 분할을 정당한 이유 없이 따른다고 사람들이 생각하지 않도록 그 분할을 더 인정하는 이유가 무엇인지 말해야겠다.[123] 지침 계획이 요구하는 것보다 더 장황하게 이 문제를 다루지 않도록 나는 되도록 짧게 말해야 한다.

XXXVI 62 어떤 논증에서는 대전제를 사용하는 것으로 충분하여 대전제에 따로 증명을 부가할 필요가 없지만, 어떤 논증에서는 '증명'이 부가되지 않은 대전제가 설득력을 잃게 되는 경우라면, 증명은 대전제와는 분리된 무엇이라 하겠다. 왜냐하면 어떤 것에 부가될 수 있고 분리될 수 있는 것은 그것에 부가되어 있고 분리되는 것과 같을 수 없기 때문이다. 그런데 대전제에 증명이 필요하지 않은 논증이 있고 증명 없이는 대전제가 타당하지 않은 논증이 있는데, 이 점은 내가 앞으로 보여 줄 것이다. 그러므로 증명은 대전제와 분리된 것이라 하겠다.

내가 약속한 바는 이렇게 보여 줄 것이다. 모두가 반드시 인정해야 하는 자명한 것을 자신 안에 포함하고 있는 대전제를 증명하고 강화하려는 것은 의미 없다. **63** 예를 들어, "로마에서 살인이 일어난 날에 내가 아테나이에 있었다면, 살인 사건에 연루될 수 없었습니다." 자명하게 참인 이 대전제를 증명하는 것은 불필요하다. 따라서 곧장 소전제를 취해야 한다. "그런데 나는 그날 아테나이에 있었습니다." 이 소전제가 확실하지 않다면 증명이 필요한데, 그 증명이 도입되면 결론이 뒤따를 것이다. 따라서 증명이 필요하지 않은 대전제가 있다는 말이다. 실로 증명이 필요한 대전제가 있다는 점이 누구에게나 매우 자명한 것이라면, 이를 굳이 보여 주는 일이 무슨 의미가 있을까? 그래서 이 점과 내가 앞에서 말한 바에 따르면, 증명은 실로 대전제와 분리된 것이라는 결론이 나온다.[124] 그렇다면 논증이 세 부분 이상으로 나뉘지 않는다는 주장은 옳지 않다.

64 마찬가지로 두 번째 증명도 소전제와 분리될 수 있음이 명백하다. 어떤 논증에서는 소전제를 제시하는 것으로 충분하여 증명을 부가할 필요가 없지만, 어떤 논증에서는 증명을 부가하

지 않아서 소전제가 설득력이 없다고 한다면, 그 증명은 소전제와는 분리되어 있는 무엇이다. 그런데 소전제에 증명이 필요 없는 논증이 있지만, 소전제에 증명이 없기에 타당하지 않은 논증이 있는데, 이 점을 내가 보여 줄 것이다. 그러므로 증명은 소전제와 분리된 것이다. 내가 보여 주겠다고 약속한 바는 다음과 같다. **65** 모든 이에게 자명한, 참을 포함한 소전제는 어떤 증명도 필요하지 않다. 예를 들어, "반드시 지혜로운 자가 되기를 원한다면, 철학을 탐구하는 것이 합당합니다"와 같은 대전제는 증명이 필요하다. 그것은 자명하지도 않고 모든 이에게 확실하지도 않은데, 왜냐하면 많은 이들은 철학이 무익하다고 생각하고, 또 적지 않은 이들은 심지어 철학이 해롭다고 생각하기 때문이다. 하지만 자명한 소전제는 다음과 같다. "그런데 지혜로운 자가 되길 원해야 합니다." 이 진술은 그 자체로 자명하며 참으로 이해되기에 그것의 증명은 불필요하다. 이 논증은 곧장 결론을 내려야 한다. 그러므로 증명이 필요 없는 소전제가 있는 것이다. 실로 어떤 전제는 증명이 필요하다는 것은 자명하다. 요컨대 증명은 소전제와 분리된 것이라 하겠다. 논증이 세 부분 이상으로 나뉠 수 없다는 주장은 옳지 않다.

XXXVII 66 이로부터 대전제나 소전제에 증명이 필요 없는 논증이 있다는 것이 자명하다. 확실하고 간단한 사례를 들어보자. "우리가 온 힘을 다해서 지혜를 추구해야 한다면, 온 힘을 다해서 어리석음을 피해야 합니다. 그런데 온 힘을 다해서 지혜를 추구해야 합니다. 그러므로 온 힘을 다해서 어리석음을 피해야 합니다." 여기에서는 대전제와 소전제가 모두 자명하기에 둘 다 증명이 필요하지 않다.

이로부터 증명이 부가될 때도 있고 그렇지 않을 때도 있다는 사실이 자명하다. 따라서 증명이 대전제나 소전제에 포함되어 있지 않지만, 두 증명 각각이 자기 자리에서 그렇게 고유의 특정한 의미를 가지고 있음을 알게 된다. 그러면 논증을 다섯 부분으로 나눈 자들이 유용하게 나누었다고 볼 수 있다.

67 연역에서 사용하는 논증은 다섯 부분이다. '대전제'는 연역의 전체 의미가 흘러나와야 하는 논점을 간략하게 진술하는 부분이다. '증명'은 간략하게 진술된 것을 근거들로 강화하여 더 개연적이고 더 명료하게 만드는 부분이다. '소전제'는 대전제를 근거로 하여 증명에 도움이 되는 것을 취하는 부분이다. '소전제의 증명'은 부가된 소전제를 근거들로 강화하는 부분이다. '결론'은 전체 논증에서 추론된 것을 간략하게 진술하는 부분이다. 가장 많은 부분을 차지하는 논증은 다섯 부분으로 구성되고, 두 번째로는 네 부분이고, 세 번째로는 세 부분이다. 그다음으로 네 번째는 두 부분인데, 이에 대해서는 논쟁의 여지가 있다.[125] 또 어떤 이는 논증이 한 부분만으로[126] 구성될 수 있다고 생각하기도 한다. **XXXVIII 68** 나는 확실한 논증에 대해서는 여러 사례를 들

것이고, 의심스러운 논증에 대해서는 여러 근거를 댈 것이다.

다섯 부분 논증[127]의 예는 다음과 같다. "심판인 여러분, 모든 법률은 국가 이익에 이바지해야 하고 문자들의 기술(記述)이 아니라[128] 공동 유익에 비추어 해석해야 합니다. 우리 조상들은[129] 법률을 제정하면서 국가의 안녕과 유익 이외에는 아무것도 염두에 두지 않은 덕과 지혜를 지녔기 때문입니다. 조상들은 어떤 해로운 법률도 제정하려 하지 않았고, 또 그러한 법률을 제정하고 나서 결함을 인지했을 때는 그 법률이 폐지될 것임을 알았기 때문입니다. 모두는 법률이 단지 법률이 아니라 국가를 위해서 준수되길 바라는데, 이는 국가가 법률에 따라서 가장 잘 관리된다고 모두가 믿고 있기 때문입니다. 그러므로 모든 법조문은 우리가 법률을 준수하는 목적에 맞게 해석하는 것이 합당합니다. 다시 말해서 우리가 국가에 봉사하고 있으니 국가의 이익과 유익에 비추어 법률을 해석해야 합니다. 신체 유익을 목적으로 설립된 의술로부터는 그 목적을 지향하는 것만이 산출된다고 생각하는 것처럼, 그렇게 국가 유익을 목적으로 마련된 법률로부터는 국가에 이로운 것만이 산출된다고 믿는 것이 합당하기 때문입니다. **69** 그러므로[130] 이 재판에서도 법조문을 검토하는 것을 그만두고, 형평에 맞게 국가의 유익에 비추어 법률을 숙고해야 합니다. 테바이인들에게 스파르타를 제압하는 것보다 무엇이 더 유익했겠습니까?[131] 테바이의 지휘관 에파미논다스가 테바이인들의 승리보다 무엇을 더 염려해야 했겠습니까? 그가 테바이인들의 크나큰 영광, 그토록 영예롭게 장식된 승전비보다 무엇을 더 소중하고 중요하게 여겨야 했겠습니까? 분명 그는 법률의 문언을 무시하고 입법자의 의도를 숙고해야만 했던 겁니다. 그런데 확실히 각각의 법률이 오로지 국가를 위해서 제정되었다는 점은 충분히 숙고되었습니다. 그러므로 국가의 안녕을 위해 제정된 법률을 국가의 안녕에 비추어 해석하지 않는다는 것은 완전히 어리석은 짓이라고 판단했던 겁니다. 만일 모든 법률이 국가의 유익에 관련되어야 하고 또 에파미논다스가 국가의 안녕에 도움이 되었다면, 사실상 그가 같은 행위로 공동체의 운수를 돌보면서 동시에 법률에 불복종하는 것은 불가능합니다."[132]

XXXIX 70 네 부분 논증은 증명 없이 대전제를 제시하거나 또는 소전제를 부가하는 경우에 성립한다. 이 논증은 대전제가 그 자체로 이해되거나, 소전제가 자명하여 어떤 증명도 필요 없는 경우에 사용해야 한다. 대전제의 증명이 생략된 네 부분 논증은 이러한 방식으로[133] 전개된다. "심판인 여러분, 법률에 따라 선서하여 심판하는 여러분은 법률에 복종해야 합니다. 그런데[134] 법률에 작성된 것을 따르지 않는다면 법률에 복종할 수 없습니다. 입법자가 자신이 심혈을 기울여 성실하게 작성했던 법조문보다 더 확실하게 자기 의사에 대한 증거를 남길 수 있었을까요? 만일 법조문이 존재하지 않는다면, 입법자의 의사를 인식하기 위해서 그것을 절박하게 찾으려 할 겁니다. 그럼에도 비록 에파미논다스가 실로 재판을 받지 않는다고 하더라도 우리 앞에서 법률의 의도를 해석하는 것을 그에게 허용하지 않을 겁니다. 하물며 이제는 그자가 여기 법률 앞에서 아주 명료하게 작성된 법조문이 아니라, 자기 사안의 이로움에 따라서 입법자의 의사를 해석하는 것은 더욱 용인해서는 안 됩니다. 심판인 여러분, 여러분이 법률에 복종해야 하고 법률에 작성된 것을 따를 경우에만 그렇게 할 수 있다면, 왜 저자가 법률을 위반했다고 판단하진 않습니까?"[135]

71 소전제의 증명이 생략된 네 부분[136] 논증은 다음과 같다. "종종 위약으로 우리를 속였던 자들의 말을 우리는 신뢰하지 말아야 합니다. 만일 우리가 그들의 위약으로 손해를 입었다면, 우리야말로 비난받아 마땅한 자일 겁니다.[137] 속임에 넘어가는 것은 첫째로 손해이고, 둘째로 어리석고, 셋째로 치욕적입니다. 카르타고인들은 이미 매우 자주 우리를 속였습니다.[138] 그러므로 그토록 자주 여러분을 위약으로 속였던 자들에게서 신뢰를[139] 기대하는 것은 정말로 어리석은 짓입니다."

72 두 전제의 증명이 생략된다면, 논증은 세 부분이 된다. 예를 들어, "만일 우리가 카르타고인들을 무사하게 놓아준다면, 우리는 그들을 두려워해야 하거나, 또는 그들의 도시를 파괴해야 합니다. 그런데 우리는 실로 그들을 두려워해서는 안 됩니다. 그

러므로 우리가 그들의 도시를 파괴하는 것만이 남습니다."[140]

XL 그런데 연역을 통해서 추론되는 것이 자명할 때는 때때로 결론을 생략할 수 있다고 생각하는 이들이 있다. 이 경우에는 논증이 두 부분으로도 이루어진다. 예를 들어, "그녀가 아이를 낳았다면 그녀는 처녀가 아닙니다. 그런데 그녀는 아이를 낳았습니다."[141] 여기에서는 대전제를 전개하고 소전제를 부가하는 것으로 충분하다. 추론되는 것이 자명하니 결론이 필요 없다는 말이다. 하지만 내 생각에 모든 연역에는 반드시 결론이 있어야 하고, 이와 함께 그들이 싫어하는 실수, 즉 결론에 자명한 것을 도입하지 않는 실수는 반드시 피해야 한다. **73** 이런 일은 결론의 종류를 이해하면 가능할 것이다. 다시 말해서, 우선 대전제와 소전제를 한 문장 안에 결합하는 방식으로 결론을 내리는 것이다. 예를 들어, "만일 모든 법률이[142] 국가의 유익에 관련되어 있어야 하고 또 에파미논다스가 국가의 안녕에 도움이 되었다면, 틀림없이 그가 같은 행위로 공공의 안녕을 돌보면서 동시에 법률에 불복종하는 것은 불가능합니다." 또는 반대되는 진술을 통해서 결론을 내리는 것이다. 예를 들어, "그러므로 그토록 자주 당신을 위약으로 속였던 자들의 신뢰를 기대하는 것은 완전히 어리석은 짓입니다."[143] 또는 추론되는 것만을 내세움으로써 결론을 내리는 것이다. 예를 들어, "그러므로 우리가 그 도시를 파괴하자." 또는 추론되는 것에 필연적으로 뒤따르는 것을 도입하는 것이다. 그것은 다음과 같은 방식이다. "그녀가 아이를 낳았다면 남자와 동침한 것입니다. 그런데 그녀는 아이를 낳았습니다." 여기에서 추론되는 것은, "그러므로 그녀는 남자와 동침하였습니다"이다. 만일 이런 결론을 피하고 싶어서, "그녀는 부정을 저질렀습니다"라는 결론을 내린다면, 이는 자명한 결론을 피하며 논증을 마무리하는 것이다. **74** 따라서 긴 논증에서는 대전제와 소전제의 결합으로나[144] 반대되는 진술로 결론을 요약하고, 짧은 논증에서는 결론만을 진술하고, 결말이 자명한 논증에서는 '귀결'을 활용해야 한다.

논증이 오직 한 부분만으로 이루어질 수 있다고 생각하는 자들은 때로는 이렇게 논증하는 것으로 충분하다고 말할 것이다. "그녀가 아이를 낳았기 때문에 그녀는 남자와 동침한 것입니다." 이 진술은 어떤 증명도 어떤 결론도 필요하지 않기 때문이다. 하지만 그들은 명칭의 중의성 때문에 착각한 것 같다. '논증'이라는 명칭이 두 가지 의미를 갖기 때문이다. 어떤 개연적이거나 필연적인 사실에 대해 발견된 것이나 또는 발견된 것의 기교적인 수식(修飾) 모두 논증이라고 부른다. **75** 따라서 그들이 "그녀가 아이를 낳았기 때문에 그녀는 남자와 동침한 것입니다"라고 진술할 때, 이는 '수식'이 아니라 '발견된 것'을 예시한 것이라 하겠다. 그런데 지금은 '수식'의 방법을 말하는 중이다.

XLI 따라서 위에서 언급한 이론[145]은 지금 문제에는 아무런 도움도 되지 못한다. 그리고 '발견'과 '수식'의 차이를 지적하면서, 다섯 부분 논증에 반대하는 것으로 보이는 다른 주장들도 몰아낼 것이다. 예를 들어, 어떤 이가 소전제나 대전제 중 하나를 때때로 누락할 수 있다고 생각하는 것 말이다. 만일 이러한 생각에 무슨 개연성이나 필연성이 있다면, 그것은 어떤 식으로든 청자에게 틀림없이 영향력을 발휘할 것이다. 그러나 만일 이 점만을 유념하다가 어떤 방식으로 자신이 착안한 것을 다루는지 신경 쓰지 않는다면, 가장 위대한 연설가와 평범한 연설가 사이에 얼마나 큰 차이가 있는지 결코 헤아리지 못할 것이다.

76 연설을 다양하게 구성하기 위해서는 큰 노력을 기울여야 한다. 모든 일에서 비슷함이란 싫증의 어머니이기 때문이다. 다양성을 얻으려면 항상 유사한 방법으로 논증하지 않으면 된다.[146] 무엇보다도 논증의 종류를 구분하는 것, 즉 한 번은 귀납, 한 번은 연역을 사용하는 것이 바람직하다. 다음으로 논증 자체에서는 항상 대전제로 시작하지 않고, 또 항상 다섯 부분을 사용하지 않고, 또 같은 분할 방법으로 수식하지 않고, 때로는 소전제로 시작하고, 때로는 두 증명 중 하나를, 때로는 두 증명을, 때로는 이런 종류의 결론을, 때로는 저런 종류의 결론을 사용하는 것이 바람직하다. 이를 통찰하기 위해서는 직접 글을 써 보며 연습해야 한다. 만일 그렇게 하기 귀찮다면, 앞에서 언급한 임의의 사례를 가지고서 얼마나 쉽게 다양한 구성을 시도할 수 있는지

살펴보자.

77 연역 논증의 부분들에 대해서는 충분하게 설명한 것 같다. 그런데 알아두어야 할 점은 철학에서는 그 외에도 많은 심오한 방법들로 논증을 탐구하고 있고, 이와 관련된 특정한 방법론이 규정되어 있음을 나도 잘 알고 있다는 것이다. 하시만 그 방법들은 연설가의 연습에는 적합하지 않은 것으로 보였다.[147] 내가 다른 이들보다 연설과 관련된다고 주장하는 이론들을 더 적절히 고찰했다고 주장하지는 않겠지만, 그것들을 보다 엄밀하고 또 보다 세심하게 집필했다고는 단언한다. 이제는 내가 계획한 대로 나머지 주제를 순차적으로 논의할 것이다.

XLII 78 논박(論駁)은 논증을 통해서 상대방의 확증을 해체하거나 약화하기 위한 연설의 부분이다. '논박'에서 사용하는 발견의 원천은 '확증'에서 사용하는 것과 동일하다. 진술이 확증될 수 있는 바로 그 논소를 사용함으로써 진술을 반박할 수 있기 때문이다. 이들 모든 발견에서는 '인물'이나 '행위'에 속하는 것만을 고려해야 한다. 그러므로 앞에서 주었던 지침에서 '발견'과 논증 '수식' 부분을 연설의 논박 부분으로 옮겨야 할 것이다. 하지만 이 연설의 부분에 대해서도 특정한 지침을 주기 위해서 논박의 방법을 설명하고자 한다. 이 방법을 준수하는 자는 반대 주장을 더 쉽게 해체하거나 반박할 수 있을 것이다.

79 모든 논증이 반박되는 경우는 다음과 같다. 가정된 것들 중

하나나 그 이상을 인정하지 않는 경우이거나, 또는 가정된 것들을 인정하지만 그것들로부터 결론이 도출됨을 부정하는 경우이거나, 또는 논증 종류 자체에 결함이 있음을 보여 주는 경우이거나, 또는 어떤 강력한 논증에 똑같이 강력하거나 더 강력한 논증을 맞세우는 경우다.[148]

가정된 것들 중 어떤 것을 인정하지 않는 경우는 다음과 같다.[149] 상대방이 믿을 만하다고 말하는 것이 그러한 종류가 아니라고 주장하거나, 또는 상대방이 비교 가능하다고 간주하는 것이 유사하지 않다고 지적하거나, 또는 판단을 다른 의미로 해석하거나 판단을 전적으로 인정하지 않거나, 또는 상대방이 징후로 간주한 것이 그러한 종류가 아니라고 주장하는 경우다.[150] 또는 '딜레마'[151]의 한 부분이나 두 부분을 논박하거나, 또는 '소거'의 잘못됨을 보여 주거나, 또는 '단순 결론'이 오류를 포함하고 있음을 제시하는 경우다. 그것이 개연적이든 필연적이든 논증을 위해 가정하는 모든 것은, 반드시 내가 앞에서 보여 준 논소[152]로부터 가정해야 한다.

XLIII 80 '믿을 만한 것'으로 가정되는 것을[153] 반박하는 것은 그것이 자명하게 거짓으로 드러나는 경우다. 예를 들어, "지혜보다 금전을 더 원하지 않을 자는 없습니다." 또는 정반대 주장에도 진술이 믿을 만한 경우다. 예를 들어, "금전보다 의무를 더 욕망하지 않는 자가 어디에 있습니까?" 또는 진술이 전혀 믿을 만하지 않은 경우다. 예를 들어, 모두에게 탐욕스럽다고 알려진 자가 아주 평범한 의무 수행을 위해서 엄청난 금전을 포기했다고 말한다면 말이다. 또는 특정 상황이나 특정 사람에게 일어나는 일이 모두에게 일반적으로 일어난다고 주장하는 경우이다. 예를 들어, "가난한 자에게는 의무보다 금전이 더 중요합니다." "인적이 드문 장소에서 살인이 일어났음이 틀림없습니다. 붐비는 장소에서 어떻게 사람이 살해당할 수 있겠습니까?" 또는 드물게 일어나는 일이 전혀 일어나지 않는다고 주장하는 경우이다. 쿠리오[154]의 『풀비우스 변호』에서 예를 들어, "아무도 한 번 보거나 스쳐 지나가는 것으로는 사랑에 빠질 수 없습니다."[155]

81 '징후'로 가정되는 것은[156] '확증'과 동일한 논소들로써 반박할 것이다. 그런데 징후를 확증하기 위해서는 우선, 그것이 참임을 보여 주어야 하고, 다음으로는 이를테면 피가 살인의 징후인 것처럼 그것이 논의 중인 사건의 적절한 징후임을, 세 번째로는 하지 말아야 했던 일을 했거나 마땅히 해야 했던 일을 하지 않았음을, 마지막으로는 피고인이 문제의 행위와 관련된 법률과 관습을 인지했음을 보여 주어야 한다. 실로 이것들이 징후의 속성들이기 때문이다. 그것들은 내가 추정의 쟁점을 따로 언급할 때[157] 더 상세하게 논의하려고 한다. 그러므로 징후들을 논박하기 위해서는 그것들 각각이 징후가 아님을, 또는 거의 중요하지 않은 징후임을, 또는 상대방보다 자신의 편에 서 있음을, 또는 전적으

로 거짓임을, 또는 다른 혐의로 돌려질 수 있음을 제시해야 한다.

XLIV 82 '비교 가능한 것'의 도입은[158] 특히 유사함을 통해서 다루어지기 때문에, 그것을 논박할 때는 비교하는 것과 비교되는 것이 유사하지 않음을 주장하는 것이 합당하다. 이 논박은, 만일 양자가 종류, 본성, 의미, 중요성, 일시, 장소, 인물, 평판의 관점에서 상이함을 보여 주면 가능하다. 그리고 특히 만일 유사함을 통해서 가져온 것을 어느 종류에 귀속시키고, 유사함 때문에 가져온 것을 어느 자리에 놓는 것이 합당한지 보여 준다면 가능하다. 다음으로는 하나가 다른 하나와 무슨 차이점이 있는지 제시할 것이다. 그리하여[159] 비교하는 것이 비교되는 것과 별개라고 생각해야 함을 알려 줄 것이다. 이 능력은 특히 귀납으로 전개되는 논증을[160] 반박해야 하는 경우에 필요한 것이다.

논거로 도입되는 '판단'[161]이 아주 크게 강화되는 것은 판단한 자를 칭찬하고, 논의 중인 사안과 판단된 사안이 유사함을 보여 주고, 판결이 논박되지 않았을 뿐만 아니라 모두에게도 추인되었음을 언급하고, 그리고 제시된 사안이 현재 사안보다 판단하기 더 어려웠고 더 중요했음을 제시하는 경우다.[162] 그러므로 참되거나 참되어 보이는 것이 허용하는 한, 그것들과 반대되는 논소들을 들어서 판단을 반박해야 한다. 그리고 이미 판단된 것이 논의 중인 사안과 아무 관련이 없는 것은 아닌지 세심하게 주시해야 한다. 또 반감을 불렀던 사안이 언급된 것은 아닌지 유념해야 하는데, 그로 인해 바로 판단한 자를 판단하는 것처럼 보이기 때문이다. **83** 그런데 이전에 내려진 많은 판단과는 다르게 특이하거나 생경한 판단을 도입하고 있는 것은 아닌지 주의해야 한다. 이러한 일들로 인해 판단의 권위가 상당히 약화될 수 있기 때문이다.

그리고 개연적인 것으로 가정된 나머지 것들도 위와 같은 방법으로 검토해야 한다.

XLV 그런데 필연적인 것으로 주장되는 것들이 아마도 단지 필연적인 논증만을 모방할 뿐 실제로는 그러한 종류가 아닌 경우는 다음과 같이 논박할 것이다. 우선, 당신이 둘 중 어느 하나를 인정하든 하나를 반드시 제거해야 하는 '딜레마'가 타당하다면, 그것은 결코 논박할 수 없다. 그런데 만일 그것이 거짓이라면, 환위나 한 항목의 반박이라는 두 가지 방법으로 논박할 수 있다. 예를 들어, '환위'의 방법은 다음과 같다.

> 만일 그가 염치를 아는 자라면, 왜 당신은 행실이 바른 자를 고발합니까? 반면 만일 그가 염치를 모르는 심보라면, 왜 당신은 평판을 경시하는 자를 고발합니까?[163]

여기에서 사람들은 그가 염치가 있든 없든 고발해서는 안 된다는 주장이 인정되어야 한다고 생각한다. 그런데 이는 '환위'의 방법으로 이렇게 논박한다. "이와 반대로, 반드시 고발해야 합니다. 그가 염치를 알고 있다면 고발할 겁니다. 그는 평판을 경시하지 않을 것이기 때문입니다. 그런데 그가 염치를 모르는 심보라면 고발할 겁니다. 그는 행실이 바른 자가 아니기 때문입니다." **84** '한 항목의 반박'의 방법으로는 이렇게 논박한다. "그러나 그가 염치를 아는 자라면, 그는 당신의 고발로 인해 교정되어 잘못된 길에서 벗어날 겁니다."

'소거'[164]의 결함을 인지하는 것은, 우리가 인정하고 싶은 점이 누락되었다고 말하거나, 또는 심지어 반박될 수 있는 취약한 점이 있거나, 또는 우리가 명예롭게 인정하지 못할 이유가 없는 경우다. '소거'에서 무엇이 누락된 예는 다음과 같다. "당신이 저 말을 소유하고 있으니 그것을 구매했거나 상속받았거나 선물로 받았거나, 또는 그 말이 당신의 집에서 태어났거나, 또는 그것들 중 어느 것도 해당하지 않는다면, 당신이 그 말을 몰래 훔쳤음이 틀림없습니다. 그 말을 구매하지도 상속받지도 선물로 받지도 않았고, 그 말이 집에서 태어난 것도 아니라면, 당신은 틀림없이 몰래 말을 훔쳤던 겁니다." **85** 이 주장이 쉽게 논박되는 것은 적에게서 노획한 말을 전리품으로 경매하지 않고 자신이 가졌다고 말할 수 있는 경우다. 이 점을 진술하면 '소거'를 반박할 수 있는데, '소거'에서 누락된 것을 도입했기 때문이다.

XLVI 또 다른 방식으로 논박하는 경우는 다음과 같다. 열거된 항목들 중 어떤 것을 부정하는 경우로, 즉 똑같은 사례를 들면서 그가 그 말을 상속받았음을 보여 줄 수 있는 경우다. 또는 마지막으로 어떤 항목을 인정하는 것이 부끄럽지 않은 경우로, 예를 들어, 상대방이 "당신은 음모를 꾸미려 했거나 친구의 뜻을 따르려고 했거나 탐욕에 사로잡히고 말았습니다"라고 말하자, 그가 친구의 뜻에 따랐다고 자백하는 경우다.

86 '단순 결론'[165]이 논박될 수 있는 것은 후건이 전건과 필연적으로 결부되지 않는 경우다. 예를 들어, "숨을 쉬면 살아 있는 것이다", "낮이면 밝다"라는 진술은, 후건이 전건과 필연적으로 결부된 것으로 보인다. 그런데 예를 들어, "그녀가 그의 어머니라면, 그녀는 그를 사랑합니다" 또는 "그가 한 번 죄를 지었다면, 그는 결코 교정되지 않을 겁니다"와 같은 진술은 후건이 전건과 필연적으로 결부되지 않음을 제시하여 논박하는 것이 적절하다. 이러한 종류의 논증과 다른 필연적인 논증들과 대체로 전체 논증과 그것의 논박은, 여기에서 설명한 것보다 더 큰 의미와 더 넓은 범위를 갖고 있다. 그런데 그 기술의 이론적인 습득은 너무 어려운 것이라서 이 기술의 한 장(章)에 덧붙일 수 없고 그 자체로 따로 오랜 시간과 폭넓고 열정적인 습득을 필요로 한다. 따라서 이 주제는, 기회가 된다면 다른 시기에 다른 계획으로 설명하고자 한다. 지금 우리는 실제 연설을 위해서 연설술 교사가 세운 이 지침들에 만족해야 할 것이다.

그러므로 가정된 것들 중 하나가 인정되지 않는 것은 위와 같이 반박하는 경우다.

XLVII 87 가정된 것들이 인정되었다고 해도 그것들로부터 어떤 결론도 도출되지 않는다면, 주장하는 것과는 다른 것이 도출된 것은 아닌지 고려해야 한다. 예를 들어, 누군가가 자신이 군대를 향해 출발했다고 말할 때, 그를 반박하며 상대방이 다음과 같은 논증을 사용하려는 경우가 그러하다. "당신이 군대에 왔다면, 당신은 군사 대장들의 눈에 보였을 겁니다. 하지만 당신은 그들의 눈에 보이지 않았습니다. 그러므로 당신은 군대를 향해 출발하지 않았던 겁니다." 여기에서 대전제와 소전제를 인정하더라도, 결론을 반박해야 한다. 필연적으로 추론되는 것과는 다른 결론이 도입되었기 때문이다.[166]

88 방금, 문제가 더 쉽게 이해될 수 있도록 자명하고 중대한 오류가 있는 사례를 들었다. 그런데 종종 더 모호하게 진술된 오류가 참이라고 인정되는데, 이는 당신이 무엇을 인정했는지 제대로 기억하지 못하거나, 또는 어떤 애매한 점을 확실한 것으로 인정하는 경우다. 만일 당신이 이해한 뜻으로 애매한 점을 인정했는데 상대방이 그것을 다른 의미로 결론에 적용하려고 한다면, 당신 자신이 인정한 것이 아니라 상대방이 가정한 것으로부터 결론이 도출되었음을 제시해야 할 것이다. 예를 들어, "돈이 필요하다면, 돈이 없는 것입니다. 돈이 없다면, 가난한 것이죠.

그런데 당신들은 돈이 필요합니다. 그렇지 않다면 상업에 종사하지 않을 테니까요. 그러므로 당신들은 가난합니다." 이 논증은 이렇게 반박한다. "'돈이 필요하다면, 돈이 없는 것입니다'[167]라고 말했을 때, 나는 그 말을 '가난 때문에 궁핍하다면, 돈이 없는 것입니다'라는 뜻으로 이해해서 그것을 인정했습니다. 그런데 '당신들은 돈이 필요합니다'[168]고 말했을 때는, 나는 그 말을 '더 많은 돈을 가지길 원합니다'라는 뜻으로 이해했습니다. 이 점이 인정된다면, '그러므로 당신들은 가난합니다'라는 결론은 도출되지 않습니다. 하지만 그 결론은 다음 조건에서 도출될 겁니다. 만일 내가 처음에, 더 많은 돈을 갖고 싶은 자는 누구나 돈이 없는 자라고 인정했다면 말이죠."

XLVIII 89 게다가 상대방은 종종 당신이 인정했던 바를 잊었다고 생각하고서 추론되지도 않은 것을, 추론된 것인 양 결론 안에 도입한다. 이를테면 "그가 재산을 상속했다면, 그가 살인했음이 그럴듯해 보입니다." 이어서 이것을 아주 장황하게 증명한다. 다음으로는 "그런데 그가 재산을 상속했습니다"라는 소전제를 추가한다. 그리고 나서 "그러므로 그가 살인했습니다"라는 결론을 내린다. 그러나 이 결론은 상대방이 가정한 것으로부터 추론되지 않는다.[169] 요컨대 무엇이 가정되고, 또 가정된 것들로부터 무엇이 추론되는지 면밀하게 주시해야 하는 것이다.

논증 자체에 결함이 있는 원인은 다음과 같다. 논증 자체에 결함이 있기 때문이거나 또는 논증이 입증을 위해 계획한 바에 부합하지 않기 때문이다.

논증 자체에 결함이 있는 경우는 다음과 같다. 논증 자체가 전적으로 거짓이거나, 공통적이거나, 통속적이거나, 사소하거나, 동떨어지거나, 잘못된 정의(定義)이거나, 논란의 여지가 있거나, 자명하거나, 인정되지 않거나, 치욕적이거나, 불쾌하거나, 반대되거나, 모순되거나, 역행하는 경우를 말한다.

90 '거짓인' 논증은 자명하게 거짓인 진술이 들어 있는 것이다.[170] 예를 들어, "돈에 무관심한 자는 지혜로울 수 없습니다. 그런데 소크라테스는 돈에 무관심했습니다. 그러므로 그는 지혜롭지 않았습니다."

'공통적인' 논증은 우리에게는 물론 상대방에게도 도움이 되는 것이다. 예를 들어, "그러므로 심판인 여러분, 저의 주장이 진실되므로, 저는 간략하게 변론했습니다."

'통속적인' 논증은 지금은 인정되더라도, 그것을 개연성 없는 다른 사태에도 전용할 수 있는 것이다. "그의 주장이 진실이 아니라면, 심판인 여러분, 그는 여러분의 판단에 자신을 맡기지 않았을 겁니다."

'사소한' 논증은 뒤늦게 말하는 것이다. 예를 들어, "만일 그 생각이 떠올랐다면, 그는 그 일을 저지르지 않았을 겁니다." 또는 사소한 변호로 명백히 불명예스러운 짓을 은폐하려는 것이다.

예를 들면 다음과 같다.

번영하는 왕국에서 모두가 당신의 호의를 열망했을 때
나는 당신을 버렸습니다. 지금은 모두에게 버림받은 당신을
복귀시키려고 나 홀로 극도의 위험을 무릅쓰고 있답니다.[171]

XLIX 91 '동떨어진' 논증은 필요 이상으로 더 먼 곳에서 찾아내는 것이다. 예를 들어, "푸블리우스 스키피오[172]가 티베리우스 그락쿠스[173]에게 딸 코르넬리아를 시집 보내지 않았더라면, 그리고 그가 그녀와 함께 두 명의 그락쿠스를 낳지 않았다고 하면, 그렇게 큰 내란은 일어나지 않았을 겁니다. 그러므로 이 불운은 스키피오의 탓으로 돌려야 한다고 생각합니다." 또 다음과 같은 한탄도 같은 종류다.

펠리온 산, 숲속의 전나무가
도끼에 잘려 땅에 떨어지지 않았더라면.[174]

이는 논증이 요구하는 것보다 더 멀리 거슬러 올라간 경우다.
'정의가 잘못된' 논증은[175] 공통적인 것을 기술하는 경우다. 예를 들어, "악하고 쓸모없는 시민은 선동적이다." 이 정의가 선동적인 자만이 아니라 야심 있는 자나 무고하는 자나 사악한 자의

경우에도 통하기 때문이다. 또는 거짓된 것을 이런 방식으로 기술하는 경우다. "지혜는 돈을 벌 줄 아는 방법에 대한 지식입니다." 또는 정의가 의미 없거나 중요하지 않은 무엇을 포함하는 경우다. "어리석음은 영광에 대한 끝없는 탐욕이다." 이것은 실로 어리석음이긴 하지만, 전체 유가 아니라 어떤 종에 따라서 정의된 것이다.

'논란의 여지가 있는' 논증은 의심스러운 것을 증명하기 위해서 의심스러운 근거를 이렇게 제시하는 것이다.

> 그대는, 보라, 권능으로, 위로는 천계를 아래로는 하계를 움직이는
> 신들이 서로 간에 평화를 맺게 하시고 화합을 가져오신다네.[176]

92 '자명한' 논증은 논쟁의 여지가 없는 것이다. 이를테면 어떤 이가 오레스테스를 고발하며 그가 그의 모친을 살해했음을 명백하게 밝히는 경우다.[177]

'인정되지 않는' 논증은, 강조되는 것이 논쟁의 여지가 있는 것이다. 이를테면 어떤 이가 오뒷세우스를 고발하며, 가장 용맹한 아이아스가 가장 교활한 겁쟁이에게 살해된 것이 부당함을 고집하는 경우다.

'치욕적인' 논증은 불명예스러운 일로 인해서, 연설되는 장소나 연설하는 사람이나 연설되는 시점이나 청자들이나 논의 주제

와 관련해서 수치스럽게 보이는 것이다.

'불쾌한' 논증은 청자들의 의사(意思)를 저해하는 것이다.[178] 이를테면 어떤 이가 심판인의 특권을 열망하는 로마 기사들 앞에서 카이피오의 소송 절차 법률[179]을 찬양하는 경우다.

L 93 '반대되는' 논증은 청자가 했던 일을 반박하는 것이다. 이를테면 테바이를 파괴했던 마케도니아의 알렉산드로스 앞에서 어떤 이가 도시의 침략자에 반대하며 도시를 파괴하는 것보다 더 잔인한 일은 없다고 말하는 경우다.

'모순된' 논증은 동일한 화자가 동일한 주제에 대해서 엇갈리게 말하는 것이다. 이를테면 유덕한 사람은 좋은 삶을 살기 위해서는 아무것도 필요하지 않다고 말하고 나서, 건강 없이는 좋은 삶을 살 수 없다고 주장하는 경우다. 또는 어떤 이가 호의 때문에 친구를 돕는다고 하면서 자신에게 어떤 이익이 떨어지길 기대하는 경우다.

94 '역행하는' 논증은 어느 부분에서 자기 입장을 가로막는 것이다. 이를테면 어떤 이가 그의 병사들에게 싸우라고 독려하면서 적군의 힘과 군세와 행운을 강조하는 경우다.

논증의 일부가 입증을 위해 계획한 바에 부합하지 않는 것은[180] 다음 결함들 중 하나에 해당할 것이다. 많은 것을 입증하겠다고 약속하고는 그보다 적은 것을 입증하는 경우다. 또는 전체를 제시해야만 하지만, 그 일부만을 말하는 경우다. 예를 들어, "여자라는 종족은 탐욕스럽습니다. 에리퓔레가 황금을 받고는 남편의 목숨을 팔았기 때문이죠."[181] 또는 고발되는 사안을 변호하지 않는 경우다. 이를테면 부정 선거로 고발된 자가 자신이 전투에서는 용맹하다고 변호하는 것 말이다. 또는 에우리피데스의 희곡의 등장인물 암피온처럼, 음악이 비난받자 지혜를 칭송하는 경우다.[182] 또는 한 사람의 잘못을 근거로 어떤 대상을 비난하는 경우다. 이를테면 어느 지식인의 잘못을 근거로 학설을 비난하는 것 말이다.[183] 또는 누군가를 칭찬하길 원하면서 그의 덕이 아니라 그의 행복을 언급하는 경우다. 또는 하나를 비난해야만 다른 하나를 칭찬할 수 있다고 믿으면서 하나를 다른 하나와 비교하거나, 또는 하나를 언급하지 않으며 다른 하나를 칭찬하는 경우다.[184] **95** 또는 특정 주제가 문제가 될 때 일반 주제에 대해 연설하는 경우다.[185] 이를테면 사람들이 전쟁을 해야 할지 말아야 할지 숙고하고 있을 때, 어떤 이가 그 전쟁의 무익함은 제시하지 않고 평화 일반을 찬양하는 것이다. 또는 어떤 문제에 대해서 잘못된 근거를 대는 경우다. 이를테면 "돈은 좋은 것입니다. 돈이 삶의 행복을 가장 극대화하기 때문입니다." 또는 플라우투스의 희곡에서처럼 미약한 근거를 대는 예는 다음과 같다.

벌 받아 마땅한 범행을 저지른 친구를 꾸짖는 것은
보람 없는 일이지만, 적시에 그렇게 한다면 쓸모 있고 유익한 일이죠.

오늘, 나는 아주 벌 받아 마땅한 범행을 저지른
나의 친구를 호되게 꾸짖으려 하니까요.[186]

또는 '동어 반복'의 근거를 대는 예는 다음과 같다. "탐욕은 나쁜 것입니다. 돈을 욕망해서 많은 이들에게 큰 손해를 입혔기 때문입니다." 또는 부적합한 근거의 예는 다음과 같다. "우정은 최고선입니다. 우정에 가장 많은 즐거움이 있기 때문입니다."

LI 96 네 번째 종류의 논박은 강력한 논증에 똑같이 강력하거나 그보다 더 강력한 논증을 맞세우는 것이다.[187] 이러한 종류는 무엇보다도 심의류(審議類)에 속한다. 상대방이 반박하는 것이 형평에 맞음을 인정하고 나서 우리가 변호하는 것은 필연적임을 입증하는 경우다. 또는 상대방의 변호가 쓸모 있음을 시인하고 나서 우리의 주장은 훌륭하다고 입증하는 경우다.[188]

이상으로 위 내용은 내가 논박에 대해 말할 필요가 있다고 생각한 것이다.

97 헤르마고라스[189]는 '논박' 다음에 '여담'을 삽입하고[190] 마지막에 맺음말을 위치시킨다. 그는 이 여담에는 사안이나 '판단 사항' 자체와는 동떨어진 진술을 도입해야 한다고 생각한다. 그것은 자기 칭찬이나 상대방 비난을 포함할 수 있는 진술이다. 또는 다른 사안으로 넘어가는 진술인데, 그 사안으로부터는 논증이 아니라 확장을 통해 강조함으로써 어떤 확증이나 논박을 이끌어

낼 수 있다. '여담'이 연설의 한 부분이라고 믿는 자는 헤르마고라스의 지침을 따를 수 있을 것이다. 하지만 여담이 연설의 부분에 산입되는 것은 내 마음에는 들지 않았다. 왜냐하면 우리는 공통 논소[191]를 도입하는 경우가 아니라면 사안에서 벗어나는 것을 꺼리기 때문이다.[192] 이 종류는 나중에 언급해야 한다.[193] 한편 칭찬이나 비난은 따로 분리하여 다루지 말고 논증 자체와 긴밀하게 연관시켜야 한다는 것이 나의 생각이다.[194]

이제는 맺음말로 넘어가자.[195]

LII 98 연설 전체의 결말이자 종결인 '맺음말'[196]의 세 부분은 요약, 분개, 한탄이다.[197]

'요약'[198]은 여기저기 광범위하게 말해진 것들을 한곳에 모아서 청자가 기억하도록 일목요연하게 열거하는 것이다. 만일 항상 같은 방식으로 요약한다면, 어떤 기교에 의해 요약한다는 것이 모두에게 명백히 드러나게 된다. 그런데 다른 방식으로 요약한다면, 의심을 사지도 않고 또 지루함도 피하게 될 것이다.[199] 그러므로 때로는 대부분 연설가가 편의상 하듯이 그렇게 개별 항목을 하나하나 언급하고, 또 모든 논증을 간략하게 추려야 할 것이다. 또 때로는 더 어려운 일이지만, 당신이 '구분'[200]에서 어떤 부분들을 밝혔는지, 또 어떤 것들을 말하겠다고 약속했는지 말해야 한다. 또 당신이 어떤 추론으로 개별 항목을 확증했는지 다시 청자들에게 상기시켜야 한다. 예를 들어, "우리는 저것을 제시했고 이것을 분명하게 했습니다." 또 때로는 청자들이 증명되기를 기대한 것이 무엇이었는지 그들에게 질문해야 한다. 그리하여 청자는 다시 그것을 상기하는 동시에 자신의 요구사항이 더는 없다고 믿게 될 것이다.

99 앞에서 말한 것처럼[201] '요약'에서는 때로는 당신의 논증들을 하나씩 짚어 보고, 또 때로는 기교가 더 필요하지만, 당신의 논증들과 그것들과 반대되는 논증들을 결합해야 한다. 그리고 당신의 논증을 언급하고 나서 그것에 반하여 제시된 논증을 어떻게 해체했는지 보여 주어야 한다. 그렇게 간단하게 비교한다면 청자는 확증과 논박을 새롭게 기억하게 된다. 더구나 이 일은 다른 방식의 발표로 다양하게 연출해야 한다. 다시 말해서, 때로는 당신 자신이 직접 요약할 수 있기에, 청자는 당신이 어느 자리에서 어떤 개별 논점을 말했는지 상기하게 된다. 때로는 인물이나 사물을 등장시켜서 전체 논증을 요약하게 한다. 인물을 등장시키는 경우는 다음과 같은 방식이다. "입법자가 등장해서, 여러분에게 왜 아직도 망설이고 있느냐고 물어본다면, 여러분은 뭐라고 말하겠습니까? 여러분에게 이것과 이것이 증명되었는데도 말입니다." 여기에서도 우리 자신이 직접 말할 때처럼 모든 논증을 하나씩 짚어 보고, 또 '구분'에서의 개별 논제를 언급하고, 또 무엇을 요구하는지 청자에게 물어보고, 또 자신의 논증들과 그것들과 반대되는 논증들을 서로 비교함으로써 요약해도 될

것이다.

100 사물을 등장시키는 것은 '요약'에서 법률, 장소, 도시, 기념물과 같은 종류의 사물이 발언하게 하는 경우다. 예를 들어, "어떻습니까? 법률이 말할 수 있다면?[202] 여러분에게 이러한 불평을 하지 않겠습니까? '심판인 여러분, 도대체 무엇을 더 바라는 것입니까? 이것과 이것이 명백해졌는데 말입니다.'" 이 '요약'에서도 모든 동일한 방법을 활용해도 될 것이다.[203]

'요약'을 위한 공통 지침은 다음과 같다. 논증 전체를 다시 말할 수 없으니 각각의 논증에서 가장 중요한 것을 선택하여 개별 논점을 가능한 한 짧게 언급해야 한다는 것이다. 그러면 연설이 반복되지 않고 청자의 기억이 새로워지는 결과가 나타난다.[204]

LIII '분개'[205]는 어떤 인물에 대한 커다란 증오나 어떤 사건에 대한 심각한 반감을 불러일으키는 화법이다. 분개에서는 우선, 확증을 위한 지침에서 내가 세웠던 모든 논소와 관련하여 분개를 다룰 수 있다는 점을 이해해야 한다.[206] 다시 말해서, 행위와 인물의 속성들로부터 임의의 '확장'이나 '분개'가 생겨날 수 있겠지만,[207] 그럼에도 분개에 대해서는 어떤 개별 지침을 줄 수 있는지 고찰해야 하는 것이다.

101 '분개'의 첫 번째 논소는 권위에서 유래한 것으로 가장 중요한 권위를 가진 자들이 이 사안에 얼마나 많은 관심을 가졌는지 언급하는 것이다. 예를 들어, 불멸의 신들―이 논소는 제비

뽑기, 예언, 예언자, 전조, 불가사의, 신탁, 그리고 이와 유사한 것들로부터 가져온다―, 마찬가지로 우리 조상들, 왕들, 국가들, 종족들, 가장 현명한 자들, 원로원, 인민, 입법자들을 들 수 있다.

두 번째 논소는 '분개'를 통해 확상하여²⁰⁸ 저 문제가 누구에게 해당하는지 보여 주는 것이다. 그 문제가 모두나 대다수에게 해당한다면, 이는 아주 참혹한 일이다. 또는 그것이 분개의 원인을 제공한 권위 있는 고위층에게 해당한다면, 이는 매우 불명예스러운 일이다. 또는 그것이 정신, 운수, 신체의 측면에서 동등한 사람에게 해당한다면, 이는 매우 불공정한 일이고, 또는 그것이 열등한 사람에게 해당한다면, 이는 매우 오만한 일이다.

세 번째 논소는, 만일 다른 이가 똑같이 행동한다면 무슨 일이 일어나게 될지 질문하는 것이다. 이와 함께 그 일이 이자에게 허용된다면, 많은 이들이 똑같은 무모함을 앞다투어 모방할 것임을 보여 준다. 게다가 이로부터 어떤 악행이 생겨날지도 보여 주게 된다.

102 네 번째 논소는 많은 이들이 어떤 결정이 내려지는지 간절하게 기다리고 있음을 보여 주는 것이다. 그 결정에 따라 한 사람에게 허용된 것에 비추어 사람들이 유사한 사건에서 무엇이 그들 자신에게도 허용되는지 이해할 수 있을 것이다.

다섯 번째 논소는 다른 사건들에서 잘못 결정된 것들은 진실이 밝혀지면 변경되어 교정될 수 있지만, 그러나 이 사건에서 내려진 판결은 다른 재판에서 변경될 수 없고 어떤 권한으로도 교정될 수 없음을 보여 주는 것이다.

여섯 번째 논소는 어떤 일이 계획과 고의로 행해졌음을 제시하는 것이다. 그리고 자발적인 악행은 용서해서는 안 되지만, 부지(不知)로 한 행위는 때로는 용서해도 된다고 덧붙여 말한다.

일곱 번째 논소는 분노를 표출하는 것이다. 우리가 끔찍하고 잔인하고 불경하고 폭압적이라고 부르는 행위가 무력과 폭력과 재력을 통해 이루어졌으며 법률과 형평법과도 아주 동떨어져 있다고 말하는 것이다.

LIV 103 여덟 번째 논소는 문제의 악행이 평범하지 않고 가장 무모한 인간들조차 그런 악행을 저지른 적이 없었음을 보여 주는 것이다. 그 악행은 심지어 미개한 자들, 이민족들, 무시무시한 야수들과도 아주 거리가 먼 것이다. 그것은 부모, 자녀, 배우자, 친척 또는 탄원자에게 잔인하게 저지른 행위를 말한다. 다음으로, 이러한 행위를 연장자들, 손님들, 이웃들, 친구들, 동거인들, 양육한 이들, 교육한 스승들, 망자들, 비참하거나 불쌍한 자들, 명성 있고 가문 좋고 지위 높은 자들에게뿐만 아니라, 어린이, 노인, 여자와 같이 남에게 해를 끼치거나 자신을 방어할 수 없는 자들에게도 저지른 경우다. 이런 상황에서 촉발된 분개는 이러한 악행을 범한 자에 대한 엄청난 증오를 불러일으킬 수 있을 것이다.

104 아홉 번째 논소는 문제의 행위를 이미 범죄로 공인된 다른 범행들과 비교하고, 이러한 대비[209]를 통해서 소송 중인 행위가 얼마나 더 잔인하고 더 부당한지 보여 주는 것이다.

열 번째 논소는 실행 과정에서 저지른 일과 그 일 이후에 뒤따른 일 모두를 조목조목 비난하고 분개하며 요약하는 것이다. 그리고 심판인 앞에서 가능한 한 생생하게 그 사건을 말로 묘사하면, 심판인들은 직접 현장을 목격했다고 상상하며 그 부당한 일을 부당하다고 생각하게 된다.[210]

열한 번째 논소는 그 행위를 가장 저지르지 말아야 했고 다른 이가 그런 짓을 하면 그것을 저지했을 법한 사람이 저질렀음을 보여 주는 것이다.

열두 번째 논소는 이런 일이 우리에게 처음으로 닥쳤고 다른 이에게는 일어난 적 없었기 때문에 분개하는 것이다.

105 열세 번째 논소는 모욕이 불의와 결부되어 있음을 보여 주는 것인데, 이러한 논소를 통해서 교만과 오만에 대한 증오를 불러일으킨다.

열네 번째 논소는 우리가 겪은 불의를 자기 일처럼 여겨 달라고 청자들에게 요청하는 것이다. 아이들이 불의를 당한 경우라면 청자들은 그들 자신의 아이들을 생각하게 된다. 또 여자들이 불의를 당한 경우라면 그들 자신의 아내를, 그리고 고령자들이 불의를 당한 경우라면 그들 자신의 부친이나 모친을 생각하게 된다.

열다섯 번째 논소는 우리에게 일어난 일이 원수들과 적들에게도 흔히 부당한 일로 보인다고 말하는 것이다.

실로 이들 논소에서 '분개'를 취하는 것이 가장 효과적일 것이다. 〔게다가 다양한 종류의 한탄은 이 종류의 논소들에서 찾아내야 할 것이다.〕[211]

LV 106 '한탄'[212]은 청자들의 연민을 얻고자 하는 화법이다. 한탄을 통해서 청자의 마음을 더 쉽게 움직이기 위해서는 그의 마음을 온순하게, 연민을 느끼게 만들어야 한다. 이 일은 공통 논소들을 활용하여 도모해야 하는데, 이 논소들을 통해서는 만인에 대한 운수의 힘과 인간의 나약함을 보여 준다. 엄숙하고 교훈적인 화법에 사람의 마음이 가라앉고, 특히 타인의 불행을 보고는 자신의 나약함을 떠올리며 연민의 감정에 사로잡히는 것이다.

107 '연민'을 느끼게 하는 첫 번째 논소는 그들이 과거에 어떤 행복을 누렸고 지금은 어떤 불행을 겪고 있는지 보여 주는 것이다.[213]

두 번째 논소는 시기(時期)를 구분하여, 그들이 어떤 불행에 처했고, 처해 있으며, 처할 것인지 제시하는 것이다.

세 번째 논소는 불운을 하나하나 떠올리며 탄식하는 것이다. 이를테면 아들이 죽은 경우라면 어린 시절의 기쁨, 사랑, 기대,

위안, 교육은 물론 비슷한 종류의 어떤 불운도 한탄하며 말할 수 있다.

네 번째 논소는 추하고 비열하고 자유인답지 않은 일들을 열거하고, 그들이 나이, 출생, 운수, 이전의 지위, 공로에 어울리지 않는 일들을 겪었거나 겪게 될 것임을 드러내는 것이다.

다섯 번째 논소는 모든 불운을 하나하나 눈앞에 재현하는 것이다. 그래서 청자는 마치 그것을 보고 있는 것처럼 느끼게 되고, 단지 말에 의해서뿐만 아니라 마치 현장에 있는 것처럼 사건 자체에 의해서도 연민의 감정으로 이끌리게 된다.[214]

108 여섯 번째 논소는 당사자가 예기치 않게 비참한 상태에 있고, 무엇을 기대하다가 달성하지 못했을 뿐만 아니라 가장 큰 비참에도 빠졌음을 보여 주는 것이다.

일곱 번째 논소는 우리가 청자들에게 시선을 돌려서, 청중에게 그들이 우리를 바라볼 때 그들 자신의 자녀나 부모, 또는 그들에게 틀림없이 소중한 누군가를 떠올려 달라고 요청하는 것이다.

여덟 번째 논소는 일어나선 안 되는 일이 일어났거나, 일어나야 할 일이 일어나지 않았다고 말하는 것이다. 예를 들어, "나는 그 자리에 없었고, 그를 보지 못했고, 그의 마지막 말을 듣지 못했고, 그의 마지막 숨을 감지하지 못했습니다." 마찬가지로 "그는 적들의 손에 죽임을 당했고, 적지에서 치욕스럽게도 매장되지 않은 채 오랫동안, 들짐승들에게 찢기며 누워 있었고 모든 망

자에게 주어지는 공통된 명예도 박탈되었습니다."

109 아홉 번째 논소는 영혼 없는 무언의 대상들에게 말을 건네는 것이다.[215] 이를테면 어떤 이가 말(馬)이나 집이나 옷에게 말하게 하면, 이를 통해서 그를 사랑했던 청자들의 마음은 격렬하게 요동치게 된다.

열 번째 논소는 가난과 나약과 소외를 드러내는 것이다.

열한 번째 논소는 자식이나 부모나 자신의 시신을 매장하는 일이나 그와 비슷한 일을 부탁하는 것이다.

열두 번째 논소는 당신이 부친, 아들, 형제나 친한 친구처럼 아주 기쁜 마음으로 함께 살았던 사람을 다시는 볼 수 없게 된 이별을 탄식하는 것이다.

열세 번째 논소는 자신을 절대로 부당하게 대해선 안 되는 자들에게서 부당한 대우를 받고는 분개하며 한탄하는 것인데, 그들은 친척들이거나, 우리가 친절하게 대했고 우리를 도와줄 거라고 기대했던 친구들을 말한다. 또는 노예, 해방 자유인, 피호민 또는 탄원자에게서 그러한 대우를 받는 것은 수치스러운 일이다.

LVI 열네 번째 논소는 애원을 통해서 취하는 것이다. 여기에서는 청자들에게 불쌍히 여겨 달라고 오로지 겸손과 간청으로 요구해야 한다.[216]

열다섯 번째 논소는 우리 자신의 불운이 아니라 우리에게 너무나 소중한 사람들의 불운을 한탄하고 있다는 것을 보여 주는 것이다.

열여섯 번째 논소는 우리 영혼이 타인들에게 연민을 느끼고 있음을 보여 주고, 그럼에도 우리 영혼은 위엄 있고 고귀하며 불운을 감내하고 있고 또 무슨 일이 닥치더라도 그렇게 할 것임을 제시하는 것이다. 실로 때로는 위엄과 권위 있는 덕과 고결함이 겸손과 애원보다 연민을 불러 일으키는 데 더 큰 효과가 있기 때문이다.

그런데 청중의 마음이 동요되었다면 더는 '한탄'에 머물지 말아야 한다. 연설술 교사 아폴로니우스가 말하듯이 눈물보다 빨리 마르는 것은 없기 때문이다.[217]

연설의 모든 부분에 대해선 내가 충분히 말했다고 생각하는데, 1권의 범위가 상당히 넓어졌으니 이어지는 내용은 2권에서 설명할 것이다.

2권

1 언젠가 크로톤[218] 시민들은 온갖 부가 넘치게 번영하며 이탈리아에서 가장 부유한 사람들로 손꼽히게 되자 가장 경건하게 숭배하던 유노 여신의 신전을 탁월한 회화로 풍성하게 장식하고자 했다.

그래서 시민들은 당시 여타 화가들을 한참 능가한다는 평가를 받던, 헤라클레아 출신의 제욱시스[219]를 모셔 오려고 많은 비용을 지불했다. 제욱시스는 여러 그림들을 그렸는데, 그것들 중 일부는 신전의 신성함으로 인해 오늘날까지도 우리의 기억 속에 남아 있다. 또한 그는 말 없는 그림 속에 여인 형상의 탁월한 아름다움을 담기 위해서 헬레네 그림을 그리고 싶다고 말했다. 이 말을 들은 크로톤 시민들은 그가 여성의 신체 묘사에서 다른 화가들을 한참 능가한다는 말을 자주 들었던 터라 기뻐했다. 그가 특히 가장 잘 할 수 있는 분야에서 노고를 아끼지 않는다면, 유노 신전에 가장 탁월한 작품을 남길 거라고 믿었기 때문이다.

2 시민들 생각은 착각이 아니었다. 제욱시스는 즉시 그들에게 어떤 아름다운 처녀들이 있는지 물었다. 시민들은 직접 그를 레슬링 학교에 데려가더니 여러 품격 있는 외모의 소년들을 보여 주었다. 한때 크로톤 시민들은 실로 육체의 힘과 품격에서 다른 모두를 한참 능가했고, 운동 경기에서는 가장 훌륭한 승리를 거두어 고향에서 최고의 칭송을 받았다. 그가 소년들 육체의 형상에 크게 감탄하자 시민들이 말했다. "이들 소년의 누이들인 처녀들이 우리에게 있습니다. 처녀들이 얼마나 품격 있는 외모인지는 이들만 봐도 짐작할 수 있겠죠." 제욱시스가 말했다. "그러면 그들 처녀 중에서 가장 아름다운 이들을 나에게 보내 주시오, 내가 여러분에게 약속한 그림을 그리면서 숨 쉬는 모범으로부터 말 없는 그림 안에 진실을 불어넣을 수 있도록 말이오." **3** 크로톤 시민들은 공공의 의결에 따라서 처녀들을 한 장소에 데려다 놓고는 화가에게 원하는 처녀는 누구나 선택할 권한을 주었다.

제욱시스는 다섯 처녀를 선택했다. 많은 시인이 그들의 이름을 후대에 남겼는데, 아름다움의 가장 참된 판단력을 가진 화가가 그들의 아름다움을 판단하여 인정했기 때문이다. 화가는 매력의 관점에서 찾고 있던 모든 성질을 하나의 육체에서 발견할 수 있다고 생각하지 않았다.[220] 왜냐하면 자연이 한 개체 안에 모든 면의 완벽함을 구현하지 않았기 때문이다. 그러므로 마치 한 사람에게 모든 것을 주고 나면 다른 사람에겐 베풀 것이 없는 것처럼 자연은 한 사람에겐 이런 장점을, 다른 사람에겐 저런 장점을 선사하되 거기에 단점을 덧붙이는 것이다.

Ⅱ 4 나도 연설술 교과서를 집필하려는 생각이 있었기 때문에 어떤 종류이든 모든 면을 반드시 모방해야 하는 모범 하나를 정하지는 않았다. 그 대신 나는 모든 저자를 한자리에 모아서 각자가 아주 알맞게 가르친 것을 발췌하고 많은 재능들로부터 가장 뛰어난 통찰을 추려 냈다. 전승되는 유명한 수사학자들이 어떤 것을 아주 적절하게 말하지 않은 것도 아니고, 모든 것을 아주 훌륭하게 말한 것도 아니라고 생각했기 때문이다. 그래서 내가 어떤 이의 결함에 반감을 가져 그의 좋은 발견을 외면하는 것도, 좋은 가르침으로 나를 인도한 자의 결함마저 찬동하는 것도 모두 어리석은 일로 보였다. **5** 그런데 만일 사람들이 오로지 한 학자에게 전적으로 의존하기보다는 여러 학자의 많은 연구에서 매번 가장 적합한 것을 선택하길 원한다면, 오만을 부려서 반감을 사는 일이 덜할 것이고, 또 그렇게 결함을 고집하지 않으니 무지로 인한 고생을 상당히 덜 겪을 것이다.

연설술에 대한 나의 지식이 그림에 대한 제욱시스의 지식과 동등한 것이라면, 아마도 연설술 분야에서의 나의 이 저술이 그의 그림보다도 더 유명하게 빛날 것이다. 나는 그가 가졌던 모범보다 더 많은 모범에서 선택할 수 있었기 때문이다. 그는 단지 당시 한 도시에 살았던 여인들 무리 가운데 선택할 수 있었지만,[221] 나는 이 연설술 지침의 기원에서부터 지금까지 살았던 모든 이의 많은 저술들을 눈앞에 펼쳐 놓고는 마음에 드는 것은 무엇이든 선택할 수 있었던 것이다.

6 실로 아리스토텔레스는 창시자며 창안자인 테이시아스[222]에서 비롯된 연설술에 대한 오랜 저술들을 찾아내서 한자리에 불러들였고, 각 저자의 이름별로 그들의 지침을 주의 깊게 골라내서 명확하게 기록했고 상세하게 설명하며 꼼꼼하게 제시했다.[223] 게다가 그는 간결하고 매력적인 설명으로 창안자들을 크게 능가한 나머지, 그들이 쓴 저술에서 그들의 지침을 알아보려는 이들은 아무도 없었고 그들의 가르침을 알고자 원하는 모든 이는 훨씬 더 적합한 해설자로 여겨진 아리스토텔레스에게 되돌아갔다. **7** 아리스토텔레스가 자신과 이전에 살았던 선배들을 우리에게 소개했으니 바로 그의 저술 덕분에 우리는 그와 다른 이들을 모두 알게 되었다. 그의 제자들은[224] 자신들이 따랐던 규범을 세운 스승이 했듯이 철학의 가장 중요한 분야들에서 매우 많은 노력을 기울였을 뿐만 아니라, 연설에 대한 매우 많은 지침도 우리에게 남겨 주었던 것이다.

또 다른 학파에서도 연설 교사들이 배출되었는데, 만일 연설술이 도움이 되는 것이라면 그들 역시 연설 분야에 매우 많이 기여했다고 볼 수 있다. 아리스토텔레스가 살던 시대에 이소크라테스[225]라는 위대하고 유명한 연설가가 존재했기 때문이다. 이소크라테스 자신이 집필한 연설술 교과서가 분명히 있었다고 전하지만 나는 그것을 찾아내지 못했다. **8** 하지만 그의 제자들과 그의 학파가 계속 배출한 자들이 연설술에 대하여 집필한 많은 지침을 찾아냈다.

III 흡사 두 가문처럼 상반된 이들 두 학파 중에서 한 학파는 철학 분야에서 활동하며 연설술에도 상당한 관심을 기울였고, 다른 한 학파는 전적으로 연설의 연구와 지침에 몰두했다.[226] 이들 두 학파는 후학들에 의해 하나의 학파로 통합되었는데, 그들은 이 두 학파에서 적합하게 주장되었다고 여긴 것을 자신들의 교과서 안에 결집해 냈다.[227] 내 능력이 닿는 한, 나는 이들과 이들 이전의 학자들 모두를 제시했고, 공동의 저술에 몇몇 내 의견도 덧붙였다.

9 만일 이 책들에서 설명된 지침들이 열의를 갖고 선택할 만한 것이었다면, 정말로 나 자신은 물론 다른 이도 내 노력을 두고 불만을 토로하지 않을 것이다. 그런데 내가 누군가의 견해를 경솔하게 지나쳤거나 그의 견해를 안목 있게 따르지 않았다고 한다면, 누구에게서라도 배워서 유사한 내 의견을 기꺼이 고칠 것이다. 부족한 앎이 추한 게 아니라 부족한 앎을 어리석게 고집하는 것이야말로 추한 일이기 때문이다. 또 부족한 앎은 인류 공통

의 약점에 속하지만, 어리석은 고집은 개별 인간의 결함에 속하기 때문이다. **10** 그러므로 나는 어떤 것도 확언하지 않으며 탐구하면서 의심을 품고 개별 주제를 언급할 것이다. 이는 꽤 적합한 지침을 저술하겠다는 아주 작은 목표를 달성하려다가 어떤 것에도 경솔하고 주제넘게 동의하지 말아야 한다는 가장 중요한 목표를 놓치지 않기 위함이다.[228] 정말로 이 목표는 내 능력이 허락하는 한 지금은 물론이고 앞으로도 평생 열심히 추구하고자 한다. 지금은 말이 너무 길어지지 않도록 나머지 가르쳐야 할 것을 말하겠다.

11 1권에서는 연설술의 성질, 임무, 목적, 소재, 부분들을 설명하고 나서[229] 논쟁의 종류들과 발견들과 쟁점들을,[230] 그리고 연설의 부분들과 그것들의 모든 지침을 설명했다.[231] 그러므로 1권에서는 다른 주제들을 명확하게 구분하여 언급했지만, '확증'과 '논박'은 분산해서 다루었기 때문에, 이제 각각의 사안의 종류에 따라서 '확증'과 '논박'의 특정 논소들을 전달해야겠다. 그리고 1권에서는 어떤 방법으로 적절하게 논증을 전개하는 것이 합당한지 꼼꼼하게 설명했으니, 2권에서는 개별 사안에 대하여 발견된 것만을 꾸밈 없이 간단하게 설명할 것이다. 그리하여 2권에서는 단지 발견된 것 자체를, 1권에서는 발견된 것들의 수식(修飾)을 탐색할 수 있다. 따라서 독자는 지금 제공하는 지침을 '확증'과 '논박'의 부분들에 적용해야 한다.

IV 12 전시적이든 심의적이든 소송적이든, 모든 연설 또는 사안에서는 앞서 1권에서 설명한 쟁점들 가운데[232] 하나나 여럿을 반드시 다루어야 한다.[233] 그렇긴 하지만 모든 연설의 공통 지침을 제시할 수 있더라도 개별 종류의 연설에 해당하는 다른 지침도 별도로 존재한다. 하나는 칭찬이나 비난으로, 다른 하나는 의견의 표명으로, 또 다른 하나는 고발이나 이의로 구성되어야 하기 때문이다. 재판에서는 무엇이 형평에 맞는지, 또 전시 연설에서는 무엇이 훌륭한지 질문하고, 내 생각에 심의 연설에서는 무엇이 훌륭하고 무엇이 유익한지 질문한다. 그런데 실로 다른 이들은 권유하거나 만류할 때는 오로지 유익이라는 목적만을 고려해야 한다고 주장하기도 한다. **13** 따라서 그 목적과 결과가 서로 다른 연설은 그 지침이 같을 수 없다고 하겠다. 내가 지금 말하는 바는 이들 연설에서 같은 쟁점이 나타나지 않는다는 것이 아니라, 어떤 이의 인생을 보여 주거나 의견을 표명하기 위한 연설은 각각의 목표와 사안의 성질에 기인한다는 것이다. 그러므로 지금은 소송류의 사안과 지침을 다루고자 한다.[234] 이 지침의 대부분은 유사한 논쟁과 얽혀 있는 나머지 사안들에도 아주 손쉽게 전용될 수 있다. 이 나머지 것들은 나중에 따로 언급할 것이다.

14 이제는 추정의 쟁점[235]부터 시작하겠다. 그 사례를 들어보자. 어떤 여행자가, 장사하러 가면서 상당한 현금을 지닌 어떤 자와 동행했다. 함께 길을 가며 두 사람은 흔히 그러하듯 대화

를 나누었고, 친구처럼 함께 계속 여행하고 싶어 했다. 그래서 같은 여관에 들렀을 때 함께 식사하고 같은 방에서 잠을 자기로 했다. 저녁 식사 후 그들은 같은 방에서 몸을 뉘었다. 한편 여관 주인은―나중에 그의 다른 범죄가 발각되어 범행이 밝혀졌다고 한다―두 사람 중에서 돈이 많은 자를 알아보고는, 흔히 그러하듯 두 사람이 피곤해서 깊은 잠에 빠진 것을 보자 한밤중에 그 방에 들어가서는, 돈이 없는 여행자가 자신의 곁에 두었던 칼을 칼집에서 빼내더니 돈이 많은 여행자를 살해하여 돈을 탈취하고, 피 묻은 칼을 다시 칼집에 넣어 두고는 자신의 방으로 돌아갔다. 동이 트기 훨씬 전, 살인에 이용된 칼의 주인인 여행자가 일어나서 동료 여행자를 계속 불렀다. **15** 그는 동료가 깊은 잠에 빠져서 아무 대답도 하지 않는다고 믿고는 자신의 칼과 나머지 소지품을 챙겨서 혼자서 길을 떠났다. 얼마 후, 여관 주인은 한 사람이 살해되었다고 외치고, 손님 몇 명과 함께 길을 나서서 일찍 떠난 여행자를 추적했다. 여관 주인이 그 여행자를 붙잡아서 그의 칼집에서 칼을 빼내자 그 칼에 피가 묻어 있었다. 그래서 그는 도시로 끌려와서 피고인이 되었다. 이 사건에서 '고발 내용'은 "당신은 살인을 저질렀습니다"이다. 그것의 '부인(否認)'은 "내가 죽이지 않았습니다"이다. 여기에서 생겨난 쟁점은 추정의 쟁점에서 "그가 살인을 저질렀는가?"라는 '판단 사항'과 동일한 것이다.[236]

V 16 이제는 추정에 의한 모든 논쟁에 해당하는 일부 논소를 설명하겠다. 그런데 이 쟁점과 다른 쟁점들의 논소를 설명할 때 유념해야 하는 점은, 이들 모두가 모든 사안에 부합하지 않는다는 것이다. 예를 들어, 모든 이름이 모든 철자가 아니라 몇몇 철자로 적혀 있는 것처럼, 모든 사안에는 다량의 전체 논거가 아니라, 그것들 가운데 한 부분만이 부합할 수밖에 없다는 말이다.[237] 그러므로 모든 추정은 동기, 인물, 사실 자체에 근거하여 이루어져야 한다.[238]

17 행위의 동기는 충동과 계산으로 나뉜다.[239]

'충동'이란 사랑, 분노, 상심, 주취(酒臭)와 같은 마음의 상태로 인해 어떤 이가 생각 없이 어떤 일을 하도록 재촉하는 것이다. 일반적으로는 마음이 숙고와 주의로 사태를 통찰할 수 없어서 생각보다는 격정으로 행위를 저지른 것으로 보이는 모든 경우를 말한다.

18 '계산'은 무슨 일을 할지 말지 주의 깊게 심사숙고하는 것이다. '계산'이 관여했음은 마음이 어떤 특정한 동기로 어떤 일을 회피했거나 추구했던 것으로 보이는 경우다. 이를테면 우정 때문에, 혹은 적에게 복수하기 위해, 혹은 공포나 영광이나 금전 때문에 무슨 일을 했다고 하는 경우인데, 종류별로 포괄하여 말하자면, 어떤 이익을 지키려고 그것을 늘리거나 획득하기 위해서, 또 반대로 어떤 손해를 막으려고 그것을 줄이거나 회피하기

위해서 행했다고 하는 경우다. 실로 이 두 종류 중 하나에 다음 경우들이 해당할 것이다. 다시 말해서, 더 큰 손해를 피하거나 더 큰 이익을 얻기 위해서 어떤 손해를 감수하거나 혹은 어떤 이익을 포기하는 것 말이다.

19 이 논소는 추정의 쟁점을 위한 일종의 토대다. 어떤 일이 왜 행해졌는지 보여 주지 않고서는 그 일이 행해졌음을 누구도 입증하지 못하기 때문이다. 그러므로 고발인은, 어떤 일이 충동으로 행해졌다고 말할 때는 단어와 문장으로 격정과 마음속 동요와 마음 상태를 강조해야 한다. 또 사랑의 힘이 얼마나 큰지, 그리고 분노로 인해서나 어떤 이가 충동에 이끌려 범행했다고 하는 동기들 중 하나로 인해서 얼마나 큰 심적 혼란이 발생하는지 보여 줘야 한다. 이때 그와 유사한 충동으로 어떤 범행을 저지른 자의 사례들을 상기시키고 유사한 사례들과 비교하고 마음 상태를 설명함으로써, 마음이 그러한 혼란에 동요되어 악행에 이르렀다고 해도 전혀 놀랄 만한 일로 보이지 않도록 힘써야 한다.

VI 20 그런데 어떤 이가 충동이 아니라 계산에 의해 범행을 저질렀다고 주장할 때는 그가 어떤 이익을 추구했거나 어떤 손해를 피했는지 제시하고, 가능한 한 가장 적절한 동기가 범죄를 부추긴 것으로 보이도록 그 제시된 점을 최대한 부각해야 한다. 만일 그 동기가 영광이라면 얼마나 큰 영광이 뒤따를 것이라고 헤아렸는지, 또 마찬가지로 만일 지배나 금전이나 우정이나 적대 때문이라면 그것을, 그리고 전반적으로는 동기라고 할 만한 것은 무엇이든 그것을 최대한 부각해야 한다.

21 여기에서 고발인은 실상(實狀)이 무엇이었는지뿐만 아니라, 특히 피고인이 무슨 생각을 했는지도 고려해야 한다. 만일 피고인이 어떻게 생각했는지 보여 줄 수 있다면, 어떤 이익이나 손해가 없었거나 없다는 점은 전혀 문제가 되지 않기 때문이다. 사람들이 생각에 속는 방식 두 가지는 사태가 생각하는 것과 다른 경우이거나 결과가 기대했던 것이 아닌 경우다.

'사태'가 다르게 나타나는 경우는 다음과 같다. 사람들이 좋은 것을 나쁜 것으로 생각하거나, 또는 반대로 나쁜 것을 좋은 것으로 생각하거나, 또는 좋은 것도 나쁜 것도 아닌 것을 좋거나 나쁜 것으로 생각하거나, 또는 좋거나 나쁜 것을 둘 다 아닌 것으로 생각하는 경우다. **22** 그러므로 만일 어떤 이가 형제나 친구의 목숨이나 자신의 의무보다 금전이 결코 더 소중하거나 더 즐겁지 않다고 주장한다면, 고발인은 그 주장을 부정해서는 안 된다. 이처럼 참되고 경건하게 주장되는 것을 부정하는 자는 비난과 엄청난 미움을 받게 되기 때문이다. 오히려 고발인은 피고인이 실제로는 그렇게 생각하지 않았음을 주장해야 한다. 이것은 인물에 속하는 사항들에서 취해야 하는데, 그것에 대해선 나중에 논의할 것이다.[240]

VII 23 '결과'에 사람들이 속게 되는 것은 피고인들이 기대했다고 말하는 결과와 다른 결과가 일어나는 경우다. 예를 들어, 만일 어떤 이가 유사함이나 의혹이나 거짓 지시에 속아서, 자신이 살해하려 했던 사람이 아닌 다른 사람을 살해했다고 주장하거나, 또는 어떤 이의 유언에서 자신이 상속인이 될 거라고 기대했기에 그 유언에서 자신을 상속인으로 지명하지 않은 사람을 살해했다고 주장하는 경우다. '결과'에 비추어 그의 의도를 판단해서는 안 되고, 그의 마음이 어떤 의도로 무엇을 바라며 범행에 착수했는지 고려해야 한다. 각자가 어떤 우연적인 상황을 이용하는지가 아니라, 어떤 의향으로 무슨 일을 하는지가 중요하다는 말이다.

24 이 논소에서 고발인의 주된 과제는 피고인 외에 다른 이에게는 범행 동기가 없었음을 제시하는 것이다. 다음 과제는 다른 이에게는 그렇게 강력하거나 이렇게 적합한 범행 동기가 없었음을 제시하는 것이다. 그런데 만일 다른 이들에게도 범행 동기가 있었던 것으로 보인다면, 그들에게는 능력이나 수단이나 의욕이 없었음을 제시해야 한다. '능력'이 없었음은 어떤 이가 전혀 알지 못했거나, 범죄 현장에 없었거나, 무엇을 수행할 수 없었다고 주장하는 경우다. 또 '수단'이 없었음은 어떤 이가 계획, 조력자, 도구, 그 일과 관련될 여타의 것들이 없었음을 제시하는 경우다.[241] 또 '의욕'이 없었음은 그의 마음이 그러한 범행에서 벗어나서 결백하다고 주장하는 경우다. 마지막으로 고발인은 다른 이들이

책임을 면하게 할 목적으로 우리가 피고인에게 제공할 변호 근거들을 십분 활용할 것이다. 그런데 이 일은 빨리 처리해야 하고 많은 항목을 하나로 압축해야 한다. 그렇지 않으면 고발인은 다른 이를 변호하기 위해 피고인을 비난하는 것이 아니라 피고인을 비난하기 위해 다른 이를 변호하는 것으로 보이게 될 것이다.

VIII 25 이상은 대략 고발인이 반드시 고려해야 할 점들이다. 반대로 변호인은 우선, 피고인에게는 어떠한 충동도 없었다고 주장하거나, 충동의 존재를 인정하더라도 그것을 축소하고 그것의 미미함을 제시할 것이고, 또 그 충동으로부터 그러한 종류의 행위들이 일어나는 경우는 드물다는 점을 알려 줄 것이다. 이 논소에서는 피고인의 범행을 충동했다고 하는 마음 상태의 힘과 본성이 무엇인지 제시해야 한다. 여기에서는 사례들과 유사점들을 언급하고 꼼꼼하게 이 마음 상태의 본성 자체를 최대한 부드럽고 침착하게 설명해야 한다. 그럼으로써 사건 자체는 잔인하고 혼란스러운 행위에서 비교적 온화하고 평온한 행위로 바뀌고, 변론은 청중의 마음속 아주 내밀한 기분에 동조하게 된다.

26 '계산'이라는 혐의를 반박하기 위해서는 피고인에게는 이익이 전혀 없었거나 단지 작은 이익만 있었다고, 또는 다른 이의 이익이 더 컸거나 그 자신의 이익이 다른 이보다 더 크지 않았다고, 또는 그에게는 손해가 이익보다 더 컸다고 주장해야 한다. 그래서 피고인이 얻으려고 했다는 이익의 크기를, 그가 입은 손

해나 그가 감수한 위험과는 결코 비교할 수 없게 만드는 것이다. 이들 모든 논소는 손해의 회피를 논의할 때도 비슷한 방법으로 다루게 될 것이다.

27 그런데 피고인이 비록 착각했더라도 자신에게 이익이라고 생각한 것을 추구했거나 손해라고 생각한 것을 회피했다고 고발인이 주장한다면, 변호인은 그러한 문제에서 진실을 알지 못할 정도로 그렇게 어리석은 인간은 없다는 점을 제시해야 한다. 이 점이 인정된다면, 이 문제에서 피고인이 무엇이 그의 권리인지 의심하지 않았고 또 의심 없이 거짓을 진실로 판단했다는 점은 인정되지 않을 것이다. 만일 그가 의심을 품었다면 이처럼 모호한 기대에 충동이 되어 확실한 위험을 감수하는 것은 극도의 어리석음이었을 것이기 때문이다. **28** 그런데 고발인이 다른 이의 책임을 면하게 해 주려고 피고인의 논소를 활용하듯이,[242] 그렇게 피고인도 죄목을 자신에게서 다른 이에게 전가하길 원할 때는 고발인의 논소를 활용할 것이다.

IX 인물로부터 추정할 수 있는 것은 인물에게 속하는 것들을 꼼꼼하게 살펴보는 경우다.[243] 이 모든 속성은 1권에서 설명했다.[244] 이름에서도 어떤 혐의점이 때때로 드러난다.—이름이라고 할 때는 가문명(家門名)도 포함해서 이해해야 한다. 이름은 한 사람에 대한 확실하고 고유한 명칭에 대한 문제이기 때문이다.— 이를테면 어떤 이가 경솔하고 성급하게 결정을 내려서 칼두스라고 불린다고 하거나, 또는 어떤 이가 클로디우스나 카이킬리우스나 무티우스라고[245] 불린다고 하며 로마인의 명칭을 모르는 희랍인들을 속이는 것이다.[246]

29 '본성'에서 어느 정도 혐의점을 끌어내도 된다. 이를테면 그 사람은 남자인가, 여자인가? 이 도시의 사람인가, 저 도시의 사람인가? 그의 조상은 누구이며 어떤 가문에 속하는가? 그의 나이, 성격, 신체 조건은 어떠한가?[247] 본성에 속하는 이것들 모두가 사실 추정에 도움이 되기 때문이다.

그리고 '생활 방식'에서 많은 혐의점을 끌어낼 수 있다. 이 일은, 그가 어떻게, 누구의 집에서, 누구에 의해서 양육되고 교육받았는지, 그가 누구와 함께 사는지, 어떤 삶의 방식으로, 어떤 가풍(家風)에 따라서 사는지 찾아내면 가능하다.

30 '운수'의 관점에서 종종 논거를 취하는 것은 그가 노예인지 자유인지, 부자인지 빈자인지, 유명인인지 무명인인지, 행복한 자인지 불행한 자인지, 관직이 없는지, 아니면 관직을 갖고 있거나 가졌거나 가질 것인지 고려하는 경우다. 또는 요컨대 운수에 속하는 것으로 이해되는 바를 찾아내는 것이다.

'습성'은 신체와 정신에서 지속적으로 완결되어 형성되는 것인데, 그 종류에는 덕과 학식, 그리고 그것들과 반대되는 것이 속한다. 사안이 제시되고 나면, 사태 자체가 이 논소도 어떤 혐의점을 보여 주는지는 알려 줄 것이다.

실로 사랑, 분노, 불만과 같은 '상태'를 헤아려 보면 자명한 추정이 이루어지곤 한다. 이들 상태의 힘을 이해하고, 또 이들 상태 중 하나를 뒤따르는 것을 인식하기 쉽기 때문이다.

31 '애호'는 어떤 활동에 열렬하게 전념하여 커다란 쾌락을 동반하는 지속적인 몰두를 말한다. 애호부터는 사안에서 사태 자체가 요구할 논거를 쉽게 끌어낼 수 있다.

마찬가지로 '의도'에서도 어떤 혐의점을 취한다. '의도'란 무엇을 할지 말지를 두고 심사숙고한 근거이기 때문이다.

그리고 또 '행적', '변고', '발언들' 이들 모두는 확증의 지침에서 말했듯이 세 가지 시제로[248] 나뉘는데, 그것들이 추정의 확증을 위해 어떤 혐의점을 제공하는지는 알기 쉽다.

X 32 고발인의 과제는 인물의 속성들 모두를 한곳에 모아서 피고인의 비난에 활용하는 것이다. 실로 범행 동기가 증명력이 거의 없게 되는 이유는 그러한 범행과 일치하는 것으로 보이는 피고인의 성격이 혐의 대상이 되지 않기 때문이다. 피고인의 범행 동기를 덧붙이지 않고서 그의 성격을 비난하는 것이 아무 소용이 없는 것처럼, 그렇게 그의 성격이 불명예스러운 일에 관여되었음을 보여 주지 않고서 범행 동기를 덧붙이는 것은 무의미하다. 그러므로 고발인은 피고인의 과거 행위에 비추어 그의 삶을 비난해야 하고, 그가 이전에도 동종의 범죄로 유죄판결을 받은 적이 있다면 그것을 보여 주어야 한다. 그것이 가능하지 않다

면, 고발인은 피고인이 이전에 유사한 혐의를 받은 적이 있음을 보여 주어야 한다. 그리고 특히, 가능하다면 이와 유사한 종류의 사건에서 피고인이 똑같이 중요하거나 더 중요하거나 덜 중요한 문제에서 어떤 유사한 동기에 자극되어 범행했음을 보여 주어야 한다. 이를테면 피고인이 금전욕에 이끌려 어떤 짓을 저질렀다고 주장하는 경우, 고발인은 그가 다른 일에서도 탐욕스러운 짓을 했음을 제시할 수 있다.

33 마찬가지로 모든 사안에서 고발인은 피고인의 본성이나 생활 방식이나 애호나 운수나 인물의 속성들 중 무엇을, 피고인의 범행을 충동했다고 주장되는 동기와 연결해야 한다. 그런데 만일 동종의 범행을 인용할 기회가 없다면, 다른 범행에도 비추어 상대방의 성격을 비난해야 한다. 만일 피고인이 탐욕에 이끌려 범행했다고 고발하면서도 그의 탐욕을 제시할 수 없다면, 그가 다른 악덕들에 관여하고 있다는 것을 알려 주고, 또 저 일에서 추잡하거나 욕심 많거나 방자한 자가 이 일에서 잘못했음이 전혀 놀랍지 않다는 것을 알려 줘야 한다. 피고인의 위신과 권위를 떨어트릴수록 피고인은 변호의 온갖 기회를 잃게 되기 때문이다.

34 만약 피고인이 이전에 저지른 악덕과 연관되어 있음을 제시할 수 없다면, 피고인의 오랜 평판이 이 사건과 무관하다고 생각하도록 심판인들을 설득하는 논소를 도입할 것이다. 이전에는 그가 본 모습을 숨겼지만, 지금은 현행범으로 붙잡혔기 때문이

다. 그러므로 그의 과거 삶에 비추어 이 사건을 바라보지 말고, 이 사건에 비추어 그의 과거 삶을 비난해야 하는 것이다. 단지 이전에는 그가 범죄 능력이나 동기가 없었을 뿐이라고 설득하는 것이다. 또는 이 점을 지적할 수 없다면, 마지막으로 그가 이제야 처음으로 범죄를 저질렀다는 사실이 놀랍지 않다고 말해야 한다. 왜냐하면 범행하려는 자는 언젠가는 처음으로 범죄를 저지르기 때문이다. 하지만 피고인의 이전 삶을 알지 못한다면, 이 논소를 지나가며, 왜 그렇게 지나가는지 보여 주고 나서는 당장 증거들을 대며 고발을 확증해야 할 것이다.

XI 35 반면 변호인은 우선 가능하다면 피고인의 삶이 매우 훌륭했음을 제시해야 한다. 이는 피고인의 잘 알려진 공통된 의무 수행을 보여 주면 가능한데, 이를테면 그의 부모, 혈육, 친구, 인척, 기타 절친에 대한 의무 수행과 같은 것이다. 심지어 피고인의 더 희귀하며 탁월한 일을 보여 주는 것이 효과적인데, 이는 피고인이 비록 불가피하지 않음에도 큰 수고나 위험이나 둘 다를 무릅쓰고 국가나 부모나 앞에서 언급한 이들에게 의무를 다하려고 했다고 말하는 경우다. 마지막으로 피고인이 어떠한 범죄도 저지른 적이 없었고 욕망에 방해받아 자기 의무를 소홀히 한 적도 없었음을 말하는 것이 효과적이다. 이 주장은, 그가 그다지 훌륭하지 못한 행위를 해도 벌 받지 않을 것을 알았으면서도 그렇게 할 의지가 없었음을 제시한다면 그만큼 더 확증될 것이다.

36 이 주장은, 고발당한 종류의 행위에서 피고인이 과거에 결백했음을 제시한다면 그만큼 더 확고해진다. 이를테면 어떤 이가 탐욕 때문에 죄를 지었다는 비난을 받았지만, 그가 평생 금전욕이 전혀 없었음을 알려 주는 경우나. 여기에서는 한탄하면서 큰 위엄을 보여 주며 분개하는 것이 효과적인데,[249] 이는 피고인이 평생 잘못과 아무 관련이 없었음에도, 보통 무모한 인간을 범죄로 유인하곤 하는 동기에 의해 가장 고결한 사람마저도 범죄를 저지르게 충동할 수 있다고 믿는 것은 가련하고 부당한 짓임을 제시하는 경우다. 또는 훌륭하게 살아온 삶이 이와 같은 시점에 가능한 가장 큰 이익이 되기는커녕, 오히려 소송에서 꾸며 낼 수도 없고 어떤 방법으로 바꿀 수도 없는 과거의 삶이 아니라, 임의로 날조할 수 있는 돌발적인 고발을 바탕으로 판결을 내리는 것은 불공정하고 더구나 가장 선량한 사람 모두에게는 매우 치명적이라는 점을 제시한다.

37 그러나 피고인의 과거 삶에 추한 일들이 있는 경우에는, 사람들의 미움이나 비방이나 그릇된 의견으로 인해 잘못된 평판을 얻게 되었다고 주장할 수 있다. 또는 그것들의 원인을 무지, 불가피함, 설득, 젊은 혈기, 악의 없는 마음 상태로 돌릴 수 있다. 또는 그 추한 일들이 다른 종류의 악덕에 속한다고 강조하여, 그의 마음이 전적으로 흠결이 없진 않지만, 이러한 범행과는 거리

가 먼 것으로 보이게 할 수 있다. 하지만 만일 어떤 방법으로도 피고인 삶의 추함과 악평을, 변론을 통해서 감하여 보여 주지 못한다면, 그의 삶과 성품이 아니라, 고발된 그 범죄만을 따져야 한다고 주장해야 한다. 요컨대 그의 이전 행적은 논외로 하고 단지 현안만을 다루어야 한다고 말이다.

XII 38 '사실 자체'로부터 혐의점을 끌어내는 것은[250] 모든 부분에서 행위 전체의 실행을 검토하는 경우다. 이들 혐의점 중 일부는 행위로부터 독자적으로[251] 도출되고, 또 일부는 인물과 행위 모두로부터 공통적으로[252] 도출된다. 만일 행위의 속성들을 주의 깊게 고려한다면, '행위'로부터 혐의점을 끌어낼 수 있다. 따라서 그것들의 모든 유[253]와 이들 유의 대부분 종들은 추정의 쟁점에 부합한다고 생각한다.

39 그러므로 먼저 무엇이 행위 자체와 직결되어 있는지, 즉 무엇이 그것과 분리될 수 없는지 살펴봐야 한다.[254] 이 논소에서는 다음 세 가지를 세심하게 고려하는 것으로 충분하다. 행위 이전에 무엇이 행해졌는지—그것으로부터 완수할 희망이 생겨났거나 행위할 기회를 붙잡은 것으로 보이기 때문이다—, 행위 중에 실제로 무엇이 실행되었는지, 그리고 이후에는 무슨 결과가 뒤따랐는지 말이다.

다음으로는 행위 자체의 실행을 자세히 살펴봐야 한다. 이 종류의 행위 속성은 두 번째 항목에서 설명했다.[255] **40** 여기에서는 장소, 일시, 시기(時機), 수단을 고려하는데,[256] 각각의 의미는 이미 확증의 지침에서 상세히 설명했다. 그래서 나는 뭔가를 누락했거나 같은 내용을 반복했다는 인상을 주지 않기 위해서 개별 부분에서 무엇을 유념해야 하는지 간단히 덧붙이겠다. '장소'에서는 호기를, '일시'에서는 기간을, '시기'에서는 실행에 적합한 편의를, 그리고 '수단'에서는 더 쉽게 이루어지도록 해 주거나 완수를 위해 꼭 필요한 것들의 구비와 능력을 고려해야 한다.

41 다음으로는 무엇이 행위에 결부되어 있는지, 즉 무엇이 더 큰 것인지, 무엇이 더 작은 것인지, 무엇이 같은 크기인지, 무엇이 유사한 것인지 살펴봐야 한다.[257] 이로부터 어떻게 더 크거나 더 작거나 같은 크기거나 유사한 사건이 일어나곤 하는지 주의 깊게 고려하면서 추정을 끌어내는 것이다. 또 이 종류에서는 결과도 살펴봐야 한다. 즉 각각의 사태에서 무엇이 결과로 발생하곤 하는지, 이를테면 두려움, 즐거움, 망설임, 무모함을 주의 깊게 고려해야 한다.

42 내가 언급했듯이 행위에 속하는 것들의 네 번째 부분은 귀결이다.[258] '귀결'에서는 무엇이 수행된 행위를 즉각 또는 간격을 두고 뒤따르는지 찾아낸다. 여기에서는 어떤 관습이 있는지, 어떤 법률이 있는지, 어떤 협약이 있는지, 그 사태와 연관된 어떤 기술이나 어떤 경험이나 어떤 훈련이 있는지, 사람들의 인정이나 반감이 있는지 살펴보는데, 이것들로부터도 종종 혐의점을

끌어내는 것이다.

XIII 행위와 인물의 속성에서 공통적으로 취하는 다른 혐의점들이 있다. 사람의 운수, 본성, 생활 방식, 애호, 행적, 변고, 발언, 의도, 그리고 정신이나 육체의 습성[259] 중에서 대부분은 고발을 믿게 하거나 믿지 못하게 하는 소재들에 해당하고 또 범행 혐의와도 깊이 연관되어 있기 때문이다. **43** 특히 추정의 쟁점에서 질문해야 하는 사항들은 다음과 같다. 우선 어떤 일이 행해질 수 있었는가? 다음으로 다른 사람에 의해 그 일이 행해질 수 있었는가? 그다음으로는 '수단'인데, 그것에 대해서는 앞에서 언급했다.[260] 또 그다음으로 그 범행은 은폐할 희망이 없어서 반드시 후회할 수밖에 없었는가, 그렇지 않았는가? 마지막으로는 불가피함인데, 그 일이 행해질 수밖에 없었는지, 또는 이 방식으로 행해질 수밖에 없었는지 질문한다. 이러한 질문들 일부는, 내가 예시한 사안에서처럼[261] 인물에게 속하는 의도와 관련되어 있다. '행위 이전'은 그가 그렇게 친밀하게 접근해서 그와 대화할 기회를 포착했고, 그와 함께 같은 여관에 묵었고, 그와 함께 식사했다는 것이다. '행위 중'에는 밤이 되자 잠을 잤다는 것이다. '행위 이후'는 그가 혼자서 방에서 나왔고, 친한 동료를 그렇게 무심하게 방치했고, 피가 묻은 검을 소지했다는 것이다. **44** 한편 행위 방법을 면밀하게 숙고하여 고안한 것으로 보이는지, 또는 어떤 이가 경솔하게 악행을 저질렀다고 믿기 힘들 정도로 그렇게 경솔하게 행한 것인지 질문해야 한다. 여기에서는 다른 방법으로 그 일이 더 유리하게 행해질 수 없었는지, 또는 운에 의해서 행해질 수 없었는지 질문한다. 그 이유는 흔히 도대체 금전도, 아무 도움 수단도, 어떤 조력자도 없었다고 하면 범행 수단이 없었던 것으로 보이기 때문이다. 이런 방식으로 신중하게 살펴본다면, 행위에 속한 것들과 인물에 속한 것들이 서로 깊이 연관되어 있음을 알게 된다.

여기에서는 앞부분들에서처럼[262] 고발인과 변호인이 어떻게 각각의 사안을 다루어야 하는지 구분하는 일은 쉽지도 않고 필요하지도 않다. 그것이 필요하지 않은 이유는 사안이 제시되고 나면 무엇이 양측에 적합한지는 사태 자체가, 이 지침에서 모든 것을 발견할 거라고 믿지 않고 다만 공동체를 위해 알맞은 통찰력의 발전에 이바지할 자들에게 가르쳐줄 것이기 때문이다. **45** 그런데 그것은 쉽지 않은 일이다. 그렇게 많은 사태에서 각각의 것을 따로따로 양방향으로 설명하는 것은 끝이 없는 일이고 또 이 사태들이 양측의 사안에 서로 다르게 부합하곤 하기 때문이다.[263]
XIV 그러므로 나의 설명을 주의 깊게 고려해야 할 것이다.

'발견'에 더 쉽게 도달하기 위해서는 수행된 행위와 관련해 자신의 서술과 상대방의 서술을 자주 꼼꼼하게 검토하고, 또 각 부분에 어떤 혐의점이 있는지 끌어내어 다음과 같은 의문점들을 고려해야 한다. 왜, 어떤 의도로, 완수에 대한 어떤 기대로 각각의 행위가 이루어졌는가? 왜 그 일이 저런 방법이 아니라 이런 방법으로 행해졌는가? 왜 저 사람이 아니라 오히려 이 사람에 의해서인가? 왜 조력자가 아무도 없는가? 또는 왜 하필 이 조력자인가? 왜 아무도 공모자가 아닌가? 왜 공모자가 있는가? 왜 이자가 공모자인가? 왜 이것이 앞서서 행해졌는가? 왜 이것이 바로 그 행위 중에 행해졌는가? 왜 이것이 그 행위 다음에 행해졌는가? 그것이 고의로 행해졌거나 바로 그 사태의 결과인가? 또는 진술이 사태와 일치하거나 일관적인가? 또는 이것이 이 사태의 징후인가, 저 사태의 징후인가, 이 사태와 저 사태 모두의 징후인가, 오히려 둘 중 어느 하나의 징후인가? 행해지지 않아야 했지만 무엇이 행해졌는가, 또는 행해져야 했지만 무엇이 행해지지 않았는가? **46** 이러한 의도로 행위 전체의 각각의 부분을 검토한다면, 위에서 말한 논소들이 모여서 저절로 제 모습을 드러낼 것이다. 그리고 때로는 단일한 논소들로부터, 때로는 결부된 논소들로부터 확실한 논거들이 생겨나는데, 그 논거들 중 일부는 개연적인 것이고 또 일부는 필연적인 것이다.[264] 그런데 때때로 추정에 도움이 되는 고문들, 증언들, 소문들[265] 모두는 양측이 비록 유사한 지침을 따르지만 반대 방향으로 자신의 사안에 유리하게 비틀어야 할 것이다. '동기'와 '인물'과 '사실'에서와 같은 방법으로 고문, 증언, 소문에서도 혐의점을 끌어내야 하기 때문이다.[266]

47 그러므로 이런 종류의 혐의는 이론이 필요 없다고 믿는 자

들과, 그런 혐의가 모든 추정과는 다른 지침을 가져야 한다고 믿는 자들은 모두 실수하는 것이다. 모든 추정은 동일한 논소들로부터 취해야만 하기 때문이다. 고문을 당하면서 또는 증언하면서 무언가를 진술한 자의 동기와 진실은 물론, 소문 자체의 동기와 진실도 동일한 속성으로부터[267] 찾아내는 것이다.

그런데 모든 사안에서 일부 논거들은 주장되는 사안하고만 결부되어 있고 또 바로 그 사안으로부터 도출된 것들이기 때문에, 그것과 따로 분리하여 같은 종류의 모든 사안으로 옮기는 것은 그다지 적절하지 않다. 하지만 일부 다른 논거들은 더 일반적인 성질을 가지고 있어서 같은 종류의 모든, 또는 대부분 사안에 적용된다. **XV 48** 많은 사안으로 옮겨질 수 있는 이 논거들을 공통 논소들[268]이라고 부른다.[269]

공통 논소가 명백한 사태를 강조하기 때문이다. 이를테면 자신의 부모를 살해한 자는 극형에 처해야 마땅하다는 것을 보여 주려는 경우다. 이 공통 논소는 사안이 입증되어 종결된 경우에만 사용해야 한다. 또 의심스러운 사태를 강조하는 공통 논소는 반대 측에서도 개연적인 논증 근거들을 가지고 있다. 이를테면 혐의들을 믿어야 하거나 반대로 혐의들을 믿어서는 안 된다. 그리고 공통 논소의 일부는 앞에서 말한[270] 분개나 한탄을 통해서 도입되기도 하고, 또 그것의 일부는 양측에서 제시한 개연적인 근거를 통해서 도입되기도 한다.[271]

49 연설이 뛰어나고 훌륭하게 되는 것은 아주 드물게 공통 논소를 도입하고 공통 논소가 이미 더 명백한 논거들을 통해서 확증되는 경우다. 왜냐하면 어떤 사안에 고유한 논소가 세심하게 다루어졌을 때, 그리고 청중의 마음이 아직 남아 있는 논제로 일신되거나 이미 주장된 모든 것으로[272] 환기될 때 비로소 공통적인 것을 말해도 되기 때문이다. 게다가 매력과 장엄이 최대한 실린 표현의 모든 장식들과, 소재나 견해의 발견으로 상당한 위엄을 갖춘 모든 것은 공통 논소에 속하는 것들이다. **50** 그러므로 많은 사안에 공통되는 논소들이 많은 연설가에게 공통되는 것은 아니다. 빈번한 연습을 통해서 표현과 견해의 큰 저장소를 마련한 연설가들만이 공통 논소들 자체의 본성이 요구하는 대로 공통 논소들을 화려하고 장엄하게 다룰 수 있는 것이다.

그러면 이것으로 모든 종류의 공통 논소에 대해서 일반적으로 설명한 것으로 하자. **XVI** 이제는 어떤 공통 논소가 대체로 추정의 쟁점에 해당하곤 하는지 설명하겠다. 예를 들어, 혐의를 믿어야 하거나 믿어서는 안 된다. 소문을 믿어야 하거나 믿어서는 안 된다. 증인들을 믿어야 하거나 믿어서는 안 된다. 고문하여 심문한 결과를 믿어야 하거나 믿어서는 안 된다. 이전의 삶을 살펴봐야 하거나 살펴보아서는 안 된다. 저 사건에서 죄를 지었던 자와 이 범죄를 저지른 자가 동일하거나 동일하지 않다. 특히 동기를 살펴야 하거나 그렇게 해서는 안 된다. 그리고 실로 이 공통 논소들과, 고유한 논거에서 생겨난 유사한 공통 논소들은 고발인과 피고인의 측으로 나뉘어 활용된다.

51 고발인을 위한 명백한 공통 논소에서 고발인은 특히 범행의 잔혹함을 강조한다. 또 다른 공통 논소에서는 악한들을 동정하지 말아야 한다고 주장한다. 변호인을 위한 명백한 공통 논소에서는 분개하며 고발인의 무고(誣告)를 지적하고, 또 한탄하며 동정심을 얻는다.[273] 이것들과 나머지 모든 공통 논소는 다른 논증들이 끌어내는 지침과 동일한 지침을 끌어낸다. 그런데 다른 논증들은 더 꾸밈이 없고 더 치밀하고 더 예리하게 다루고, 공통 논소들은 더 위엄 있고 더 장식적인 방식으로, 또 더 고상한 언어와 견해로 다룬다. 다른 논증들은 말하는 바가 진실로 보이게 하는 것이 목표이고, 공통 논소들은 비록 말하는 바가 진실로 보이게 해야 하지만 그것을 강조하는 것이 목표이기 때문이다.

이제는 또 다른 쟁점으로[274] 넘어가자.

XVII 52 명칭에 대한 논쟁이 있는 경우는 어휘의 의미를 말로 정의해야 하기에 정의(定義)의 쟁점이라고 부른다.[275] 이 종류의 사례로는 다음 사건을 들 수 있다. 집정관으로 제2차 포에니 전쟁의 원정에 실패했던 호민관 가이우스 플라미니우스[276]가 원로원의 뜻을 거슬러서, 또 모든 귀족 당파의 의견에 전적으로 반하여 민중에게 농지법을 제안하고 소요를 일으켰다. 그가 민중 집회에서 연설하고 있었을 때, 그의 부친은 아들을 연단에서 끌어내서 대역죄 혐의를 받게 되었다. '고발 내용'은, "당신은 연단에서 호민관을 끌어냈으니 대역죄를 범한 겁니다"이다. 그것의 '부인(否認)'은 "나는 대역죄를 저지르지 않았습니다"이다. 그래서 '쟁점 질문'은 그가 대역죄를 범했는지 여부다. 그의 '근거'는 "나는 내 아들에게 가부장의 권한을 행사했습니다"이다. 그 근거의 '반박'은 "반대로, 아버지에게 속한 사적인 권한으로 호민관 권력, 즉 인민의 권력을 부정하는 자는 대역죄를 범하는 겁니다"이다. '판단 사항'은 호민관의 권위에 대항하여 아버지의 권한을 행사한 자가 대역죄를 범할 수 있는지 여부다. 이 판단 사항에 대한 모든 논거를 제시해야 한다.

53 이 사안에는 다른 쟁점[277]도 관련되어 있음을 내가 간과한다고 생각하지 않기를 바라며 지금은 내가 지침을 줘야 하는 정의의 쟁점만을 취할 것이다. 2권에서 모든 부분을 설명하고 나면, 열심히 경청한 자는 누구든 모든 사안에서 모든 쟁점과 그 종들과[278] 그것들과 관련하여 일어날 논쟁들을[279] 알게 될 것이다. 내가 그것들 모두에 대한 지침을 줄 것이기 때문이다.

고발인을 위한 첫 번째 논소는 그 의미가 문제가 되는 명칭에 대하여 간결하고 명확하며 사람들의 의견에 상응하는 정의를 내리는 것이다. 예를 들어, 대역죄란 인민에게서, 또는 인민이 권한을 주었던 자들에게서 지위나 위엄이나 권한을 박탈하는 것이다.[280] 이처럼 간결하게 설명된 것은 더 많은 말과 근거들로 확증해야 하고, 당신이 정의한 바와 다르지 않음을 보여 주어야 한다. 다음으로 당신이 정의한 것에 피고인의 행위를 연관시켜야 한다. 예를 들어 '대역죄'가 무엇을 의미하는지 당신이 보여 준 바를 근거로 삼아서 상대방이 대역죄를 범했음을 알려 주고, 공통 논소를 통해서는 바로 그 행위의 포악함이나 부당함에, 또는 적어도 범행에 분개하며 부각함으로써 전체 논증을 확증해야 한다. 그리고 나서 상대방의 정의를 반박해야 한다.

54 상대방의 정의가 거짓임을 제시한다면 그것은 반박될 것이다. 그 논거는 사람들의 의견에서 취하는데, 이는 어떻게, 그리고 어떤 일에서 사람들이 말하기와 글쓰기 습관에서 그 말을 사용하곤 하는지 고려하면 가능하다. 마찬가지로, 만일 상대방의 정의를 승인하는 것이 수치스럽거나 무익하고, 또 그것을 인정할 경우 어떤 손해가 뒤따르게 될지 보여 준다면 그것은 반박될 것이다―그런데 이것은 내가 심의의 지침에서[281] 설명할 훌륭함과 유익의 부분들에서 취하게 된다―. 그리고 만일 우리가 내린 정의를 상대방이 내린 정의와 비교하여 우리의 정의는 참되고 훌륭하고 유익하지만, 상대방의 정의는 이와 정반대임을 제시한다면, 그것은 반박될 것이다. **55** 그런데 우리는 더 중요하거나 덜 중요하거나 똑같이 중요한 사건에서 유사점들을 찾아내서 그것들을 근거로 삼아서 정의한 바를 주장할 것이다.

XVIII 더구나 여러 사태를 정의해야 한다면, 예를 들어 개인

주택에서 신성한 그릇을 훔친 자가 단순 절도범인지, 또는 성물 절취자인지[282] 질문한다면, 다수의 정의를 사용해야 한다. 그 다음에는 이미 언급한 유사한 방법으로 그 사안을 다루어야 한다.[283] 그런데 공통 논소는 어떤 이의 악행을 겨냥하고 있는데, 그가 말과 행위를 주제넘게 지배하여 자신이 원하는 대로 행위하고 그 행위를 자신이 좋아하는 명칭으로 부르기 때문이다.

변호인을 위한 첫 번째 논소도 마찬가지로 간결하고 명확하게, 그리고 사람들 의견에 상응하게 명칭을 정의하는 것이다. 예를 들어 '대역죄'란 어떤 이가 아무 권한이 없는데도 국가에 관한 어떤 것을 지배하는 것을 말한다. 이어서 이 정의를 〔유사한 사례와 근거들로〕[284] 확증하고 나서, 고발인의 정의에서 자신의 행위를 분리하고, 이후에는 공통 논소를 이용해서 그 행위의 유익과 훌륭함을 부각한다. **56** 그리고 나서 상대방의 정의(定義)를 논박하게 되는데, 그 논박은 내가 고발인을 위해서 지침으로 일러 준 바 있는 모든 논소로 이루어진다. 다음으로 나머지 논거들은 공통 논소를 제외하고 도입하게 된다. 그런데 변호인을 위한 공통 논소는, 피고인을 곤경에 몰아넣기 위해서 고발인이 사실을 왜곡할 뿐만 아니라 단어의 의미를 바꾸는 것에도 분노하는 것이다. 고발인의 악의를 드러내기 위해서나 동정심을 불러일으키기 위해서나, 범행에 분노하기 위해서나 심판인들이 동정하지 못하도록 하기 위해서 취하는 공통 논소들은 사안의 종류가 아니라 위험의 크기에 기인하기 때문이다. 따라서 그 공통 논소들은 모든 사안에 적용되는 것이 아니라 모든 유의 사안에 적용된다고 하겠다. 그것들은 내가 추정의 쟁점과 관련하여 언급했지만[285] 사안이 요구할 때마다 분개[286]의 방법을 사용할 것이다.

XIX 57 합당한 자가 소를 제기하지 않거나, 합당한 자에 대해 소가 제기되지 않거나, 그리고 합당한 심판인들 앞에서, 합당한 법률 조항에 따라서, 합당한 형벌에 따라서, 합당한 죄목과 함께, 합당한 시기에 소가 제기되지 않았기 때문에 소송의 이전이나 변경이 필요한 경우는 이전(移轉)의 쟁점이라고 부른다. '이전'의 개별 종류들을 찾아보자면, 매우 많은 사례가 필요하겠지만 지침의 원리가 유사하기에 많은 사례를 들 필요는 없다.

우리의 관습에서는 여러 이유로 인해 이전(移轉)은 아주 드물게 나타난다. 실로 법무관의 항변들에 의해 소가 각하되는 경우가 많고, 또 우리 시민법에서는 적법하게 소를 제기하지 않으면 패소하도록 규정되어 있기 때문이다. **58** 따라서 그러한 문제들은 대부분 법무관 앞에서의 법정 절차에 따라 처리된다. 여기에서 '항변'이 요청되고, 소권이 부여되며, 시민 간의 소송을 위한 모든 양식이 작성되기 때문이다. 그런데 재판 진행 중에 이전이 일어나는 경우는 훨씬 더 드물다. 만일 그러한 경우가 일어난다면, 이는 '이전'의 쟁점 자체로는 거의 효력이 없고 다른 쟁점의 도움으로 확증되는 경우라 하겠다.[287] 예를 들어, 어떤 재판에서 어떤 이가 독살 혐의로 기소되었지만, 존속 살해 혐의가 기재된 소장이 서명되었다면 그 소는 '비상 심리 절차'로[288] 받아들여진 것이다. 그런데 그 고발에서 다른 범죄들은 증언과 증거로 확증되었지만, 소장에는 존속 살해만이 기재되어 있었다. 바로 이러한 점에 변호인은 계속 끈질기게 매달려야 한다. 부모 살해는 입증된 바가 아무것도 없었으니 존속 살해범에게 가해지는 형벌을 피고인에게 가하는 것은 부당한 일이 될 것이다. 그런데 그가 유죄판결이라도 받게 된다면, 부당한 일이 될 수밖에 없다. 왜냐하면 이 소장이 서명되었고 소가 '비상 심리 절차'로 받아들여졌기 때문이다. **59** 그러므로 피고인이 이 형벌을 받아선 안 된다면, 그가 유죄판결을 받아서도 안 될 것이다. 유죄판결에는 형벌이 필연적으로 뒤따르기 때문이다. 여기에서 변호인은, '이전'의 쟁점을 활용하여 형벌의 변경을 제안함으로써 고발 전체를 반박하게 된다. 그럼에도 추정의 쟁점을 활용하여 다른 범죄들도 변호하면 '이전'이 확증될 것이다.

XX 한 사안에서의 '이전'의 사례는 다음과 같다.[289] 일부 무장한 사내들이 폭력을 행사하려고 왔을 때, 다른 무장한 사내들은 그들과 맞설 준비를 하고 있었다. 무장한 무리 중 한 명이 그들의 다툼을 저지하는 로마 기사의 손을 칼로 잘라 버렸다. 손이 잘린 기사는 불법행위 건으로 소를 제기한다. 피고인은 "살인죄를 저지른 피고인에게 선행 결정을 하는 경우를 제외하고"라고 말하며 법무관에게 항변을 요청한다.[290] **60** 소를 제기한 로마 기사는 항변 없는 재판을 요청하지만, 피고인은 항변이 추가되어야 한다고 주장한다. '쟁점 질문'은 항변을 허용해야 하는지 여부다. 피고인의 '근거'는 "회복 심판인단[291]은 살인자 재판에서 심리되는 범죄에 대해 선행 결정을 내려서는 안 되기 때문입니다"이다. 그것의 반박은 "이 불법행위를 가능한 한 즉시 판결하지 않는 것은 부당합니다"이다. '판단 사항'은 불법행위의 잔혹함이, 법정이 따로 준비되어 있는 중죄에 대해 선행 결정으로 심판하는 충분한 사유가 되는지 여부다. 이상이 하나의 사례다.

각각의 사안에서 양측은 누구에 의해, 누구를 통해, 어떤 방법으로, 어느 시간에 그 사안에 대해서 소가 제기되거나 판결이 내려지거나 무엇이 결의되어야 하는지 검토해야 한다. **61** 이것은 우리가 나중에 말해야 하는 법률의 부분에서 취해야 하고,[292] 유사한 사건들에서 무슨 일이 일어나곤 하는지 추론해야 한다. 그리고 상대방이 한 소를 제기하는 한편 또 다른 소를 거짓으로 꾸미는 것이 악의 때문인지, 또는 어리석음 때문인지, 또는 다른 방법으로는 소를 제기할 수 없는 불가피함 때문인지, 또는 소를 제기하는 시기에 소나 재판이 그렇게 결정되었는지 또는 소가 이러한 상황 없이도 정당하게 제기되었는지 검토하는 것이다.

이전(移轉)을 도입하는 자에 맞서서 사용하는 공통 논소는 다음과 같다. 그자는 자기 사안에 대한 확신이 없어서 재판과 처벌을 회피하는 것이다. '이전'을 옹호하는 편에서 말하자면, 만일 적법하지 않게 소가 제기되어 재판을 받게 된다면, 즉 소가 제기되지 말아야 하는 자에게 소가 제기되거나, 다른 처벌이나 다른 죄목으로, 다른 시간에 소가 제기된 경우라면 전반적인 혼란이 생겨날 것이다. 더구나 이런 방식은 전체 사법 절차의 혼란으로 이어지게 될 것이다.

그러므로 하위 종이 없는 이들 세 가지 쟁점은[293] 이렇게 다루어진다. 이제는 질(質)의 쟁점[294]과 그 하위 종들을 살펴보자.

XXI 62 행위 사실과 그 명칭이 인정되고 소송에 대한 논쟁도 없지만 행위 자체의 의미와 본성과 성질이 문제가 되는 경우는 질(質)의 쟁점이라고 부른다. 내가 말했듯이[295] 질의 쟁점의 두 부분은 법무(法務)와 관련된 종과 사법(司法)과 관련된 종이다.

'법무와 관련된 종'[296]은 시민법에서 법률 행위 자체와 얽혀 있는 분쟁을 담고 있는 것이다. 그 사례는 다음과 같다. 어떤 이가 피후견 소년을 자신의 상속인으로 지정했다. 하지만 소년은 성인이 되기도 전에 사망했다.[297] 소년이 상속받은 재산을 두고는 그 아이 부친의 후순위 상속인들과 그 아이 부친의 형제들 사이에서 분쟁이 일어났다. 그 재산은 후순위 상속인들이 점유하고 있다. 부친의 형제들의 '고발 내용'은, "우리의 부계 혈족인 아이가 유언을 남기지 않은 재산은 우리의 것입니다"이다. 그것의 '부인'은, "오히려 그 재산은 부친의 유언으로 상속인이 된 우리의 것입니다"이다. '쟁점 질문'은, "양쪽 중 누구의 재산입니까?"이다. 고발인의 '근거'는 다음과 같다. "아들이 아직 피후견 소년이었을 때 부친은 자신과 자신의 아들을 위해 유언장을 남겼습니다. 그러므로 아들의 재산은 부친의 뜻에 따라 우리 소유가 될 수밖에 없습니다." 그 근거의 '반박'은 다음과 같다. "오히려 부친은 자신을 위해 유언장을 작성했고, 후순위 상속인을 지정한 것은 그의 아들을 위한 것이 아니라 자기 자신을 위한 것입니다. 그러므로 그 유언에 따라서는 오로지 아버지 소유였던 재산만이 당신들의 재산이 될 수 있습니다." '판단 사항'은 다음과 같다. "어떤 이가 피후견이 된 아들의 소유에 대한 유언장을 작성할 수 있습니까? 또는 후순위 상속인들은 단지 가부장 자신의 상속인입니까? 가부장의 미성년 아들의 상속인도 되는 것 아닙니까?"

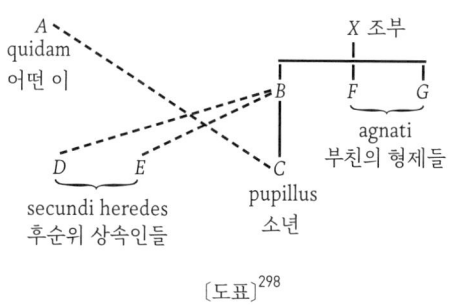

[도표]²⁹⁸

63 많은 사안에 해당하는 바를 여기에서 알려 주는 것이 바람직한데, 이는 그것이 어디서도 언급되지 않거나 아무데서나 언급되는 일이 없도록 하기 위함이다. 쟁점이 단일한데 근거는 다수인 사안들이 있다는 말이다. 이런 일은, 바로 이 사안에서처럼 행해진 것이나 변호되는 것이 여러 이유로 인해 옳거나 개연적인 것으로 보일 수 있는 경우에 성립한다. 상속인들이 이러한 '근거'를 덧붙인다고 가정해 보자. "하나의 재산을 두고는 상이한 이유들로 인해 복수의 상속인이 있을 수 없고, 동일한 재산을 두고는 한 사람은 유언으로, 다른 사람은 법률로 상속인이 되는 경우는 한 번도 없었습니다." **64** 그것의 '반박'은 다음과 같을 것이다. "그것은 하나의 재산이 아닙니다. 그 이유는, 재산 일부는 피후견 소년이 이미 외부에서 획득한 것인데[299] 피후견 소년에게 무슨 일이 일어날 경우를 대비해 유언장에 그의 상속인을 지정하지 않았기 때문입니다. 또 다른 재산 일부는 이제 막 사망한 부친의 의사가 매우 중요했는데, 그 재산은 미성년 아이가 사망한 후 이미 그의 상속인들에게 양도되었기 때문입니다." '판단 사항'은 하나의 재산이 있었는지 여부다. 또는 만일 부친의 형제들이 다른 식의 반박을 활용한다면, 즉 하나의 재산을 두고 여러 상이한 이유들로 인해 복수의 상속인이 있을 수 있고 바로 이 문제에 대한 분쟁이 일어난다고 하면, '판단 사항'은 다음과 같다. "동일한 재산에 대해 상속인이 여러 상이한 관점에 따라서 여러

명이 될 수 있습니까?" **XXII** 따라서 하나의 쟁점 안에 '근거들'과 그것들의 '반박들'과 그에 따른 '판단 사항들'이 어떻게 다수가 되는지 이해되었다.

65 이제는 '법무와 관련된 종'에 대한 지침을 살펴보자. 양측이나 또는 대립하는 모든 다수는 법이 어떤 부분들로 구성되는지 고려해야 한다. 법은 자연으로부터 비롯된 것으로 보인다.[300] 그런데 어떤 원리들은 유익이라고 하는, 우리에게 일부 자명하고 일부 모호한 이유로 인해 관습이 되었다고 생각한다.[301] 그 후, 어떤 원리들은 관습에 의해 승인되었거나 실제로 유익한 것으로 보였기에 법률에 의해 규정되었다.[302]

실로 자연법은 억견(臆見)이 아니라 어떤 타고난 힘이 우리에게 가져다 준 것인데, 이를테면 경외, 충효, 감사, 응징, 공경, 성실이 이에 해당한다. **66** '경외'는 신들에 대한 공포와 숭배를 의미하는 것이다. '충효'는 조국, 부모, 또는 혈연관계인 자에 대한 의무를 지키라고 권고하는 것이다. '감사'는 의무 수행들, 명예, 우정을 기억하고 그것들에 보답하는 것을 고려하는 것이다. '응징'은 방어나 복수를 통해 우리 자신과 우리에게 소중한 자들에게서 폭력과 모욕을 물리치고 범죄를 처벌하는 것이다. '공경'은 나이, 지혜, 명예, 지위에서 우리보다 앞선 자를 존경하고 숭배하는 것이다. '성실'은 우리가 확언했던 바와 다르게 어떤 일을 하지 않았거나 하지 않거나 하지 않으려고 노력하는 것이다. **67**

자연법 자체는 실로 이런 종류의 분쟁과 관련해서는 비교적 덜 탐구되는데, 그것이 시민법에 속하지도 않고 대중이 이해하기도 어렵기 때문이다. 하지만 비교를 위해서나 어떤 주제를 강조하기 위해서는 종종 자연법을 도입해야 한다.

관습에 의한 법은 오랜 세월에 의해 법률 없이 모두의 의지에 따라서 승인된 것으로 여겨진 것이다. 여기에는 오랜 세월을 거치며 이미 확정된 법들이 포함되어 있다. 이 종류에 속하는 다른 많은 법들의 대부분은 법무관들이 관례적으로 고시했던 것들이다.[303] 그런데 어떤 종류의 법들은 관습에 의해 확정되었는데, 이를테면 협약, 평등 원칙, 판례와 같은 종류다. **68** '협약'은 당사자들 사이에서 합법적인 것으로 간주되어 법에서 우선된다고 하는 것이다. '평등 원칙'은 만인에게 공평한 것이다. '판례'는 어떤 이나 어떤 이들의 견해에 의해 이미 결정된 것이다.

법률에 의한 법은 법률에 근거하여 인식해야 한다.[304]

그러므로 이러한 법의 구분을 바탕으로, 각각의 사안에서 사태 자체나 유사한 사태나 더 중요하거나 덜 중요한 사태로부터 생겨나는 바를 주목하고 법의 종류를 검토함으로써 그것을 도출해야 한다.

앞에서 말했듯이[305] 공통 논소는 두 가지 종류가 있다. 하나는 의심스러운 사태를 강조하는 것이고 다른 하나는 명백한 사태를 강조하는 것이기 때문에, 무엇이 사안 자체가 허용하는 것인지,

또 특히 공통 논소로써 무엇을 강조할 수 있고 또 무엇을 강조해야 하는지 고려하게 된다. 실로 모든 것에 부합하는 명백한 논소들에 대한 지침을 줄 수는 없다. 대부분 경우에 우리는 아마도 법률가의 권위에 찬성하거나 반대해야 할 것이다. 그런데 이 경우는 물론 모든 다른 경우에서도 사태 자체가 내가 제시하는 공통 논소들 이외에 다른 공통 논소들을 보여 주는 것은 아닌지 유념해야 한다.

이제는 사법과 관련된 유[306]와 그 하위 종들을 살펴보자.

XXIII 69 '사법과 관련된 유'는 형평과 불형평의 본성과 포상과 처벌의 원칙을 탐구하는 것인데,[307] 그것의 하위 종은 내재적인 것과 외재적인 것이다.[308]

'내재적인 것'은 '법무와 관련된 것'처럼 함축적이고 은밀하지 않지만, 그 자체만으로 더 분명하고 용이하게 옳음과 그름의 문제를 다룬다. 예를 들어, 테바이인들은 전쟁에서 라케다이모니아인들을 물리쳤다.[309] 서로 전쟁을 해서 승전한 쪽이 승리를 기념하기 위해 영토에 승전 기념물을 세우는 것은 희랍인들의 전통이다시피 했는데, 이는 영구적으로 기억하기 위한 것이 아니라 오직 현재의 승리를 알리기 위한 것이었다. 테바이인들은 청동 승전 기념물을 세웠다는 이유로 희랍인들의 공동 협의체인 암피크튀오네스[310]에 고발되었다. **70** '고발 내용'은, "그렇게 해선 안 되었습니다"이다. 그것의 '부인'은 "그렇게 해야만 했습니다"이다. '쟁점 질문'은 그렇게 해야만 했는지 여부이다. 피고인들의 '근거'는 다음과 같다. "우리는 용맹하여 전쟁에서 그렇게 영광을 얻었기에 우리 후손들에게 이 영광을 영원한 징표로 남기고 싶었습니다." 그것의 '반박'은 "그럼에도 희랍인들이 희랍인들에게 적대적인 영원한 기념물을 세워서는 안 됩니다"이다. '판단 사항'은 다음과 같다. "희랍인들이 그들 자신의 아주 큰 용맹을 기념하기 위하여 희랍인들에게 적대적인 기념물을 세웠다고 할 때, 그들의 행동은 옳았습니까, 그릇되었습니까?" 위와 같은 피고인들의 '근거'를 제시한 이유는 내가 논의하고 있는 바로 이 사안의 종류를 이해시키려 하기 때문이다. 또 "당신들(스파르타인들)은 정의롭지도 않고 경건하지도 않은 전쟁을 일으켰기 때문입니다"라고 피고인들의 '근거'를 내가 덧붙였다면, 나중에 논의할[311] '역고발'로 넘어갔을 것이다.[312] 그런데 이 사안에 이 두 가지 '근거'가[313] 해당함은 자명하다. 이 사안에 대한 논거들은 앞에서 언급했던[314] '법무와 관련된 사안'과 동일한 논소들에서 취해야 한다.[315]

71 많은 중요한 공통 논소들은, 분개와 한탄의 여지가 있다면 사안 자체로부터, 또 사안의 엄중함이 요청하는 것으로 보인다면 법률의 유익과 본성으로부터 취해도 되고, 또 그렇게 해야 한다.

XXIV 이제는 '사법과 관련된 유'의 외재적인 종을 살펴보자. 이 외재적인 종은 행위 사실이 그 자체로는 인정될 수 없지만,

밖에서 가져온 논거를 연결하여 변호하는 것이다. 그것은 비교(比較), 역(逆)고발, 전가(轉嫁), 자인(自認)의 종으로 나눠진다.[316]

72 '비교'는 그 자체로는 인정될 수 없는 행위 사실을, 그것이 행해진 이유에 비추어 변호하는 것이다. 예를 들어, 어떤 지휘관[317]이 적들에게 포위되어 도저히 노방칠 수 없어서 적들과 협상해서 무기와 물자를 남겨 두고는 병사들을 이끌고 나왔다. 그는 무기와 물자를 잃었지만 예상외로 병사들의 목숨을 구했다. 하지만 그는 대역죄로 기소된다. 여기서는 정의(定義)가 문제가 되지만,[318] 우리가 논의하고 있는 주제만을 살펴보기로 하자. **73** '고발 내용'은 "무기와 물자를 남겨 두어서는 안 되었습니다"이다. 그것의 '부인'은 "그렇게 해야 했습니다"이다. '쟁점 질문'은 그렇게 해야만 했는지 여부다. 피고인의 '근거'는 "내가 그렇게 했습니다. 그렇게 하지 않았다면, 모든 병사가 죽었을 것이기 때문입니다"이다. 그것의 '반박'은 "병사들은 죽지 않았을 것입니다"라는 추정과도 관련되어 있다. 또 "당신이 병사를 구하기 위해서 그렇게 한 것은 아닙니다"라는 또 다른 추정과도 관련되어 있다. 〔여기에서 나온 '판단 사항'은 "병사들이 죽었을 것입니까?"와 "그가 그런 이유로 그렇게 했습니까?"이다.〕[319] 그런데 지금 필요한 논의는 '비교'와 관련된 반박이다. 예를 들어, "그런데 무기와 물자를 적에게 넘기는 것보다 병사를 잃는 것이 분명 더 낫기 때문입니다." 이로부터 '판단 사항'이 나온다. "그렇게 협정을 맺지

않으면 모든 병사가 죽게 된다고 할 때, 병사들을 잃는 것이 이 조건에 응하는 것보다 더 나았을 것입니까?"

74 '비교'와 관련된 사안은 고유한 논소들로 다루어야 하고 나머지 쟁점의 원리와 지침도 적용해야 한다. 그리고 피고인들이 고발된 행위와 비교하는 것은 특히 추정을 통해서 반박해야 한다. 이 반박은 두 가지 경우에 성립된다. 고발된 행위를 하지 않았다면 일어났을 거라고 변호인들이 주장하는 일이 실제로는 일어나지 않았을 것임을 주장하는 경우이거나, 또는 피고인 자신이 주장하는 바와는 다른 방식과 동기로 그 일이 행해졌음을 보여 주는 경우다. 이러한 사태를 확증하는 것과 마찬가지로 상대방을 반박하는 것도 '추정의 쟁점'에서 취하게 된다. 그런데 대역죄로 고발된 이 사안에서처럼 특정한 죄목으로 재판에 회부된다면, 정의(定義)와 그 지침을 활용해야 한다.

XXV 그래서 '비교'에서는 추정의 쟁점은 물론 정의의 쟁점도 모두 활용해야 하는 일이 자주 발생한다. 그런데 다른 쟁점이 관련되는 경우라면, 그것을 위한 지침을 유사한 방식으로 여기에 적용해도 된다. 고발인은 피고인이 인정되어야 한다고 여기는 근거가 되는 바로 그 행위를, 가능한 한 많은 근거를 대면서 반박하려고 매우 힘써야 하기 때문이다. 이 일은 고발인이 가능한 한 많은 쟁점을 이용하여 그 행위를 부인하려고 한다면 수월할 것이다.

75 '비교' 자체를 다른 종류의 논쟁과 구분하여 그 고유한 의미에서 고려하는 것은, 비교되는 대상이 훌륭하지 않았거나 유익하지 않았거나 불가피하지 않았음을 제시하는 경우이거나,[320] 또는 그만큼 유익하지 않았거나 그만큼 훌륭하지 않았거나 그만큼 불가피하지 않았음을 제시하는 경우다.

다음으로 고발인은 자신이 고발하는 것과 변호인이 비교하는 것을 분리해야 한다. 그것이 가능하려면 그 일이 보통 그렇게 일어나지도 않고, 또 그렇게 일어나서도 안 된다는 것을 보여 주어야 하고, 또 예를 들어, 병사들을 구조할 목적으로 그들의 구조를 위해서 준비된 것들을 적에게 넘겨주는 것처럼 하나가 다른 하나로 인해 일어날 근거가 없다는 것을 제시해야 한다. 다음으로, 고발인은 이익과 손해를 비교해야 하고,[321] 또 일반적으로는 고발된 행위와, 변호인이 칭찬하고 행해져야 했다고 제시하는 행위를 대비하여 그 의미를 축소함으로써 손해의 크기를 더 부각해야 한다. 이는 피고인이 회피한 행위가 피고인이 행한 행위보다 더 훌륭하거나 더 유익하거나 더 불가피했음을 제시하는 경우에 가능하다. **76** 그런데 훌륭함, 유익함, 불가피함의 의미와 본성은 심의(審議)류 연설의 지침과 관련하여 탐구할 것이다.[322]

다음으로 비교에 대한 '판단 사항'은 마치 심의류 연설의 사안인 것처럼 밝히고 심의류의 지침에 따라서 말해야 한다. 위에서 설명한[323] '판단 사항'을 예로 들어 보자. "그렇게 협정을 맺지 않앉더라면 모든 병사가 죽게 되었을 것이니, 병사들이 죽는 것이 협정을 맺는 것보다 더 나은 일이었습니까, 아니었습니까?" 이 문제는 마치 그 사태가 일종의 심의 대상이 되는 것처럼 심의류 연설의 논소에 따라서 다루어야 한다.

XXVI 한편 변호인은 고발인이 다른 쟁점을 도입한 자리들에서 마찬가지로 이들 동일한 쟁점을 바탕으로 자신의 변호를 준비하겠지만, '비교' 자체에 해당하는 모든 다른 논소들은 그와 반대로 다루게 될 것이다.

77 고발인을 위한 공통 논소들은 다음과 같다. 추하거나 무익하거나 둘 다에 해당하는 행위를 실토하면서도 변명거리를 찾는 자에게 분개하며 그 행위의 추함과 무익함을 드러내는 것이다. 반면 피고인을 위한 공통 논소들은 다음과 같다. 어떤 행위가 어떤 의도로, 어느 시간에, 어떤 동기로 일어났는지 파악되지 않는 한, 그 행위가 무익하거나 추하다고 생각해선 안 되고 또 반대로 그것이 유익하거나 훌륭하다고 생각해서도 안 된다는 것이다. 이 논소는 그렇게 공통적이니 잘 다루게 된다면 이 사안에서 엄청난 설득력을 갖게 될 것이다. 또 두 번째 공통 논소는 유익과 훌륭함과 불가피함에 비추어 선행의 위대함을 크게 강조하며 제시하는 것이다. **78** 세 번째 공통 논소는 사건을 말로 표현하여 청자들의 눈앞에 그려 주는 것이다. 그래서 만일 청자들이 같은 상황에 처해서 같은 시간에 같은 행위 동기를 가졌다면, 그들 자

신도 그렇게 똑같이 행동했을 거라고 믿게 될 것이다.

'역고발'은 피고인이 고발된 행위를 인정하지만 다른 이의 범죄에 자극되어 정당하게 행했음을 제시하는 것이다.[324] 그 사례는 다음과 같다.[325] 호라티우스는 쿠리아티우스 세 형제를 죽였지만 자신의 두 형제를 잃고 나서 승리자로 집에 돌아왔다. 그의 누이가 형제들의 죽음은 슬퍼하지 않고, 그녀의 약혼자 쿠리아티우스의 이름을 계속 부르고 신음하며 통곡하고 있는 것을 보았다. 이에 분개한 나머지 그 처녀를 살해했다. 호라티우스는 기소된다. **79** '고발 내용'은 "당신은 불의하게 누이를 살해했습니다"이다. 그것의 '부인'은 "내가 그녀를 살해한 것은 정당했습니다"이다. '쟁점 질문'은 "그가 그녀를 살해한 것이 정당합니까?"이다. 피고인의 '근거'는 다음과 같다. "그녀는 우리 원수들의 죽음은 애도했으나 자기 형제들의 죽음은 경시했습니다. 그녀는 나와 로마인의 승리에 언짢아했습니다." 고발인의 '반박'은 "그럼에도 그녀가 유죄판결을 받지 않고 형제에게 살해되는 것은 부당합니다"이다. 여기에서 '판단 사항'이 나온다. "호라티아가 그녀 형제들의 죽음을 경시했고 그녀의 형제들과 로마인의 승리에 기뻐하지 않은 반면, 우리 적들의 죽음은 애도했다고 할 때, 그녀가 유죄판결도 받지 않고 자신의 형제에게 살해되는 것이 정당합니까?"

XXVII 이 종류의 사안에서는 '비교' 부분에서[326] 지침을 주었듯이, 우선 다른 쟁점들에서 취할 것이 있다면 취해야 한다. 그러고 나서 기회가 된다면, 어떤 쟁점을 사용하여 범죄가 옮겨진 저 사람(호라티아)을 변호해야 한다. **80** 다음으로 피고인이 타인에게 옮기는 범죄가 피고인 자신이 고발된 범죄보다 더 가볍다는 것을 보여 줘야 한다. 그러고 나서 이전(移轉)의 종들을 사용하여, 누구에 의해, 어떤 이들을 통해서, 어떤 방법으로, 어느 시간에 그 사건에 대해 소가 제기되거나 판결되거나 결의되는 것이 합당한지 보여 주고 이와 동시에 재판을 받기 전에는 형벌을 가해서는 안 되었음을 보여 주어야 한다. 다음으로 피고인이 자력으로 처벌했던 범죄가 관습과 재판에 따라서 처벌받을 수 있도록 하는 법률과 재판을 제시해야 한다. 그러고 나서 고발인은 피고인이 상대방에게 제기하는 고발을 경청하지 말아야 한다고 주장해야 하는데, 왜냐하면 남에게 범죄를 옮기는 피고인 자신은 그 범죄에 대한 재판이 열리는 것을 원하지 않았기 때문이다. 그리고 고발인은 어떤 판결도 내려지지 않은 행위를, 일어나지 않은 행위로 간주해야 한다고 주장한다.[327]

81 고발인은 다음으로 심판인들도 없이 직접 단죄된 자(호라티아)를, 이제 와서 심판인들 앞에서 고발하고 이미 직접 처벌된 자에 대한 재판을 진행하는 자들이 파렴치하다는 점을 제시해야 한다. 다음으로 만일 심판인들이 피고인은 물론 피고인이 고발한 자에게도 판결을 내린다면, 재판이 혼란에 빠지게 되고 심판

인들이 그들 자신의 권한을 한참 넘어서게 된다고 주장해야 한다. 다음으로 사람들이 범죄를 범죄로, 불의를 불의로 보복하는 것이 결의된다면, 얼마나 큰 손해가 뒤따르겠는가? 그리고 만일 지금 고발인이 피고인과 똑같은 행동을 하려고 했다면,[328] 이 재판은 전혀 필요하지도 않았을 것이다. 그런데 다른 이들도 실로 이와 똑같은 행동을 하게 된다면, 분명 어떤 재판도 존재하지 않게 될 것이다.

82 다음으로 비록 피고인에 의해 고발된 자(호라티아)가 실로 재판에서 유죄판결을 받았다고 하더라도, 피고인 자신이 그녀를 처벌할 수 없었을 것임을 제시할 것이다. 그래서 비록 그녀가 유죄판결을 받았더라도 그녀를 결코 직접 처벌할 수 없었을 자가, 재판에 회부조차 되지 않은 그녀를 처벌했다는 사실이 부당함을 제시할 것이다. 다음으로 피고인이 그렇게 행동하게 된 준거가 된 법률을 밝혀 달라고[329] 요구할 것이다. 다음으로 내가 '비교' 부분에서, 고발인이 비교 대상을[330] 최대한 축소해야 한다는 지침을 주었던 것처럼, 그렇게 이 사건에서도 고발이 옮겨진 자(호라티아)의 잘못을, 자신이 적법하게 행했다고 주장하는 자(호라티우스)의 악행과 비교해야 할 것이다. 다음으로 저 행위(호라티아의 행위)는 이 행위(호라티우스의 살인)가 일어나게 할 만한 행위가 아니라는 점을 제시해야 한다. 마지막으로 '비교'의 경우에서처럼 '판단 사항'을 도입하고 그것을 심의류 연설의 지침에 따라서[331]

강조하여 주장한다.

XXVIII 83 반면 변호인은 다른 쟁점들을 통해서 도입되는 논거들을, 이미 전수된 논소들을 이용해서 반박할 것이다. 그런데 '역고발' 자체를 입증하기 위한 방법은 우선 자신이 비난하고 있는 자의 잘못과 무모함을 부각하고, 사정이 된다면 심판인의 눈앞에 보여 주는 방식으로 한탄을 섞으며 가능한 한 가장 크게 분개하고, 다음으로는 저자가 마땅히 받아야 하는 벌보다 더 가볍게 자신이 그자를 처벌했음을 제시하고, 직접 가한 처벌과 저자의 불의를 비교하는 것이다. 그리고 나서 변호인은 고발인의 논거들을, 그것들을 논박하고 자신에게 유리하게 바꿀 수 있도록 정반대의 논리로 반박해야 할 것이다. 이 종류에는 고발인이 제시한 마지막 세 논거들이 해당한다.[332] **84** 그런데 유죄판결을 받지 않은 자를 처벌하는 권한이 주어진다면 모든 재판이 혼란스러워진다고 지적하는 고발인들의 가장 통렬한 고발을 완화하기 위해서는 우선 그 불의가 유덕한 사람은 물론 자유인 그 누구에게도 용납될 수 없음을 제시해야 한다. 다음으로 그 불의가 자명하기에 그 짓을 저지른 자라도 이의를 제기할 수 없고, 또 그것은 처벌한 자가 가장 마땅하게 처벌해야 하는 불의라는 것을 제시해야 한다. 그리고 그 사건이 재판에 넘겨지는 것은, 피고인이 복수했던 방식으로 복수하는 것만큼 그렇게 옳지도 훌륭하지도 않음을 제시해야 한다. 다음으로 그 불의가 너무 명백해서 그것에 대한 재판 절차가 시작되는 것이 무의미함을 제시해야 한다. **85** 여기에 근거들과 유사한 사건들을 들면서, 많은 사건들이 너무나 잔혹하고 명백하기 때문에 재판이 당장 열리기를 기다릴 필요도, 쓸모도 없음을 제시해야 한다.

고발인을 위한 공통 논소는, 고발된 범죄를 부정할 수 없는데도 재판을 교란함으로써 자신을 위해 어떤 희망을 품는 자를 겨냥한다. 여기에서는 재판의 유익함을 제시하고 유죄판결을 받지 않고 처벌받은 자를 한탄하고, 처벌한 자의 무모함과 잔혹함에 분개하는 것이다.

86 반면 변호인은 자신의 처지를 한탄하며 자신이 처벌한 자의 무모함을 겨냥하고[333] 행위 자체의 명칭이 아니라 행한 자의 의도와 동기와 정황을 근거로 삼아서 사건을 고려해야 한다고 주장하는 것이다. 또한 만일 그렇게 명백한, 대단히 무모한 짓이, 자기 명성이나 부모나 자녀나, 모두에게 소중할 수밖에 없고 또 그렇게 되어야 하는 일에 관여하는 자에 의해서 처벌받지 않는다면, 이러한 불의나 범죄로부터 어떤 해악이 발생하는지 보여 주는 것이다.

XXIX '전가'는 불법행위와 관련해 상대방이 제기한 고발 내용이 다른 사람이나 다른 것으로 옮겨지는 것인데, 때로는 책임이, 때로는 행위 자체가 옮겨지는 두 가지 방법이 있다.[334]

87 '책임'이 전가되는 사례는 다음과 같다. 로도스인들은 아테

나이 파견 사절단으로[335] 어떤 이들을 임명했다. 재무관들은 사절들에게 마땅히 주어야 하는 출장 경비를 주지 않았다. 사절들은 출발하지 않았다. 사절들이 고발된다. '고발 내용'은 "사절들이 출발했어야 했습니다"이다. 그것의 '부인'은 "출발해선 안 되었습니다"이다. '쟁점 질문'은 그렇게 해야만 했는지 여부다. 피고인의 '근거'는 "공적 자금에서 늘 지급되는 출장 경비를 재무관이 지급하지 않았기 때문입니다"이다. 그것의 '반박'은 "그럼에도 당신들은 공적으로 부여된 임무를 수행했어야 했습니다"이다. '판단 사항'은 "공적인 자금으로 지급해야 하는 출장 경비가 사절들에게 지급되지 않았다고 할 때 그들은 사절의 직무를 다해야 합니까?"이다.

'전가'에서는 나머지 종류들에서와 마찬가지로 우선 추정의 쟁점이나 다른 쟁점에서 무엇을 취할 수 있는지 살펴봐야 하고, 다음으로는 이 사안에도 '비교'와 '역고발'[336]에서 취한 대부분을 적용할 수 있다.

88 고발인은 행해진 일에 잘못이 있다고 피고인이 지목하는 저 사람(재무관)을 변호할 수 있다면 변호하고, 그럴 수 없다면 이 재판은 저 사람의 잘못이 아니라, 자신이 직접 고발하는 이 사람(사절)의 잘못하고만 관련되어 있다고 말할 것이다. 그러고 나서 각자가 자기 의무를 마땅히 돌봐야 하고, 저 사람이 죄를 지었다고 하더라도 이 사람은 죄를 지어서는 안 되었다고 주장

할 것이다. 다음으로 저 사람이 법을 위반했다면, 그는 이 사람처럼 따로 고발되어야 하고 저 사람에 대한 고발이 이 사람에 대한 변호와 연관되어선 안 된다고 주장할 것이다.

반면 변호인은, 다른 쟁점들에서 발생하는 나머지 논점들을 다루고 나서는 전가 그 자체와 관련하여 이렇게 논증할 것이다. **89** 우선 누구의 잘못으로 그 일이 일어났는지 제시할 것이다. 다음으로, 그 일은 타인의 잘못으로 인해 일어났으니, 고발인이 마땅히 해야 했다고 주장하는 일은 피고인이 할 수 없었거나 해야만 했던 일은 아니었음을 보여 줄 것이다. 무엇을 할 수 있었는지는 불가피함의 의미가 섞여 있는 유익의 관점에서, 또 무엇을 해야만 했는지는 훌륭함의 관점에서 고찰할 것이다. 이 두 주제는 심의류 연설에서[337] 더 분명하게 다루고자 한다. 그리고 나서 변호인은 피고인이 자신의 권한에 속한 모든 일을 행했고, 합당함에 못 미치게 행한 일은 다른 이의 잘못으로 인해 일어났다고 주장할 것이다. **90** 다음으로 타인의 잘못을 설명하면서 피고인에게는 얼마나 많은 의지와 열의가 있었는지 제시해야 하는데, 이는 나머지 일에서의 그의 근면함과 과거의 말과 행동과 같은 증거를 대며 확증해야 한다. 자신에게는 그 일을 하는 것이 유익했지만 그 일을 하지 않는 것은 무익했고, 또 그 일을 하는 것이, 타인의 잘못으로 인해 그 일을 하지 않는 것보다 자신의 과거 삶과 더 잘 어울렸다고 주장해야 한다.

XXX 만일 책임이 특정 인물이 아니라 어떤 사태로 옮겨진다면, 이를테면 이 동일한 사안에서 재무관이 사망해서 출장 경비가 사절들에게 지급되지 못했다고 하면, 다른 이를 고발하거나 잘못을 부인할 수 없으니 다른 논소를 비슷하게 사용하고, 또 자인(自認)의 종들에서 적합한 논소를 취해야 할 것이다. '자인'은 앞으로 논의해야 하는 주제다.[338]

91 공통 논소들은 이미 논의한 외재적인 종들[339]과 마찬가지로 보통 고발인과 피고인 양측 모두에 해당할 것이다.[340] 그런데 아주 확실하게 사용되는 공통 논소는 다음과 같다. 고발인은 행위 사실에 대해 분개하고, 변호인은 자신이 아니라 다른 자에게 잘못이 있으니 자신은 벌을 받아선 안 된다고 주장한다.

'행위 자체'의 전가는, 피고인이 자신에게 가해진 비난을 부정하고 그것이 자신은 물론 자신의 의무와도 관련이 없었음을 주장할 때 성립한다. 또 피고인은, 비록 그 비난받는 행위가 범죄의 소지가 있다고 하더라도 그것이 자신에게 돌려져서는 안 된다고 주장한다. 이 종류의 사안은 다음과 같다. 언젠가 삼니움인들과 조약을 맺을 때[341] 어떤 귀족 청년이 사령관의 명을 받아서 희생 돼지를 붙잡았다.[342] 그러나 원로원이 그 조약을 비준하지 않아서 사령관이 삼니움인에게 (포로로) 넘겨졌을 때, 한 원로원 의원은 돼지를 붙잡았던 청년도 넘겨져야 한다고 주장했다. **92** '고발 내용'은 "그는 적들에게 넘겨져야 합니다"이다. 그것의 '부인'은 "그가 넘겨져서는 안 됩니다"이다. '쟁점 질문'은 그가 넘겨져야 하는지 여부다. 피고인의 '근거'는 다음과 같다. "그것은 내 의무도 권한도 아니었습니다. 나는 매우 어린 나이였고 일개 병졸이었고, 또 명예로운 조약이 제대로 체결되도록 유념할 자는 최고 권위와 권한을 가진 사령관이었기 때문입니다." 고발인의 '반박'은 다음과 같다. "하지만 당신은 중요한 종교의식으로 가장 불명예스러운 조약에 관여했으니 적들에게 넘겨져야 합니다." '판단 사항'은 어떤 권한도 없는 자가 사령관의 명령을 받고는 그렇게 종교의식으로 승인된 조약에 관여했다고 할 때, 그가 적에게 넘겨져야 하는지 여부다.

이 사안은 앞선 사안과는 차이가 있다. 즉, 저 앞선 사안(사절들에 대한 기소)에서는 피고인은 고발인이 마땅히 해야 했다고 주장하는 일을 했어야 했음을 인정하지만, 자신의 의지를 방해했던 원인을, '자인(自認)'의 종들을 사용해서[343] 어떤 것이나 어떤 인물로 돌리는 것이다. 나중에 이해하게 되듯이 '자인'의 종들이 더 큰 의미를 가지기 때문이다.[344] **93** 그런데 이 사안에서 피고인은 상대방을 고발하거나 다른 사람에게 잘못을 넘겨서는 안 되고, 문제의 행위가 자신과 자신의 권한 및 의무와는 관련이 없었거나 없다는 점을 제시해야 한다. 이 전가의 종류에는 고발인도 때때로 '전가'를 활용해서 고발하는 특이한 사례가 있다. 예를 들어, 집정관이 있는데도 인민들을 무장시켜 원정을 떠나려 했던 법무관을 고발한 경우다. 앞선 사례에서 피고인이 문제의 행위를 자신의 의무 및 권한과 분리했던 것처럼, 이 사안에서도 고발인 자신은 이 행위를 피고인의 의무와 권한과 분리하는 바로 그 방법을 사용해서 고발을 확증하는 것이다.[345] **94** 이 경우에 양측은 훌륭함과 유익의 모든 종들,[346] 사례들, 증거들, 유추를 통해서 각자의 권리와 의무와 권한이 무엇인지, 또 피고인에게 이러한 권리와 의무와 권한이 부여되었는지, 그렇지 않았는지 질문해야 한다.

그런데 비록 분개나 한탄의 여지가 있다고 하더라도 공통 논소들은 사태 자체로부터 취해야 한다.

XXXI '자인'[347]은 피고인이 행위 자체를 시인하지 않고 용서해 달라고 간청하는 것인데, 그것의 두 가지 종은 면죄(免罪)와 사죄(謝罪)다.[348]

'면죄'는 피고인이 자신의 행위 자체가 아니라 자신의 의도를 변호하는 것이다. '면죄'의 세 가지 종은[349] 부지(不知), 변고(變故), 불가피함이다.

95 '부지'[350]는 고발당한 자 자신이 무엇을 알았음을 부정하는 것이다. 예를 들어, 어떤 이들에게는 디아나 여신에게 송아지 제물을 바치는 것을 금지하는 법률이 있었다. 어떤 선원들이 깊은 바다에서 폭풍우에 휩쓸리고 있었을 때, 눈에 보이는 항구에 닿을 수만 있다면 그곳에 모셔진 신에게 송아지를 제물로 바치겠

다고 맹세했다. 우연하게도 그들이 닿은 항구에는 송아지 제물을 바치는 것이 금지된 디아나 여신의 신전이 자리하고 있었다. 그들은 그 법률을 알지 못한 채 상륙해서는 송아지 한 마리를 제물로 바쳤다. 그들은 고발된다. '고발 내용'은 "당신들은 송아지 제물이 금지된 신에게 그것을 바쳤습니다"이다. 그것의 '부인'은 '자인'에 기인한다. 피고인의 '근거'는 "금지된 것인 줄 몰랐습니다"이다. 고발인 측의 '반박'은 "그럼에도 당신들은 금지된 바를 행하였으니, 처벌을 받아야 합니다"이다. '판단 사항'은 어떤 이가 하지 말아야 할 일을 했지만 그 일을 해서는 안 된다는 것을 알지 못했다고 할 때, 그가 처벌을 받아야 하는지 여부다.

96 '변고'가 '자인'에 도입되는 것은 어떤 운명의 힘이 의도를 방해했음을 제시하는 경우다. 예를 들어, 라케다이몬인들의 법률에 의하면 희생 제의에 제물을 제공하지 않은 조달업자에게는 사형이 선고된다. 희생제의 날이 다가왔을 때 제물 공급자가 시골에서 도시로 가축을 몰기 시작했다. 그러고 나서 갑자기 큰 폭풍이 닥쳐오자, 라케다이몬 지역을 휘감아 도는 에우로타스 강물이 세차게 흐르며 불어나서 제물 공급자는 어떤 방법으로도 강 건너편으로 제물을 옮길 수 없었다. **97** 그는 자신의 의도를 보여 주기 위해서 강 건너편 사람들이 볼 수 있도록 동물을 강둑으로 이동시켰다. 그의 노력이 갑자기 불어난 강물에 가로막혔음을 모두가 알고 있었지만, 그럼에도 일부 시민들은 그자를 사

형죄로 고발했다.[351] '고발 내용'은 "당신이 제물로 공급해야 할 동물이 준비되지 않았습니다"이다. 그것의 '부인'은 일종의 '자인'이다. '근거'는 "강물이 갑자기 불어서 강을 건너지 못했습니다"이다. 고발인의 '반박'은 "그럼에도 당신은 법률이 정한 바를 행하지 않았으니 처벌받아야 합니다"이다. '판단 사항'은 갑작스러운 강물의 범람으로 인해 그 노력이 가로막혔던 이 사건에서 제물 조달업자가 법률을 위반했다고 할 때 그가 처벌받아 마땅한지 여부다.

XXXII 98 '불가피함'이 도입되는 것은 피고인이 자신이 한 일을 어떤 외력으로 인해 그렇게 했다고 변호하는 경우다. 예를 들어, 로도스 섬[352]에는 충각(衝角)을 장착한 배가 항구에 나포될 경우 국가 재산으로 몰수한다는 법률이 있었다. 심해에서 거센 폭풍이 몰아쳤을 때, 배는 선원들의 의도와 달리 바람의 힘으로 인해 로도스 항구로 몰렸다. 재무관[353]은 그 배를 인민의 재산이라고 부르지만, 선주는 그것이 국가 재산으로 몰수되어서는 안 된다고 주장한다. '고발 내용'은 "충각을 장착한 배가 항구에 나포되었습니다"이다. 그것의 '부인'은 일종의 '자인'이다. '근거'는 "우리는 외력으로 인해 불가피하게 항구로 몰렸던 것입니다"이다. 고발인의 '반박'은 "그럼에도 법률에 따라서 배는 인민의 재산이 되어야 합니다"이다. '판단 사항'은 법률에 따라서 항구에 나포된, 충각을 장착한 배를 몰수했지만, 선원들이 의도한 게 아니라 폭풍의 힘에 의해 이 배가 항구로 몰리게 되었다고 할 때, 그 배가 몰수되어야 하는지 여부다.

99 이처럼 '부지', '변고', '불가피함'이라는 세 가지 종류의 사례를 한 곳에 모은 이유는, 그것들에 대한 유사한 논증 지침이 선수되기 때문이다. 이 모든 사례에서, 우선 사정이 허락한다면, 고발인은 어떤 혐의점을 들어서 피고인이 자발적으로 하지 않았다고 하는 그 일이 그가 의도적으로 한 일이었음을 제시하기 위해서 추정[354]을 도입해야 한다. 다음으로, 고발인은 '불가피함'이나 '변고'나 '부지'의 정의를 도입하고, 이들의 정의에 '부지'나 '변고'나 '불가피함'이 있어 보이는 사례들을 연결해야 한다. 그리고 이 사례들과 피고인이 끌어들이는 사례를 분리해야 한다. 즉 그것은 모르는 일도, 변고에 의한 일도, 불가피한 일도 아니었다는 점에서 그것들이 서로 유사하지 않음을 보여 주어야 한다. 다음으로 고발인은 피고인이 그 일을 피할 수 있었음을 보여 주어야 한다. 만일 그가 이 일이나 저 일을 했다면 숙고하여 예상할 수 있었거나, 또는 만일 그가 이 일이나 저 일을 하지 않았다면 예방할 수도 있었음을 보여 주어야 한다. 나아가 고발인은 정의(定義)의 방법을 사용하여 그 일을 '부지'나 '변고'나 '불가피함'이 아니라 '게으름'이나 '부주의'나 '어리석음'이라고 불러야 함을 보여 주어야 한다. **100** 그런데 추한 일이 불가피하게 수반되는 것으로 보인다면, 고발인은 공통 논소를 연결하여 반박하며 그러한

불가피함에 복종하기보다는 무슨 일이라도 견디는 것, 마침내는 죽는 것이 더 나았을 것임을 제시해야 한다. 또한 고발인은 '법무와 관련된 종'[355]에서 말한 논소를 활용하여 법과 형평의 본성에 대해서 질문해야 하고, 또 사법과 관련된 유의 내재적인 종에서처럼[356] 이것 자체를 다른 모든 것과 분리하여 독립적으로 고찰해야 한다. 이 자리에서 기회가 된다면, 대비를 활용하여, 유사한 변명을 했지만 용서받지 못한 자들의 사례를 인용하며 이들이 더 용서받을 만했다고 주장해야 한다. 그리고 상대방이 저지른 저 행위를 묵인하는 것이야말로 추하거나 무익하다는 심의류의 논거를 사용해야 한다.[357] 만일 처벌할 권한이 있는 자들이 그 일을 무시한다면, 이는 매우 위중하여 큰 피해를 줄 것이라고 말이다.[358]

XXXIII 101 변호인은 이 모든 논거를 전환하여 사용할 수 있다. 그런데 특히 자신의 의도를 변호하고 그 의도를 방해한 상황을 강조하는 데 공을 들여야 할 것이다. 그리고 자신이 한 것보다 더 이상 할 수 없었다는 것, 모든 상황에서 의도를 주목해야 한다는 것, 자신은 죄와 관련 없기에 유죄판결을 받을 수 없다는 것, 자신의 이름으로 인간의 공통적인 나약함이 단죄될 수 있다는 것, 마지막으로는 죄 없는 자가 처벌을 면하지 못하는 것보다 더 부당한 일은 없다는 것을 주장할 것이다.

공통 논소들은 다음과 같다. 고발인은 피고인의 자백을 겨냥하고, 행위가 아니라 행위의 변명을 조사하기로 한다면 그가 죄를 지을 가능성이 얼마나 많이 남아 있는지 지적할 것이다. **102** 변호인은 자신의 잘못이 아니라 매우 강력한 힘으로 닥쳤던 재앙과 운명의 힘과 인간의 나약함을 한탄하고, 결과가 아니라 자신의 의향을 고려해 달라고 한탄한다. 여기에선 자신의 고난을 한탄하고 적들의 잔인함에 대해 분노해야 한다.

이들 사례나 다른 사례들에 문서에 대한 논쟁이 결부되어 있더라도 결코 놀라서는 안 된다. 이 쟁점에 대해서는 내가 나중에 따로 설명해야 하는데,[359] 왜냐하면 어떤 사안들은 단적으로 그것들의 고유한 의미에 따라서 고찰되지만, 다른 사안들은 다른 종류의 논쟁도 끌어들이기 때문이다. **103** 그러므로 모든 것을 인식하고 나면 각각의 논쟁의 종류에 해당하는 것을 개별 사안에 옮기는 일은 어렵지 않을 것이다. 이를테면 '자인'의 모든 사례들에는 문언과 의도의 논쟁이라고 불리는 문서에 대한 논쟁이 들어 있다. 그런데 내가 '자인'에 대해 언급하며 이에 대한 지침들을 주었으니 '문언과 의도'[360]에 대해선 다른 자리에서 설명할 것이다. **XXXIV 104** 이제는 '자인'의 두 번째 종을 살펴보자.

'사죄(謝罪)'[361]는 행위 사실을 변호하지 않고 용서를 구하는 것이다. 재판에서 '사죄'는 거의 받아들여질 수 없는데, 왜냐하면 범행이 인정되고 나면 범행을 처벌해야 하는 자에게 용서를 얻어내는 일이 어렵기 때문이다. 그러므로 비록 사안이 '사죄'에 달려 있지 않더라도 그것을 활용해도 된다. 예를 들어, 국가에 많은 선행을 했던 저명하거나 용감한 인물을 변호하는 경우는, '사죄'를 활용하지 않는 것처럼 보이면서도 다음과 같이 사죄를 활용할 수 있다. "심판인 여러분, 만약 이 사람이 자신의 선행에 대한 보답으로, 그리고 항상 여러분에게 가졌던 열의에 대한 보답으로, 이처럼 곤란한 상황에서 그가 자신의 많은 올바른 행위를 이유로 여러분에게 하나의 과오를 용서해 달라고 요청한다면, 그가 요청하는 바를 여러분이 들어주는 것은, 심판인 여러분, 여러분의 관대함에도 어울리고 또 이 사람의 덕에도 어울리는 일이 될 겁니다." 다음으로 특히 그의 선행을 부각하며 공통 논소에 기대어 심판인들이 용서하는 마음을 갖도록 유도해도 된다.

105 따라서 '사죄'는 어느 부분을 제외하고는 재판에서 사용되지 않지만, 그럼에도 때때로 바로 그 부분이 도입되어야 하고 또 종종 원로원이나 평의회에서는 독점적으로 다루어져야 하기 때문에 이에 대해서도 지침을 주려고 한다. 예를 들어, 원로원에서는 쉬팍스[362]에 대해서 오랫동안 심의했다. 또 루키우스 오피미우스와 그의 평의회에서는 퀸투스 누미토리우스 풀루스[363]에 대해서 논의했는데, 특히 후자의 사례에서는 심리해 달라는 요청보다는 용서해 달라는 간청이 더 효과적이었다. 왜냐하면 그가 추정의 쟁점을 사용하면서 항상 자신이 로마 인민에게 호의적이었음을 입증하는 일은, 사죄의 부분들을 적용하면서 미래의 공

헌을 근거로 자신을 용서해 달라는 간청만큼 쉽지 않았기 때문이다.[364]

XXXV 106 그래서 자신을 용서해 달라고 간청하는 자는, 자신의 선행이 무엇이든 그것을 언급할 수 있다면 그렇게 해야 하고, 또 가능하다면 선행이 자신이 저질렀던 잘못보다 더 크다는 점을 보여 주어야 한다. 그러면 자신이 악한 일보다는 선한 일을 더 많이 행한 것으로 보이게 된다. 다음으로 그의 조상의 선행이 있었다면 그것도 드러내야 한다. 다음으로 그가 했던 일이 증오심이나 잔인함으로 행한 것이 아니라, 어리석음이나 누군가의 선동이나 어떤 훌륭하거나 그럴듯한 이유로 행한 것임을 보여 주어야 한다. 그러고 나서 이 과오를 통해서 깨우치고는 자신을 용서한 자들의 선행에 격려되어, 앞으로는 언제나 그러한 행동 방식을 멀리하겠다고 약속하고 확증해야 한다. 그리고 어떤 위기 상황이 닥치게 되면, 자신에게 호의를 베푼 이들에게 쓸모 있는 사람이 될 거라는 기대를 심어 주어야 한다. **107** 그러고 나서 기회가 된다면, 그가 위대한 인물들과 혈연관계이거나 조상 대대로 각별한 친구였음을 보여 주고, 자기 선의의 진지함과 가문의 고귀함과, 자신의 안녕을 바라는 자들의 위엄을 보여 줘야 한다. 또한 훌륭함과 위대함을 추구하기 위해 인물들에게 부여된 기타 자질을 그도 지니고 있다는 사실을, 오만하지 않게 한탄하며 보여 주어야 한다. 그러면 그가 처벌이 아니라 명예를 받아 마땅하다는 인상을 주게 될 것이다. 다음으로 더 위중한 잘못을 했음에도 용서받았던 이들을 거명해야 한다. 그리고 그가 관직에 있을 때 자비를 베풀어 용서하는 성향이 있었음을 보여 준다면 매우 큰 도움이 될 것이다. 또한 바로 그 범행을 축소하여 그 손해가 아주 미미했음을 보여 주어야 하고, 또 이와 같은 사람을 처벌하는 것은 추하거나 무익한 일임을 제시해야 한다. **108** 다음으로는 1권에서 설명된[365] 지침에 따라서 공통 논소를 활용하여 연민의 감정을 불러일으키려고 노력해야 한다.

XXXVI 그러나 상대방은 특히 피고인의 악행을 부각할 것이다. 피고인이 어떤 일도 부지(不知)로 행한 것이 아니고 모든 일을 악의로 잔인하게 행했으며, 무자비하고 오만했다고 주장할 것이다. 그리고 가능하다면 피고인이 항상 적대적이었고 결코 친구가 될 수 없었음을 보여 줄 것이다. 만일 피고인이 선행들을 언급하게 된다면, 선의가 아니라 어떤 다른 동기로 그렇게 했음을 제시할 것이다. 또는 나중에는 격렬한 증오를 품었음을, 또는 저 모든 것이 그의 악행에 의해 파괴되었음을, 또는 선행은 악행에 비하면 경미함을 제시할 것이다. 또는 만일 우리가 선행에 명예를 주었다면 악행에는 형벌을 가해야 함을 제시할 것이다. **109** 다음으로 용서하는 것은 추하거나 무익한 일임을 제시할 것이다. 다음으로 피고인을 처벌할 기회를 잡기를 자주 원했던 자들이 그를 처벌할 기회를 놓친다는 것은 매우 어리석은 일이고,

그리고 우리가 그에게 어떤 마음을 갖고 어떤 증오심을 품었는지 생각해야 함을 제시할 것이다.

한 편의 공통 논소는 악행에 대해 분개하는 것이고, 다른 편의 공통 논소는 악의가 아니라 불운으로 인해 곤경에 처한 이들을 불쌍히 여겨야 한다는 것이다.[366]

질(質)의 쟁점에는 그것의 부분들이 많아서 여기에 너무 오래 머물렀는데, 논의 대상이 다양하고 상이하여 독자가 마음이 산만해져 오류에 빠지지 않도록 하려면, '질의 쟁점'에 아직도 무엇이 남아 있고, 왜 그것이 남아 있는지 상기시켜야 할 것이다.

사법과 관련된 사안에서는[367] '형평'과 '불형평'의 본성은 물론 포상과 처벌의 원칙도 탐구한다고 말했다.[368] '형평'과 '불형평'이 문제가 되는 사안들은 내가 이미 설명한 바 있다.[369] **XXXVII 110** 이제는 포상과 처벌의 개념을 설명하는 일이 남아 있다. 포상을 청원하는 많은 사안이 있기 때문이다. 실로 심판인들 앞에서 종종 고발인이 포상받는 것에 대해 심의할 뿐만 아니라 원로원이나 위원회[370]에서 종종 포상을 청원하는 일도 있다. 그리고 원로원에서 다뤄지는 사례를 인용할 때도 내가 소송류의 사례에서 벗어난다고 생각해서는 안 된다. 어떤 인물을 칭찬하거나 비난하는 말이 무엇이든지, 비록 이 논의에 표결이 뒤따르더라도, 즉 표결을 통해서 다루어지더라도, 그것은 심의(審議)적인 것이 아니라, 한 인물을 판단하는 것이니 소송적인 것으로 간주해야 한다. 일반적으로는 모든 사안의 의미와 본성을 인식한 자는 사안들이 성질과 기본 구성 면에서 일치하지 않음을 이해하게 된다. 그런데 그 이외의 부분들에선 모든 사안이 서로 들어맞고 하나가 다른 하나와 연관되어 있음을 알게 될 것이다.

111 이제는 '포상'에 대해 살펴보자. 집정관 크랏수스[371]는 알프스 이쪽 갈리아 지방에서 어떤 무리를 추격해서 물리쳤다. 이들 무리는 유명한 지도자는 물론 정해진 지도자도 없었고 로마 인민의 적들로 불릴 만한 이름도, 인원도 없었지만, 침입과 약탈로 속주를 위험에 빠뜨린 자들이었다. 로마에 귀환한 크랏수스는 원로원에 개선 행렬을 요구했다. '사죄'의 경우처럼 여기에서는 근거들과 근거들의 반박을 부가함으로써 판단 사항에 도달할 필요는 없다. 어느 다른 쟁점이나 쟁점의 종이 나타나지 않더라도 '판단 사항'은 단순할 것이고, 또 전적으로 쟁점 질문 안에 포함되어 있을 것이기 때문이다. '사죄'에서의 '판단 사항'은 그가 처벌받아 마땅한지 여부이지만, 여기에서는 그가 포상받아 마땅한지 여부다.

112 이제는 포상(襃賞)의 문제와 관련된 논소를 제시할 것이다. **XXXVIII** 포상을 논하는 원칙은 공로, 포상받을 자, 포상의 종류, 포상 능력의 네 가지 영역으로 나누어진다.[372]

'공로'의 내용은 공로의 의미, 정황, 공로자의 의도, 우연의 관점에서 검토한다. '공로'의 내용은 우선 그 의미와 관련하여 질문한다. 그것이 큰 것인가 작은 것인가? 쉬운 것인가 어려운 것인가? 특별한 것인가 평범한 것인가? 그리고 참된 찬사나 거짓된 찬사로 영예를 받은 것인지 여부다. '정황'에 대한 질문은 다음과 같다. 우리가 궁핍할 때였는가? 또는 다른 이들이 도울 수 없었거나 도우려고 하지 않았을 때였는가? 또는 희망이 사라졌을 때였는가? 공로자의 '의도'와 관련해서는, 자신의 이익을 위해서 행한 것은 아닌지, 또 이를 성취할 수 있는 계획을 갖고 모든 것을 행했는지 여부를 질문한다. '우연'과 관련해서는, 요행이 아니라 노력으로 행한 것으로 보이는지, 아니면 그의 노력이 어떤 운에 의해 방해된 것으로 보이는지 살펴본다.

113 '포상받을 자'와 관련해서는 그가 어떤 방식으로 살았는지, 또 이 일에 어떤 비용을 들이거나 어떤 수고를 다했는지 고려한다. 그가 이전에 그러한 종류의 일을 한 적이 있는지, 그가 타인의 수고나 신들이 준 은혜에 돌아가야 할 포상을 자신의 것으로 요구하지는 않는지, 그러한 사유로는 누구도 포상을 받아선 안 된다고 그 자신이 주장한 적은 없는지 고려한다. 또는 그가 했던 일에 대해서 이미 충분하게 명예가 주어진 것은 아닌지, 또는 그가 했던 일은 불가피했던 일은 아닌지, 또는 그가 하지 않았더라면 처벌받을 만하지만, 그가 했다고 해도 포상받을 만하지 않은 행위의 종류는 아닌지, 또는 그가 미리 앞서서 포상을 요구하고, 불확실한 희망을 팔며 확실한 값을 받아내려는 것은

아닌지, 또는 그가 처벌을 피하기 위해 포상을 요구함으로써, 자신에 대해 선행 결정이 내려진 것처럼 보이게 하는 것은 아닌지 고려한다.

XXXIX '포상의 종류'에 대해서는 무엇이, 얼마만큼, 왜 요구되는지, 그리고 각각의 행위가 어떤 포상과 얼마나 큰 포상을 받을 만한지 조사한다. 다음으로 선대에서는 어떤 사람에게, 그리고 어떤 사유로 그러한 명예가 주어졌는지 질문한다. 다음으로 그러한 명예가 대중 사이에 너무 남발되어서는 안 된다고 주장한다. **114** 포상을 요구하는 자에게 반대하는 자를 위한 공통 논소가 있다. 첫째, 덕(德)과 의무에 대한 포상은 신성하고 고결해야 하고, 사악한 인간들이 가져서는 안 되고, 아주 평범한 자들에게 남발해서도 안 된다. 둘째, 덕에 대한 포상이 남발된다면 사람들이 덕을 추구하는 일이 덜할 것이다. 실로 드물고 힘든 일일수록 그것을 이루기 위한 노력이 아름답고 흡족한 것으로 나타나는 법이다. 셋째, 우리 조상 가운데 탁월한 덕을 실천했기에 그러한 명예를 받을 자격이 있는 인물들이 지금 되살아난다면, 이러한 자들이 그들과 동등한 포상을 받는 것을 보고는 자신들의 영광이 줄어든다고 생각하지 않겠는가? 그리고 과거 인물의 이름을 열거하며 우리가 포상하기를 반대하는 자들과 비교할 수 있다. 그런데 포상을 청원하는 자를 위한 공통 논소는 자신의 행위를 부각하는 것이고, 또 포상을 받은 자들의 행위를 자신의 행위와 비교하는 것이다. **115** 다음으로는 만일 자신이 어떤 포상도 받지 못한다면, 다른 이들은 덕의 추구를 단념할 거라고 덧붙인다.

'포상 능력'을 고려하는 것은 금전적인 포상이 요구되는 경우이다. 이를테면 토지나 세수(稅收)나 금전이 충분한지 또는 부족한지 고려하는 것이다. 공통 논소는 다음과 같다. 포상 능력을 감소시키지 말고 증가시켜야 한다. 그리고 공로에 대해 감사가 아니라 보수를 요구하는 것은 뻔뻔한 짓이다. 한편 반대 측 공통 논소는 감사 표시를 두고 논의할 때 금전적인 보상을 계산하는 것은 비루한 짓이라고 하는 것이다. 또 업적에 대한 대가가 아니라 관례대로 공로에 대한 명예를 요구하는 것이다.[373]

이상으로 쟁점들에 대해서는 이미 충분히 말했다. 이제는 문서에서 비롯된 논쟁을 논의해야겠다.

XL 116 문서에서 논쟁이 전개되는 것은 작성 방식으로 인해 의문점이 생겨나는 경우다. 이 논쟁이 일어나는 부분은 애매함, 문언과 의도, 법률의 상충, 유추, 정의(定義)다.[374]

'애매함'으로 인해 논쟁이 일어나는 것은 문서가 두 가지나 그 이상의 사태를 지시하기 때문에 작성자가 의미한 바가 무엇인지 분명하지 않은 경우다. 예를 들어, 한 가족의 가부장은 아들을 상속인으로 지명하면서 아내에게는 다음과 같이 은그릇 백 근을 유증했다. "내 상속인은 내 아내에게 은그릇 백 근을, 원하는[375]

바대로 주어야 합니다."[376] 그가 죽고 나서 어머니는 아들에게 화려하게 장식된 비싼 그릇들을 요구한다. 그러자 아들은 자신이 원하는 바대로 그녀에게 주어야 한다고 말한다.

우선 가능하다면 문서가 애매하게 작성되지 않았음을 제시해야 한다. 왜냐하면 화자가 입증하듯이 모든 이는 언어 습관상 사람들이 받아들여야 하는 의미로 단어나 어구를 사용하는 데 익숙하기 때문이다.

117 다음으로 문제가 되는 바가 문서의 앞뒤 맥락을 통해서 명료해짐을 알려 줘야 한다. 그러므로 단어들을 따로 분리하여 그것들 자체만을 고려한다면, 모든 또는 대다수 단어가 애매한 것으로 보이게 될 것이다. 그런데 문서 전체를 검토하고 나면 명료해지는 것을 애매하다고 판정해서는 안 된다. 다음으로 작성자가 어떤 의도를 가졌는지는 다른 문서들, 그의 행적, 언행, 성격, 생활로부터 추정해야 한다. 또 문제의 애매함이 들어 있는 문서 전체를 모든 부분에서 검토해야 하는데, 이를테면 우리 해석에는 무엇이 부합하는지, 또는 무엇이 상대방의 이해에 반하는지 말이다. 작성자가 무엇을 의도했을 법한지는 문서 전체, 작성자의 성격, 인물의 속성들을 바탕으로 쉽게 고찰할 수 있기 때문이다.[377]

118 다음으로 사태 자체로부터 어떤 기회가 주어진다면 우리가 이해하는 것이 상대방이 이해하는 것보다 훨씬 더 알맞게 적

용될 수 있다는 점을 제시해야 한다. 상대방의 이해는 관리되기도 어렵고 그 취지가 특정되기도 어렵지만, 우리의 주장은 쉽게, 또 알맞게 실행될 수 있기 때문이다. 예를 들어, 다음과 같은 법률이 있다고 가정해 보자―이해를 돕기 위해 가상의 사례를 들지 못할 이유가 없기 때문이다―. "매춘부는 금관을 소유해서는 안 된다. 매춘부가 그것을 소유한다면 국유재산이 되어야 한다."[378] 법률에 따라서 매춘부가 국유재산이 되어야 한다고 주장하는 자를 다음과 같이 반박할 수 있다. 매춘부를 국가 재산으로 관리할 방법도 없고, 매춘부를 국유재산으로 만드는 일은 법률의 취지에도 부합하지 않지만, 금관을 국유재산으로 만들어 관리하는 일은 법률의 취지에도 쉽게 부합하고 게다가 전혀 불편하지 않다는 것이다.

XLI 119 또한 상대방이 이해하는 바를 인정하게 된다면, 작성자가 더 유익하거나 더 훌륭하거나 더 필요한 것을 간과한 것은 아닐지 세심하게 유념해야 한다. 이를 위해서는 우리의 제안이 훌륭하거나 유익하거나 더 필요하다는 점을 제시해야 하지만, 상대방의 주장은 전혀 그러하지 않음을 주장해야 한다. 다음으로 만일 법률에서의 애매함으로 인해 논쟁이 일어난다면, 상대방이 이해하는 바가 이미 다른 법률에 규정되었음을 알리고자 노력해야 한다.[379]

120 그런데 만일 상대방의 해석이 이해되거나 적용되기를 작

성자가 원했다고 한다면, 어떤 방법으로 그가 작성해야 했을지 보여 주는 것이 매우 유용할 것이다. 예를 들어, 은그릇이 문제가 되는 사안에서는[380] 유언자가 상속인의 의사에 맡겼다면, "원하는 바대로"라는 말을 부기할 필요가 없었다고 그의 아내가 주장할 수 있다. 그 말이 부기되지 않았더라도, 상속인은 자신이 원하는 바대로 주었을 거라는 점은 의심의 여지가 없다. 그러므로 유언자가 상속인을 보호하기 위해서 그 말을 부기하는 것은 어리석은 짓이었다. 왜냐하면 그 말이 부기되지 않더라도 상속인은 당연히 보호받을 것이기 때문이다.

121 따라서 이러한 사안에서는 다음과 같은 문구를 잘 활용해야 한다. 예를 들어, "그는 이렇게 작성했을 겁니다" 또는 "그는 그 단어를 사용하지 않았을 겁니다" 또는 "그는 이 자리에 그 단어를 쓰지 않았을 겁니다." 이렇게 작성한다면 작성자의 의도가 가장 잘 드러나기 때문이다. 다음으로 어느 시점에 작성되었는지 질문하여, 그 시점에는 그가 무엇을 원했을 법한지 알아내야 한다. 나중에는 심의의 부분들[381]을 근거로 작성하는 자들과 그것을 승인하는 자들에게 무엇이 더 유익하고 무엇이 더 훌륭한지 제시해야 한다. 그리고 이를 바탕으로, 강조할 기회가 있다면 양측 모두는 공통 논소를 활용해야 한다.

XLII '문언(文言)과 의도(意圖)'에 대한 논쟁은 한쪽은 작성되어 있는 단어들만을 활용하고 다른 쪽은 작성자가 의미했다고 주장하는 것에 전체 진술을 연관 짓는 경우다.[382] **122** 그런데 '의도'에 기대어[383] 자신을 변호하는 자는 때로는 작성자의 의도가 항상 같은 것을 지향하고 같은 것을 원하고 있음을 제시할 것이다. 또 때로는 어떤 행위나 결과에 비추어 상황에 작성자가 작정한 바를 맞출 것이다.

작성자가 항상 같은 것을 지향하는 사례는 다음과 같다. 예를 들어, 아내가 있지만 자녀는 없는 가부장은, "나에게 한 명이나 여러 명의 아들이 태어난다면, 그가 내 상속인이 되어야 합니다"라는 유언을 남겼다. 다음으로 통상적인 문구가 이어지고 나서, "성년이 되기 전에 아들이 죽는다면, 아무개가 나의 후순위 상속인이 되어야 합니다"라고 말했다. 그런데 아들은 태어나지 않았다. 가부장의 형제들은 그의 아들이 성년이 되기 전에 사망한 경우라서 후순위 상속인과 법정 다툼을 벌인다.[384] **123** 이 사안에서는 작성자의 '의도'가 어떤 상황이나 어떤 결과에 반드시 부합한다고[385] 말할 수 없다. 왜냐하면 '문언'에 반대하는 자[386]가 단 하나의 가능한 의도만을 근거로 삼아서 자기 상속권을 변호하기 때문이다.

'의도'를 도입하는 자가 제시하는 또 다른 종류의 논거가 있다. 여기에서는 작성자의 의사(意思)가 모든 상황과 모든 행위에서 똑같은 의미를 가질 정도로 단순하지 않으니, 특정한 행위나 결과에 비추어 상황에 맞게 그 의사를 해석해야 한다고 주장한다.[387] 무엇보다도 이 논거는 (질적인 쟁점의) '사법과 관련된 유'의 '외재적인 종'[388]에 아주 크게 의존한다. 때때로 '비교'가 도입되기 때문이다. 예를 들어, 밤에는 성문을 여는 것이 법률로 금지되어 있었지만, 어떤 이가 전시에 성문을 열어서 지원 부대를 도시 안에 들인 경우다. 이는 적군이 성벽 근처에 진을 치고 있기에 그들이 성 밖에 머무르다가 적군에게 습격을 당하지 않게 하려는 것이었다. **124** 또 때때로 '역고발'이 도입되기 때문이다. 예를 들어, 전 인류의 보편 법률은 사람을 죽이는 것을 금지하고 있지만, 그럼에도 한 병사가 자신에게 폭행을 가하려 했던 직속 군사 호민관을 살해한 경우다.[389] 또 때때로 '전가'가 도입되기 때문이다. 예를 들어, 기한 내에 사절 업무를 위해 출발하는 것이 법률로 정해져 있었지만, 재무관이 출장 경비를 지불하지 않아서[390] 사절들이 출발하지 않은 경우다. 또 때때로 '면죄'를 통한[391] 자인이 다음과 같이 도입되기 때문이다. 예를 들어, 송아지 희생 제물의 사례[392]는 '부지'의 형태로, 충각을 장착한 배의 사례[393]는 '불가항력'의 형태로, 에우로타스 강이 범람한 사례는[394] 변고의 형태로 도입된다는 말이다. 요컨대 '의도'를 도입하는 이유는 작성자가 하나의 특정한 것을 의도했음을 제시하거나, 또는 그가 그러한 일과 시점에서 이것을 의도했음을 알려 주기 위해서다.

XLIII 125 '문언'을 옹호하는[395] 자는 보통 다음과 같은 모든 논소를 이용할 수 있으며, 항상 그것들 대부분을 활용할 수 있다.

우선 작성자를 칭찬해야 하고 작성된 것 이외에는 심판인들이 아무것도 고려해서는 안 된다는 공통 논소를 활용할 수 있다. 여기에 법으로 정한 문서, 즉 법률 전체나 법률 일부를 제시한다면 더욱 효과적이다. 다음으로 가장 효과적인 방법은 무엇이 작성되었고, 무엇이 행해졌고, 심판인이 무엇을 신서했는지 보여 주며 상대방의 행위나 의향을 '문언' 자체와 대비하는 것이다. 그리고 이 논소를 여러 방법으로 다양화해야 하는데, 때로는 무엇이 반박될 수 있는지 의아해하고, 때로는 심판인의 의무로 돌아가서 그 밖에도 그가 무엇을 더 들어주고 기대해야 하는지 질문한다. 또 때로는 바로 상대방을 마치 증인인 양 소개하는데, 그가 이렇게 작성된 내용을 부정하는지, 또는 상대방이 법률에 반해 행동했거나 그렇게 하려고 시도했음을 부정하는지 질문하는 것이다. 이 둘 중에서 하나를 감히 부정하려는 상대방은 더 이상 말문을 열지 않을 것이다. **126** 그런데 만일 그가 어느 쪽도 부정하지 않고 그럼에도 반박한다면, 누구라도 이자보다 더 파렴치한 인간은 없을 거라고 믿을 것이다. 이 경우에는 종종 문서로 작성된 것을 낭독하고 법률의 문언과 상대방의 행위를 대비하고, 때로는 심판인에게 예리한 시선을 돌리면서 마치 그밖에 더는 말할 필요도 없고 아무것도 결코 반박될 수 없는 것처럼 그렇게 유지하는 것이 좋을 것이다. 이 자리에선 심판인에게, 그가 무엇을 선서했는지, 또 그가 무엇을 준수해야 하는지 제시해야 한다. 그런데 심판인이 망설일 수밖에 없는 두 가지 이유는 그 무엇이 모호하게 작성되었거나 상대방이 혐의를 부인하기 때문이다. **XLIV 127** 문서가 명료하고 상대방이 모든 것을 인정하는 경우라면, 심판인은 법률을 해석하지 말고 법률에 복종해야 한다.

이 점을 확인하고 나서는 상대방(문언 반대자)의 반박 논거들을 해체해야 할 것인데, 상대방의 반박 논거는 두 가지다. 하나는 내가 사례로 들었던[396] 유언장에 대한 분쟁에서처럼 작성자가 작성한 것과 다른 것을 의미했음을 제시하는 것이다. 또 다른 하나는 왜 우리가 문언을 따를 수 없었는지, 또 왜 그렇게 해서는 안 되었는지 보여 주기 위해서 외재적인 원인[397]을 대는 것이다.

128 작성자가 작성한 것과 다른 것을 의미했다는 주장이 나올 때, '문언'을 활용하는 자는 이렇게 말할 것이다. 우리가 논증하지 못하도록 자기 의사(意思)의 표시를 우리에게 남겼던 자의 의사에 대해서는 논증해서 안 되고, 또 '문언'에서 벗어나기 시작하면 많은 불편이 뒤따르게 된다. 왜냐하면 무엇을 작성한 사람들이 자신들이 작성한 것이 유효하다고 믿지 않을 것이기 때문이다. 게다가 심판인들이 '문언'에서 벗어나는 데 익숙해지면, 그들이 따라야 할 확실한 지침을 전혀 갖지 못할 것이기 때문이다. 그러므로 작성자의 의사를 유지해야 하는 경우라면 그의 의사를 지지하는 자는 상대방이 아니라 우리 자신이다. 작성자의 의사에 훨씬 더 가깝게 다가가는 자는, 작성자가 자기 의사의 형상으

로 남겼던 문서로부터 그의 의도를 판단하지 않고 개인적인 추측으로 그것을 탐색하는 자라기보다 작성자가 적은 글자들로부터 그의 의사를 해석하는 자이기 때문이다.

129 작성자의 '의도'를 지지하는 자가 '변명'을 제시한다면 우선 이렇게 반박해야 한다.[398] 그가 법률에 반해 행했음을 부정하지 않고, 왜 그렇게 행했는지 어떤 변명거리를 찾아내려는 것은 얼마나 불합리한 일인가? 다음으로는 모든 것이 전도되었다고 말하며 반박해야 한다. 이전에 고발인은 피고인이 범죄에 연루되어 있다고 심판인을 설득하며 그자를 범죄로 몰아간 이유를 대곤 했지만, 지금은 피고인 자신이 왜 범행을 저질렀는지 변명하고 있다는 말이다. **130** 다음으로는 그 개별 부분에 많은 논거가 부합하는 구분의 방법을 이렇게 도입해야 한다.[399] 우선 어떤 법률에서도 '문언'에 반하여 어떤 '변명'이 용인되는 것은 합당하지 않다. 두 번째로 비록 그런 일이 나머지 다른 법률에서는 합당하더라도, 이 해당 법률은 특성상 그런 일이 합당해선 안 된다. 마지막으로 비록 이 해당 법률에서 그런 일이 용인되더라도 적어도 이 '변명'만큼은 절대로 용인되어서는 안 된다.

XLV 첫 번째 부분은 보통 다음 논거들에 의해 확증될 것이다. 입법자에게는 자신이 숙고하는 바를 명확하게 작성하는 재능과 노력과 기회가 있었다. 또 그가 무엇을 예외로 해야 한다고 생각했다면, 상대방이 제시하는 변명을 예외로 두는 일은 힘들지도 어렵지도 않았을 것이다. 즉 입법자들은 예외들을 활용하는 데 익숙하다는 말이다.

131 다음으로 예외들이 있는 법률을 낭독해야 한다. 그리고 특히 문제가 되는 바로 그 법률 조항이나 같은 입법자의 법률들에서 어떤 예외가 있는지 살펴봐야 하는데, 이는 입법자가 예외로 두어야 할 것으로 여겼다면 예외로 두었을 것이라는 점을 더 잘 입증하기 위함이다. 그리고 '변명'을 허용하는 것은 법률을 폐지하는 것과 다르지 않음을 보여 주어야 한다. 그러므로 한 번 '변명'이 고려되더라도, 그것이 법률에 작성되어 있지 않은 이상 그것을 법률에 비추어 고려하는 일은 불필요하다. 만일 이런 일이 관행이 된다면, 모두가 범행의 이유와 기회를 갖게 될 것이다. 모두가, 심판인 여러분이[400] 스스로 선서한 법률에 따라서가 아니라, 법률에 반하여 행한 자의 재능에 따라서 사건을 판결했다고 생각하게 될 것이기 때문이다. 다음으로 일단 법률에서 벗어나게 된다면, 심판인들 자신에게는 판결의 원칙이, 나머지 시민들에게는 삶의 원칙이 혼란에 빠지게 될 것이다. **132** 그 이유는 다음과 같다. 만일 심판인들이 법률에서 벗어난다면, 그들은 무엇을 따라야 할지, 그 지침을 갖지 못할 것이고, 또한 그들이 법률에 반하여 내린 판단을 다른 이들에게 입증할 방법도 알지 못할 것이다. 또 만일 시민들 각자가 시민 전체의 공통된 지침에 따라서가 아니라, 자신의 계획에 따라서, 그리고 마음에 떠올랐

거나 욕망했던 생각에 따라서 개별 문제를 처리한다면, 나머지 시민들은 어떻게 행동해야 할지 알지 못할 것이다. 다음으로 바로 심판인들에게 다음 질문들을 던져야 할 것이다. 왜 그들은 타인의 일들에 매여 있는가? 왜 그들이 공적인 업무 수행을 할 때는 자기 일과 이득을 돌보지 못하도록 하는가? 왜 그들은 특정 어구로 선서하는가? 왜 그들은 정해진 시간에 모이고 정해진 시간에 떠나는가? 왜 국가에 자주 봉사하지 못하는지에 관해 모두가 법률에서 예외로 정한 변명만을 제시하고 있는가? 그들은 법률에 복종하여 그렇게 큰 불편을 겪는 것이 형평에 맞는다고 여기지만, 왜 상대방이 우리 법률을 무시하는 것은 용인하는가?

133 다음으로 심판인들에게 또 질문을 던져야 한다. 만일 피고인 자신이 법률에 반해 행동하게 만들었다고 하는 '변명'[401]을 예외로 법률에 추가한다면, 그들은 이를 허용할 것인가, 말 것인가? 피고인이 이렇게 변명하는 것은 예외를 법률에 추가하는 것보다 더 부당하고 더 뻔뻔한 일이다. 더욱이 만일 심판인들 스스로 무엇을 추가하길 바란다면, 인민이 이를 허락할 것인가? 그리고 그들이 낱말과 문자들로는 변경할 수 없는 것을 실제로, 그리고 특히 판결로 변경하는 것은 더욱더 부당한 일이다.

134 다음으로 인민이 문제를 검토하여 승인하거나 부인하는 권한을 갖고 있지 않을 때 법률의 일부 또는 전체를 폐지하거나 어느 부분을 변경하는 것은[402] 부당한 일이다. 이 일로 인해 심판

인들은 아주 심한 반감을 사게 될 것이다. 지금은 법률 개정을 위한 자리도, 시기도 아니다. 법률 개정은 반드시 인민 앞에서, 그리고 인민을 통해서 이루어져야 한다. 그래서 만일 지금 심판인들이 그런 일을 한다면, 문언 옹호자는 누가 제안자이고 누가 그 제안을 승인할 것인지 알고 싶어 하고, 또 당쟁을 예상하고는 그것을 만류하고자 한다. 만일 이 제안들이 아주 무익하고 심지어 아주 추하다고 하더라도, 현재 심판인들은 어떤 종류의 법률이든지 그것을 유지해야 하는데, 만일 나중에 법률이 마음에 들지 않는다면, 인민에 의해서 개정되는 것이 합당한 일이기 때문이다. 다음으로 만일 문서가 존재하지 않는다면 우리는 그것을 찾으려는 노력을 기울어야 하고, 상대방이 설사 심리의 대상이 되지 않더라도 무작정 그를 신뢰해서는 안 된다. 하지만 지금은 법률이 존재하고 있으니 법률 자체의 말보다 범죄를 저지른 자의 말을 인정하는 것은 정신 나간 짓이다. 이러한 주장과 이와 유사한 논거들에 따라서, '문언' 이외에는 어떤 변명도 용인해서는 안 된다는 말이다.

XLVI 135 두 번째 부분에서는[403] 다른 법률에서는 '문언'에 반하여 변명이 용인되는 것이 합당하지만, 이 해당 법률에서는 그것이 합당해선 안 된다는 것을 보여 주어야 한다. 이러한 점이 입증되는 것은, 법률이 가장 중요하고 가장 유익하고 가장 훌륭하고 가장 경건한 일들에 해당하는 것으로 보이는 경우이거나,

또는 그러한 일에서 가장 철저하게 법률에 복종하지 않는 것이 무익하거나 추하거나 불경한 일로 보이는 경우이거나, 또는 법률이 그렇게 세심하게 잘 작성되었고 개별 사안에 대해 조항이 그렇게 규정되었고 예외로 두었던 것은 그렇게 제외되었으니, 그토록 엄밀한 법률에서 무엇이 누락되었다고 생각하는 것이 전혀 적절하지 않은 경우이다.

세 번째 부분은[404] 특히 '문언' 옹호자에게 필요한 논거라 하겠다. 이를 통해서 비록 '문언'에 반하는 '변명'을 인정하는 것이 합당하더라도, 상대방이 제시하는 '변명'은 결코 인정해서는 안 됨을 보여 주어야 한다. **136** 이 논소가 그에게 필수적인 이유는 문언에 반대하는 자는 항상 '형평'에 대한 이론을 댈 수밖에 없기 때문이다. 실로 문언에 반대하여 무엇을 입증하려는 자가 '형평'을 방어 논거로 삼으려 하지 않는 것은 매우 뻔뻔스러운 일일 것이다. 그러므로 만일 고발인(문언 옹호자)이 바로 이 형평의 논거 일부라도 제한할 수 있다면, 모든 부분에서 더 정의롭게, 그리고 더 개연성 있게 고발하는 것으로 보이게 된다. 앞에서 말한 첫 번째와 두 번째 부분에서는[405] 심판인들이 판결하길 원치 않더라도 그것이 필요하도록 만들었지만, 이 세 번째 부분에서는 심판인들이 판결하는 것이 필요하지 않더라도 그것을 원하도록 만들었다. **137** 이런 일이 일어나는 것은, 앞에서 내가 가능한 한 상세하게 설명했던[406] '비교'나 '전가'나 '역고발'이나 '자인'의 종들을 통해서 변호하는 자에게 죄가 있음을 논소들에 의해 제시하는 경우다. 다시 말해서 상대방의 '변명'을 부인하기 위해서 사태에 부합하는 논소들을 전용한다는 말이다. 또 이런 일이 일어나는 것은 왜, 그리고 어떤 의도로 법률이나 유언장이 그렇게 작성되었는지 그 근거와 이유를 제시함으로써 단지 문서에 의해서뿐만 아니라 작성자의 의도와 의사에 의해서도 사안이 확증된 것으로 보이게 하는 경우이거나, 또는 다른 쟁점들도 활용하여[407] 행위 사실을 입증하는 경우다.

XLVII 138 반면 '문언'에 반대하는[408] 자는 우선 변명 제시의 형평을 보여 주는 논소를 도입할 것이다. 또 그가 무슨 심정이나 무슨 의도나 무슨 동기로 행했는지 보여 줄 것이다. 그리고 그는 어떤 '변명'을 하든지 간에, 앞에서 말한[409] '외재적인 종'들을 활용하여 자신을 변호할 것이다. 이 논소에 더 오래 머무르며 자기 행위의 근거와 '변명'의 형평을 미화하고 나서는 보통 이들 논소를 이용해 상대방에게 반대하며 '변명들'이 용인되어야 한다고 주장할 것이다. 또 그는, 어떤 무익하거나 부당한 일이 일어나길 바라는 법률은 존재하지 않고 법률에서 비롯된 모든 형벌은 잘못과 악의를 벌하기 위해서 규정되었음을 제시할 것이다. **139** 만일 입법자 자신이 다시 살아난다면 이 행위를 인정할 것이고, 또 만일 입법자 자신에게 그러한 일이 일어났다면 그도 똑같이 행했을 것임을 제시할 것이다. 이러한 이유로 입법자는 일정한 신분과 일정한 나이의 심판인들을 임명했는데, 이는 입법자의 법률을 단순히 낭독하는 것은 아이도 할 수 있는 일인데 반해, 심판인들은 숙고를 통해서 입법자의 의사를 이해하고 해석해야 하기 때문이다. 다음으로 만일 입법자가 우둔한 자들과 이방의 심판인들에게 자신의 법률을 건네주었다면, 그는 모든 것을 최대한 엄밀하게 작성했을 것이다. 하지만 이제, 입법자는 어떤 이들이 사건들을 판정할 것인지 알고 있으니 자명한 것으로 알고 있는 바는 추가하지 않았던 것이다. 입법자는 여러분이[410] 자기 법률의 낭독자가 아니라 자기 의사의 해석자라고 믿었기 때문이다.

140 그리고 나서 문언에 반대하는 자는 상대방에게 이렇게 질문해야 한다. "말해 보시오, 내가 그렇게 했는지. 또 만일 아주 명예로운 동기나 가장 확실한 불가피함이 있는 일이 일어났다고 하면, 그럼에도 날 고발하는 겁니까? 법률은 어느 조항에서도 예외를 두지 않았더군요." 따라서 모든 것은 글자로 작성된 것들로 규정되어 있는 것이 아니라 어떤 자명한 것들이 암묵적인 예외들로 규정되어 있는 것이다. 다음으로 만일 각자가 오직 말 자체만을 살펴보고 그 말을 사용한 자의 의사(意思)에 다가가길 원하지 않는다면, 법률이나 어떤 문서로도, 심지어 일상 대화와 가내 명령에서도 일이 올바르게 실행될 수 없을 것이다. **XLVIII 141** 다음으로 그는 유익과 훌륭함의 종들에서,[411] 마땅히 했거나

해야 한다고 상대방이 주장하는 일이 얼마나 무익하거나 추한 것인지, 반면 우리가 했거나 하기를 요청하는 일은 얼마나 유익하거나 훌륭한지 보여 주어야 한다. 다음으로 법률이 우리에게 소중한 이유는, 의사(意思)를 미미하고 불분명하게 드러내는 글자들 때문이 아니라, 작성된 것들의 유익과 입법자들의 지혜와 성실 때문임을 보여 주어야 한다. 다음으로 그는 법률이 무엇인지 기술해야 하는데, 이는 법률이 단어들이 아니라 의미들로 이루어져 있고, 또 문언이 아니라 법률의 '의미'를 따르는 심판인이 법률에 복종하고 있음을 보여 주기 위함이다. 다음으로 악행이나 무모함으로 법률을 위반한 자와 훌륭하거나 불가피한 이유로 인해 법률의 '의도'가 아니라 '문언'에서 벗어난 자가 똑같은 처벌을 받는다면, 이는 얼마나 부당한 일인가? 그리고 그는 이것들과 이와 유사한 근거들을 통해서 '변명'이 용인되어야 하고, 이 법률에서도 그렇게 되어야 하고, 특히 자신의 '변명'이 인정되어야 함을 제시할 것이다.

142 그리고 문언 옹호자가 상대방 입장에 서 있는 '형평'을 어느 정도 제한하는 것이 매우 유익할 거라고 내가 말했던 것처럼,[412] 그렇게 문언에 반대하는 자도, 문서 자체에서 무엇을 자신의 사안으로 돌리거나, 또는 무엇이 애매하게 작성되었음을 보여 주는 것이 상당히 유리할 것이다. 다음으로 문언에 반대하는 자는 '애매함'을 근거로 삼아서 자신에게 유리한 부분을 변호하

거나, 또는 단어의 '정의'를 도입하여 자신에게 불리해 보이는 단어의 의미를 자기 사안에 유리한 것으로 바꾸거나, 또는 '유추'를 통해서 작성된 것으로부터 작성되지 않은 무엇을 도입할 수 있다. 유추에 대해선 나중에 설명할 것이다.[413]

143 사안이 형평으로 차고 넘치더라도, 문언에 반대하는 자는, 비록 아무리 설득력이 부족해도 문언 자체에 기대어 자신을 변호한다면 반드시 큰 이득을 보게 될 것이다. 만일 그가 상대방의 사안에 근거가 되는 것을 떼어 낸다면 그는 상대방의 모든 설득력과 예리함을 약화하거나 해체할 것이기 때문이다.

나머지 외재적인 종들[414]로 이루어진 공통 논소는 양측 모두에 부합할 것이다. 문언 옹호자의 공통 논소는 다음과 같다. 법률을 위반한 자의 유익에 따라서가 아니라, 법률 그 자체만을 바라봐야만 하고 어떤 것도 법률보다 더 중하게 여겨서는 안 된다. 문언에 반대하는 자의 공통 논소는 다음과 같다. 법률은 단어들이 아니라, 공공의 유익과 입법자의 계획으로 이루어져 있다. 입법자의 의사로 변호되는 '형평'이 문자들에 의해 제한된다면 이는 얼마나 부당한 일인가.

XLIX 144 '법률의 상충'으로 인해[415] 논쟁이 생기는 것은 둘이나 그 이상의 법률이 서로 불일치하는 것으로 보이는 경우다. 그 사례는 다음과 같다. 한 법률에 의하면, "폭군을 살해한 자는 올림피아 승리자의 포상을 받아야 하는데, 그가 무엇을 요청하든

정무관은 그에게 그가 원하는 것을 주어야 한다." 또 다른 법률에 의하면, "폭군이 살해되었다면, 정무관은 폭군과 가장 가까운 혈족 다섯 명을 처형해야 한다."[416] 테살리아의 페라이에서 폭정을 휘둘렀던 알렉산드로스[417]는, 밤에 동침하던 테베라는 이름의 아내에게 살해되었다. 그녀는 그 폭군 사이에서 낳은 아들을 포상으로 요청했다. 어떤 이들은 법률이 정한 바에 따라서 그 아들이 처형되어야 한다고 주장한다. 그 문제가 재판에 회부된다.

'법률의 상충'에서는 동일한 논소와 지침이 양측 모두에 부합한다. 양측 모두 각자 자신의 법률을 확증하고 반대되는 법률은 반박해야 하기 때문이다. **145** 그러므로 우선 어느 법률이 더 중요한지, 즉 어느 법률이 더 유익하고 더 훌륭하고 더 불가피한 사항에 속하는지[418] 고려하면서 법률들을 대비해야 한다. 이로부터 만일 두 법률, 또는 그것이 몇 개이든 법률들이 서로 불일치하여 준수할 수 없다면, 가장 중요한 사항에 해당하는 법률을 최우선으로 준수해야 한다는 결론이 나온다. 다음으로 어느 법률이 더 나중에 공표되었는지 고려해야 한다. 가장 최근에 공표된 법률이 가장 중요하기 때문이다. 다음으로 어느 법률이 무엇을 명령하고 또 어느 법률이 무엇을 허용하는지 고려해야 한다. 명령받은 것은 강제적이고, 허용되는 것은 임의적이기 때문이다. 다음으로 어느 법률에 복종하지 않는다면 처벌이 가해지는지, 또 어느 법률에서 더 큰 벌이 규정되어 있는지 고려해야 한다.

146 왜냐하면 형벌이 아주 명확하게 규정된 법률을 최우선으로 준수해야만 하기 때문이다. 다음으로 어느 법률이 명령하고 어느 법률이 금지하는지 고려해야 한다. 흔히 금지하는 법률은 일종의 예외를 둠으로써 명령하는 법률을 수정하는 것으로 보이기 때문이다. 다음으로 어느 법률이 전체 종류에 부합하고, 또 어느 법률이 특정한 부분에만 부합하는지, 또 어느 법률이 다수에 대해 공통적으로 작성된 것인지, 또 어느 법률이 특정 사항에 대해 작성된 것인지 고려해야 한다. 한 부분과 특정 사항에 대해 작성된 법률은 사안에 더 가까이 근접하고 재판에 더 잘 부합하는 것으로 보이기 때문이다. 다음으로 법률에 의해서 어떤 일이 즉시 이행되어야 하고 어떤 일이 지연되거나 유예되어야 하는지 고려해야 한다. 즉시 이행되어야 하는 일이 먼저 실행되어야 하기 때문이다. **147** 다음으로 자신의 법률은 '문언' 자체에 기인하지만, 상충하는 법률은 '애매함'이나 '유추'나 '정의'를 통해서[419] 도입되는 것으로 보이도록 애써야 한다. 더 명료하게 작성된 법률이 더 신성하고 더 확실하기 때문이다. 다음으로 자기 법률의 '문언' 자체에 '의도'를 결부하는 동시에 상충하는 법률은 다른 '의도'로 돌려서, 가능하다면 두 법률이 불일치 하는 것도 아닌 것처럼 보이도록 해야 한다. 마지막으로 사정이 허락한다면 우리의 논리로는 명백하게 두 법률 모두가 준수되는 것으로 보이지만, 상대방의 논리로는 어느 한 법률이 무시될 수밖에 없다는 점을 부각해

야 한다.

공통 논소들과 관련해서는 사안 자체가 제공하는 공통 논소들에 유념해야 하고 '유익'과 '훌륭함'의[420] 아주 방대한 영역에서 공통 논소들을 취해야 하는데, 이는 두 법률 중 어느 것에 우리가 동의해야 하는지 강조하여 보여 줌으로써 가능하다.

L 148 '유추'로 인해 논쟁이 생기는 것은 어딘가에 작성되어 있는 것에서 어디에도 작성되어 있지 않은 것으로 다가가는 경우다. 예를 들어,[421] "어떤 이가 미쳐 있는 상태라면, 그의 부계 친족과 같은 성씨의 친족이 그를 다스리고 그의 재산을 관리해야 한다." 또 한 법률에 의하면, "어떤 방식으로든 가부장이 그 집과 재산에 대하여 유언을 남겼을 때는 그의 유언대로 되어야 한다." 또 다른 법률에 의하면, "가부장이 유언 없이 죽게 된다면 그의 집과 재산은 그의 부계 친족이나 같은 성씨의 친족에게 귀속되어야 한다."[422] **149** 어떤 남자가[423] 부모를 살해한 죄로 유죄판결을 받았다. 추방조차도 허용되지 않는 그는 즉시 발에 나무 샌들이 신겨졌고 머리는 가죽 주머니로 가려지고 묶였다. 강물에 던지기 위해서 그를 집어넣을 가죽 부대가 준비될 때까지 그는 수감되어 있었다.[424] 그 사이에 그의 친구들이 감옥에 서판을 가져오고 증인을 데려왔다. 그들은 그가 지정하는 상속인들이 기재된 유언장을 작성했다. 서판들이 봉인되었다. 그는 처형되었다. 그 후, 그의 부계 친척과 유언장에 지정된 상속인들 사

이에서 상속 분쟁[425]이 일어났다. 여기에서 사형수와 같은 처지에 놓인 자들에게서 유언장 작성 권한을 박탈하는 특정한 법률은 알려져 있지 않다. 그래서 다른 법률들, 즉 그에게 그러한 형벌을 가하는 법률과 유언장 작성 권한에 해당하는 법률을 바탕으로 유추함으로써 그에게 유언장 작성 권한이 있는지 궁리하는 방법을 사용해야 한다.

150 이러한 논증 유형에서의 공통 논소들은 다음의 것들이거나 그것들과 유사한 것들이라고 생각한다. 우선 당신이 인용하는 법률을 칭찬하고 확증하는 것이다. 다음으로 문제인 것과 확실한 것을 비교해서 문제인 것과 확실한 것이 유사함을 보여 주는 것이다. 다음으로는 대비의 방법을 활용하는 것으로, 이것이 형평에 맞음을 인정하는 자가 그보다 더 형평에 맞거나 동등하게 형평한 저것이 형평에 맞음을 부정하는 일이 어떻게 가능한지 의아해하는 것이다. 그래서 다음으로 이 사례에 대해서는 아무것도 작성되지 않았다고 주장하는데, 왜냐하면 입법자는 저것이 작성되어 있으니 이것에 대해선 아무도 의심하지 않을 거라고 믿었기 때문이다. **151** 게다가 많은 법률에는 많은 조항이 누락되어 있지만, 아무도 그것들이 누락되었다고 생각하진 않는다. 왜냐하면 작성된 것들에서 많은 것을 이해할 수 있기 때문이다. 마지막으로는 사법과 관련된 유의 내재적인 종에서처럼 그의 주장의 형평을 제시해야 한다.[426]

유추에 반대하는 자는[427] 반드시 유사함을 반박해야 하는데, 이는 다음의 두 가지 조건에서 성립한다. 첫째는 비교되는 대상이 종류, 본성, 의미, 중요성, 시기, 장소, 인물, 평판의 관점에서 상이함을 보여 주는 것이다. 둘째는 유사함 때문에 제시되는 것이 어느 종류에 속하고, 또 이 제시의 근거가 되는 것이 어느 유형에 속하는 것으로 간주되어야 하는지 보여 주는 것이다. 다음으로 하나가 다른 하나와 어디에서 차이가 있는지 제시함으로써 양자를 똑같다고 평가해서는 안 되는 것으로 보이게 하는 것이다. **152** 그런데 유추에 반대하는 자라도 '유추'를 활용할 수 있다면, 앞에서 설명한 것과 동일한 논거들을 이용할 것이다. 하지만 그렇게 할 수 없다면, 그는 법률의 문언을 제외하고는 어떤 것도 고려해서는 안 된다고 주장할 것이다. 또 유사한 사례들에 대해서는 법률이 많지만 각각의 사례에 해당하는 법률은 단 하나이고, 그리고 모든 것이 서로 유사한 것으로, 또는 상이한 것으로 제시될 수 있다고 주장할 것이다.[428]

공통 논소들은 다음과 같다. 유추를 옹호하는 자는 작성된 것으로부터, 추정을 통해서 작성되지 않은 것에 도달해야 한다. 또 아무도 법문으로 모든 사례를 포괄할 수 없으니 어떤 것을 다른 것들에 비추어 이해하도록 하는 자야말로 법률을 가장 알맞게 작성하는 것이다. **153** 유추에 반대하는 자의 논소는 다음과 같다. 추정은 단지 예감에 불과한 것이고, 또 자신이 규정하길 바라는 모든 사례를 규정할 수 없는 입법자는 우둔한 자라는 것이다.

LI 정의(定義)[429]는 문서에서 어떤 단어의 의미가 문제가 되는 경우에 사용한다. 예를 들어 한 법률은 다음과 같다. "역풍이 몰아칠 때 배를 방치한 자는 누구든지 모든 것을 잃어야 하고, 배와 화물은 그 배 안에 남아 있는 자의 소유가 된다." 두 사람이 심해에서 항해하고 있었는데, 한 사람은 선주였고 또 한 사람은 화물 소유자였다. 그들은 어떤 조난자가 헤엄치며 자신들에게 손을 뻗는 것을 인지했다. 그를 불쌍히 여긴 두 사람은 그자 옆으로 배를 몰아서 그를 배에 올려 태웠다. **154** 얼마 후 그들 자신에게도 폭풍이 아주 거세게 몰아치기 시작하자 조타수이며 선주인 자는 딸린 배로 몸을 피했다. 그곳에서 선미에 묶여 연결된, 딸린 배를 끌던 밧줄을 잡고선 힘이 닿는 대로 배를 조종하고 있었다. 한편 화물의 소유자는 선상에서 칼 위에 넘어져 쓰러졌다. 한편 그 조난자는 키에 다가가서 배를 구하려고 애썼다. 이제는 날씨가 바뀌어 파도가 잠잠해지자 배는 한 항구에 들어가게 되었다. 칼에 쓰러졌지만 가벼운 상처를 입은 화물 주인은 부상에서 빠르게 회복되었다. 그런데 이들 세 사람 모두가 배와 화물의 소유권을 주장한다. 여기에서는 모두가 법률의 '문언'에 기대어 사안에 접근하기에 명칭의 의미에서 논쟁이 생겨나는 것이다. "배를 방치하는 것", "배에 남아 있는 것", 마지막으로 배 자체가 무엇인지, '정의(定義)'에 비추어 검토하기 때문이다. 이

문제는 정의의 쟁점과 동일한 모든 논소들에 의해서 논의될 것이다.[430]

155 지금까지 소송류 사안들에 적용되는 논증을 설명했으니 다음으로는 심의류와 전시류[431]의 논증을 위한 논소와 지침을 전달하고자 한다. 이는 모든 사안(연설)이 항상 어떤 쟁점 안에서 전개되지 않는다는 말이 아니라, 이들 사안(연설)에는 쟁점들과 분리되지 않고 이들 사안(연설) 종류의 목적에 부합하는[432] 고유한 특정 논소들이 있다는 말이다. **156** 실로 소송류의 목적이 훌륭함의 부분인 '형평'이라는 것이 중론이다. 그런데 아리스토텔레스는 심의류의 목적이 유익이라고 생각했지만, 내 생각에는 그것의 목적은 훌륭함과 유익이고[433] 전시류의 목적은 훌륭함이다. 그러므로 각각의 사안의 종류에서도 어떤 논거들은 공통적으로, 그리고 유사하게 다루어지겠지만, 또 어떤 논거들은 오히려 구분되어 연설 전체가 지향해야 하는 목적과 결부될 것이다. 그리고 모호한 사태가 연설을 통해서 더욱 명료해지듯이 명료한 사태도 연설을 통해서 더욱 모호해진다는 점을 알고 있기에 나는 각각의 쟁점의 사례를 덧붙이길 꺼리게 된다.

이제는 심의류의 지침으로 넘어가자.

LII 157 추구해야만 하는 것은 세 가지 종류가 있고 반대로 회피해야만 하는 것도 똑같이 세 가지 종류가 있다. 고유한 힘으로 우리를 자기 쪽으로 유인하는 어떤 것이 있기 때문인데, 그것은 어떤 이득에서가 아니라 고유한 가치로 잡아당긴다. 그러한 종류에는 이를테면 '덕', '지식', '진실'이 해당한다. 또 고유한 힘과 본성이 아니라, '수익'과 '유익' 때문에 추구해야 하는 다른 것이 있는데, 여기에는 '금전'이 해당한다. 또한 이 두 부분이 결합된 또 다른 것이 있는데, 그것은 고유한 힘과 가치로 우리를 유인하여 인도할 뿐만 아니라, 그 이외에 더욱 추구하게 만드는 어떤 유익을 앞세운다. 이를테면 '우정'과 '좋은 평판'이 그러하다. 이로부터 그것들의 정반대는 내가 말하지 않아도 쉽게 알 수 있을 것이다.[434] **158** 그런데 더 쉽게 이론을 전달하기 위하여 세 가지 종류를 명명하여 제시하고자 한다. 첫 번째 종류는 훌륭한 것, 두 번째 종류는 유익한 것이라고 부른다. 세 번째 종류는 훌륭한 것과 유익한 것이 완전히 결합되어 있고 이중적인 종류로 이해되지만, 훌륭함이 더 큰 의미를 갖고 있으니 '훌륭한 것'이라고 불러야 한다. 이로부터, 추구해야 하는 것의 부분은 '훌륭함'과 '유익'이고 피해야 하는 것의 부분은 '추함'과 '무익'이라는 결론이 나온다. 그러므로 이 두 가지에는 불가피함과 상태라는 두 가지 중요한 사태가 연관되어 있다. '불가피함'은 힘의 관점에서, '상태'는 사건과 인물의 관점에서 고려하는 것이다. 이 두 가지에 대해서는[435] 내가 나중에 더 분명하게 논의할 것이다. 지금은 우선 훌륭함의 종류를 설명하고자 한다.

LIII 159 전체적으로나 부분적으로 그 자체를 위해서 추구하는 모든 것은 훌륭한 것이라고 부른다. 그것은 단일한 것과 복합적인 것의 두 부분으로 나뉜다. 우선 '단일한 것'을 살펴보자. 이 종류에 속한 모든 것을 하나의 의미와 명칭으로 포괄하는 것이 바로 덕이다. 덕은 자연의 적도(適度)와 이성에 어울리는 영혼의 습성이기 때문이다. 그러므로 '덕'의 모든 부분을 인식하고 나면 단일한 훌륭함의 전체 의미를 고려하게 될 것이다. 덕은 현명, 정의, 용기, 절제의 네 부분으로[436] 이루어져 있다.[437]

160 '현명'은 선과 악, 그리고 둘 다 아닌 것에 대한 지식이다. 현명의 부분은 기억, 이해, 예지다. '기억'은 영혼이 존재했던 것들을 상기하는 능력이다. '이해'는 존재하는 것들을 통찰하는 능력이다. '예지'는 어떤 일이 일어나기 전에 그 일이 일어나는 것을 보는 능력이다.

'정의'는 공공의 유익을 보존하면서 각자에게 고유한 존엄을 배분하는 영혼의 습성이다. 그것은 자연에서 비롯되었고 나중에는 일부 어떤 것들이 유익하다는 이유로 관습이 되었다. 이후에는 자연에서 생겨난 것들과 관습에 의해 승인된 것들이 외경심과 법에 대한 두려움에 의해[438] 법률로 제정되었다.

161 '자연법'은 억견에서 생겨나지 않고 어떤 선천적인 힘이 심어 준 것인데, 이를테면 경건, 충효, 감사, 응징, 공경, 진실이 포함된다. '경건'은 신성하다고 말하는 자연의 상위 질서를 보살피고 존경하는 것이다. '충효'는 혈연관계인 자들과 조국에 대해

호의적인 의무를 수행하고 성실하게 공경하는 것이다. '감사'는 타인의 우정과 의무들을 기억하고 그것들에 대한 보답의 의지를 포함하는 것이다. '응징'은 방어나 복수로써 폭력이나 불의, 해치는 모든 것을 막아내는 것이다. '공경'은 위엄이 앞선 자들이 존경과 명예를 받을 만하다고 인정하는 것이다. '진실'은 현재에 있거나, 과거에 있었거나, 미래에 있을 일이 변함없다고 말하는 것이다.[439]

LIV 162 '관습에 의한 법'은 외경심처럼 자연으로부터 단지 사소하게 도출되었지만, 관행에 의해 양육되고 강화된 것이다. 또는 내가 앞에서 언급한 것들 중 자연에서 시작되어 관습에 의해 강화되었다고 보는 것이다. 또는 오래된 것이 인민의 승인을 거쳐서 관습으로 바뀐 것이다. 그것의 종류는, 이를테면 협약, 평등 원리, 판례이다. '협약'은 어떤 사람들이 서로 합의한 것이다. '평등 원리'는 모두에게 공평한 것이다. '판례'는 한 사람이나 여러 사람의 판정으로 이미 결정된 것이다.

'법률에 의한 법'은 인민이 준수하도록 인민에게 공개된 문서에 포함된 것이다.

163 '용기'는 신중하게 위험을 떠맡고 고난을 견디는 것이다. 그것의 종들은 위대함, 신념, 인내, 끈기다. '위대함'은 영혼이 웅대하고 찬란한 상상력을 발휘하여 거대하고 숭고한 일을 생각하고 실천하는 것이다. '신념'은 영혼 자신이 위대하고 훌륭한 일에

서 확실한 희망을 품고는 자신에게 큰 믿음을 주는 것이다. '인내'는 훌륭함과 유익을 위해서 험난하고 어려운 일을, 자발적으로 그리고 지속적으로 참아내는 것이다. **164** '끈기'는 잘 숙고한 원리를 확고하게 그리고 영속적으로 고수하는 것이다.

'절제'는 이성이 영혼의 욕망과 그릇된 충동을 확고하고 절도 있게 통제하는 것이다. 그것의 종들은 극기, 관용, 겸손이다. '극기'는 지혜의 조종으로 욕정을 다스리는 것이다. '관용'은 경솔하게 어떤 이를 미워하도록 자극된 마음을 너그럽게 억제하는 것이다. '겸손'은 품위 있는 염치를 차려서 소중하고 견고한 권위를 마련하는 것이다.

이 모든 성질은 아무 이득과도 연관되지 않으니 오로지 그 자체를 위하여 추구해야 하는 것들이다. 이 주장을 입증하는 일은 현재 우리의 목적에 해당하지 않고[440] 지침의 간결함과도 거리가 멀다고 하겠다. **165** 반면 위의 것들과 반대되는 것들로 그 자체로 회피해야 하는 것은, 이를테면 용기의 반대인 '비겁'과, 정의의 반대인 '불의'뿐만 아니라, 용기와 정의와 이웃하여 비슷해 보이지만 아주 멀리 떨어져 있는 것들도 있다. 예를 들어, 신념의 정반대는 '불신'이고, 그러므로 그것은 결함이다. 또 '무모함'은 정반대가 아니고 이웃하여 인접해 있지만, 그럼에도 그것은 결함이다. 그렇게 개별 덕에 결함이 인접해 있음을 알게 된다. 그 결함들은 이미 확실한 이름으로 명명되었는데, 이를테면 신념에 인접해 있는 '무모함', 끈기에 인접해 있는 '고집', 경건에 인접해 있는 '미신'이 그러하다. 또는 어떤 결함은 확실한 이름으로 명명되어 있지 않다. 이들 모두는 물론 좋은 것의 정반대도 회피해야 하는 것들에 속한다.

LV 166 모든 면에서 그 자체로 추구하는 훌륭함의 종류에 대해서는 이미 충분히 설명했다. 이제는 '유익'과 결합되는 것인데도 훌륭함이라고 불리는 것을 말하겠다. 그러므로 품위는 물론 고유의 실익으로도 우리를 끌어당기는 많은 것이 있다. 그 종류에는 영광, 지위, 영향력, 우정이 속한다. '영광'은 어떤 이가 칭찬과 함께 폭넓은 명성을 갖는 것이다. '지위'는 숭배와 명예와 경외를 받을 만한, 한 사람의 훌륭한 권위를 말한다. '영향력'은 권력과 위엄은 물론 자산(資産)도 매우 풍부하게 갖춘 것이다. '우정'은 사랑하는 사람의 행복을 위하여 그에게 호의를 베풀고 그가 동등한 호의를 되돌려주는 것이다. **167** 지금은 내가 정치적인 사안에 대해 논의하고 있으니 우정에 이득을 덧붙였는데, 이는 우정을 실익을 위해서라도 추구해야 하는 것으로 보이게 하려는 의도다. 내가 우정 일반에 대해 말하고 있다고 믿는 자들이 혹시라도 비난하지 않기를 바란다. 물론 어떤 이는 단지 유익 때문에만 우정을 추구해야 한다고 생각하고, 또 어떤 이는 우정 그 자체로 인해 추구해야 한다고 생각하고, 또 어떤 이는 우정 그 자체와 유익 모두로 인해 추구해야 한다고 생각한다. 이들 중 어떤 주장이 가장 참되게 성립하는지는 다른 곳에서 논의할 것이다.[441] 지금 이 문제는 연설의 실행에 관련된 것이니 우정이 두 가지 이유로 추구해야 한다는 정도로 남겨 두자. **168** 우정은 종교적인 의무와 관련되기도 하고 그렇지 않기도 하기 때문에, 그리고 우정은 낡기도 하고 새롭기도 하고, 또 상대방의 선행에서나 우리의 선행에서 비롯되기도 하고, 또 더 유익하기도 하고 덜 유익하기도 하기 때문에, 동기의 가치, 시기의 적절성, 도덕적 의무, 종교적 의무, 오랜 기간에 비추어 고려할 것이다.

LVI '유익'은 신체 안이나 외부 사물들 안에[442] 놓여 있지만, 그것들의 월등히 가장 큰 부분은 신체의 이익으로 귀결된다. 이를테면, 국가 안에는 말하자면 시민 공동체의 신체와 관련된 것들, 즉 토지, 항구, 화폐, 함대, 선원, 군인 및 동맹국이 있다. 그것들로써 시민 공동체가 안전과 자유를 유지할 수 있는 것이다. 그런데 더 웅장하지만, 덜 필요한 다른 것이 있는데, 이를테면 도시의 훌륭한 장식과 웅장함, 엄청난 양의 금전, 많은 우정과 동맹이 해당한다. **169** 그것들로써 시민 공동체 전체가 안전하고 무사하게 될 뿐만 아니라 중요하고 강력하게 되기도 한다. 따라서 '유익'에는 안전과 권능이라는 두 가지 종이 있다. '안전'은 안녕을 확고하고 온전하게 보전하는 것이고, '권능'은 자기를 보존하고 타인을 약화하기 위해 적합한 수단을 갖추는 능력이다.

또한 앞에서 언급한 모든 것과 관련해서는 무엇을 할 수 있고 무엇을 쉽게 할 수 있는지 고려해야 한다.[443] 여기에서 '쉽게'라는 말은 큰 수고 또는 특정 수고, 비용, 성가심 없이도 가능한 한 가장 짧은 시간에 달성할 수 있음을 의미한다. 그런데 '할 수 있음'이란, 비록 수고, 비용, 성가심, 오랜 시간이 요구되고 또 온갖, 또는 매우 많은, 또는 아주 중대한 어려움이 있지만, 그럼에도 이들 어려움을 감당하며 달성하고 완료할 수 있음을 의미한다.

170 '훌륭함'과 '유익'에 대해 논의했으니 이제는 그것들에 부여되는 속성인 불가피함과 상태를 설명하는 일이 남아 있다.[444]

LVII 내가 생각하는 '불가피함'이란[445] 어떤 힘으로도 대항할 수 없는 것이라서 우리가 할 수 있는 일을 달성하지 못하게 하는 것이다. 이 '불가피함'은 변경될 수도 없고 약화될 수도 없는 것이다. 이런 종류의 불가피함이 연설의 근거들로 등장한다면, 그것은 '불가피함'이라고 부르는 것이 옳다. 그런데 어려운 일들이 닥치는 경우라면, 저 앞선 문제에서처럼[446] '무엇을 할 수 있는지' 고려할 것이다.

171 또한 부가 조건이 있는 불가피함들이 있고, 또 단순하고 독립적인 불가피함들이 있다고 생각한다. 예를 들어, 한편으로는 "카실리눔 주민들이 한니발에게 항복하는 것은 불가피하다"고 말하고, 다른 한편으로는 "카실리눔 주민들이 한니발의 지배 아래 놓이는 것은 불가피하다"고 말한다.[447] 첫 번째 진술에 달린 '부가 조건'은 "그들이 굶어서 죽는 것을 더 바라는 경우가 아

니라면"이다. 그들이 오히려 굶어 죽기를 바란다면, 한니발에게 항복하는 것은 불가피하지 않다. 그러나 두 번째 진술은 불가피한데, 왜냐하면 카실리눔 주민들이 항복하든지, 또는 굶주림을 참다가 죽으려고 하든지 상관없이 한니발의 지배 아래 놓이는 것은 불가피하기 때문이다. '불가피함'의 분류를 도입하면 얼마나 도움이 되는가? '불가피함'의 논소가 해당되는 경우라면 많은 도움이 된다고 말하겠다. 그런데 만일 '불가피함'이 단일한 경우라면 많이 논할 필요가 없는데, 왜냐하면 그 '불가피함'은 우리가 어떤 방법으로도 약화할 수 없기 때문이다. **172** 그런데 우리가 어떤 것을 피하거나 획득하고자 하며 불가피한 상황에 처하게 되는 경우에는 '부가 조건'이 어떤 유익과 어떤 훌륭함을 가지는지 고려해야 한다. 실로 만일 당신이 국가 이익에 부합하는 무엇을 찾아내는 일에 그토록 유념하고자 한다면, '부가 조건'이라는 어떤 이유로 인해 불가피하게 해야 할 일이 있다는 점을 발견하게 될 것이다. 그런데 이와 똑같이 불가피함에 해당하는 많은 일이 있지만, 그 일들마다 유사한 부가 조건이 달리는 것은 아니다. 이 종류는 이를테면 다음과 같다. "인간은 죽는 것이 불가피하다"라는 진술은 '부가 조건'이 없다. ("음식물을 섭취하는 것이 불가피하다"라는 진술은 "굶어 죽기를 원하지 않는다면"이라는 '예외'가 있다.)[448] **173** 그러므로 내가 주장하듯이 부가 조건이 어떤 종류인지 항상 고려해야 한다. 모든 상황에서 '불가피함'은 이렇게 설명하는 것으로 귀결되기 때문이다. 예를 들어, "우리가 훌륭하게 살기를 바란다면, 그것은 불가피하다." "우리가 안전하기를 바란다면, 그것은 불가피하다." "우리가 손해 없이 살기를 바란다면, 그것은 불가피하다."

LVIII 훌륭함의 불가피함이 가장 중요하다. 그것 다음으로 중요한 것은 안전의 불가피함이다. 세 번째이자 가장 덜 중요한 종류는 이익의[449] 불가피함인데, 이것은 앞의 두 가지와는 우열을 다툴 수 없다. **174** 그런데 앞의 두 가지는 종종 서로 비교해야 하는데, 이는 비록 '훌륭함'이 '안전'보다 우위에 있지만, 그럼에도 둘 중에서 어떤 것을 돌봐야 할지 숙고하기 위함이다. 이 문제에 대해서는 확실하고 영원한 지침을 줄 수 있을 것 같다. 비록 안전을 돌보느라고 지금은 훌륭함이 축소되더라도 장차 용기와 노력으로 훌륭함을 다시 회복할 수 있는 경우라면, 안전을 감안해야 한다고 생각하기 때문이다. 하지만 그것이 가능하지 않다면 훌륭함을 감안해야 한다. 그래서 우리가 안전을 돌보는 것으로 보이는 경우에도 정말로 훌륭함을 감안하고 있다고 말할 수 있는데, 왜냐하면 안전 없이는 결코 훌륭함을 달성할 수 없기 때문이다. 그러한 경우에는 상대에게 굴복하거나, 상대의 조건에 맞추거나, 지금은 가만히 있고 다른 기회를 기다려야 할 것이다. **175** 다만 주의해야 할 점은 유익과 관련될 이유가 위대함과 훌륭함을 덜어 낼 만한 것으로 보이는지 여부다. 내가 보기에 이 주제에서 가장 중요한 점은 획득하거나 회피하길 바라는 어떤 일이 우리에게 불가피한지, 즉 부가 조건이 무엇인지 질문하는 것이다. 그래서 우리는 어떤 사태에 처하게 되든지 간에 노력을 다하고 가장 강력한 불가피함이 가장 중요한 이유라고 판단하는 것이다.

176 '상태'는 시간이나, 행위의 실행이나 결과, 인간의 열의에서 비롯된 사태의 변화이다. 그래서 사태가 이전에 생각했거나 대체로 생각하곤 했던 바와는 다르게 보이는 것이다. 예를 들어, 적 진영으로 넘어가는 것은 추한 행위이지만 오뒷세우스가 넘어갔을 때의 의도에서는 그렇지 않다.[450] 또 돈을 바다에 던지는 것은 무익하지만, 아리스팁포스[451]가 그렇게 던졌을 때의 의도에서는 그렇지 않다. 그러므로 어떤 일들은 그것들 자체의 본성이 아니라 시기와 의도에 비추어 고려해야 한다는 말이다. 이 모든 문제에서 시기가 요구하는 것이 무엇인지, 또 인물에게 어울리는 것은 무엇인지 고려해야 한다. 그리고 무엇이 행해지는지가 아니라, 각각이 어떤 마음으로, 누구와 함께, 어떤 시기에, 얼마나 오랫동안 행해지는지 주목해야 한다. 이 부분들로부터 논소를 취해서 의견을 주장해야 한다고 생각한다.

LIX 177 '칭찬'과 '비난'은[452] 인물에 속하는 논소들에서 취하는데, 이에 대해서는 앞에서 말했다.[453] 누군가 이 논소들을 더 체계적으로 다루길 원한다면, 영혼, 신체, 외부 사물로 나누는 것이 허락될 것이다.[454] '영혼'의 덕과 그 부분들은 조금 전에[455] 짧게 언급했다. 신체의 덕은 건강, 외모, 기력, 민첩이다. 외부 사물의 덕은 지위, 금전, 혼맥, 가문, 친구들, 조국, 권력 및 기타 유사한 종류에 속한 것으로 이해되는 것들이다. 게다가 이것들에는 모든 것에 적용되는 바가 적용되어야 할 것이니 그것들과 정반대인 것들 역시 그것들이 무엇이고 또 어떤 것인지 이해하게 된다. **178** 그런데 칭찬과 비난에서는, 논의되고 있는 자가 신체나 외부 사물에서 무엇을 가졌는지보다는 그가 어떤 방법으로 그것들을 활용했는지 살펴봐야 한다. 운수를 칭찬하는 것은 어리석고 그것을 비난하는 것은 오만하지만, 영혼을 칭찬하는 것은 훌륭하고 그것을 비난하는 것은 효과가 크기 때문이다.

이제는 모든 종류의 사안(연설)에 대한 논증 이론을 전수했으니, 수사학에서 첫 번째이며 가장 중요한 부분인 '발견'[456]에 대해서는 충분히 설명한 것 같다. 그러므로 1권과 2권에서 한 부분이 마무리되었고 2권에 적지 않은 내용을 포함했으니 아직 남아 있는 주제는 나머지 권들에서[457] 논의할 것이다.

주석

1권

1 1권의 서론 부분(1~5a)과 2권의 서론(1~10)은 나중에 첨부된 것으로 보인다.
2 웅변의 본성에 대해선 많은 논쟁이 있다. 『연설가론』 2, 232에 의하면 웅변은 연구의 결실이며 연습의 결과다.
3 이와 유사한 설명은 호라티우스 『풍자시』 1, 3, 99ff. 참조.
4 『연설가론』 1, 33 참조.
5 기원전 195년에 감찰관과 집정관을 역임했다.
6 기원전 140년에 집정관을 역임했다.
7 기원전 147년과 134년에 집정관을 역임한 아프리카누스는 카르타고를 파괴했다. 라일리우스와 함께 일명 스키피오 동아리의 핵심 구성원이었다.
8 기원전 133년에 호민관을 역임한 티베리우스 그락쿠스와, 123년에 호민관을 역임한 가이우스 그락쿠스를 말한다. 그들은 기원전 202년에

자마에서 한니발을 물리친 대 스키피오 아프리카누스의 딸 코르넬리아의 아들이다.
9 이 부분은 모든 사본에서 전승되긴 하지만, Friedrich(1884)는 삭제를 제안했다. 그락쿠스 형제를 항상 적대했던 키케로가 웅변의 오용을 언급하고 나서 그들을 유덕한 웅변가로 간주하는 것은 설득력이 없기 때문이다.
10 『연설가론』 1, 32 참조.
11 이 정의들은 헤르마고라스에게서 유래한 것으로 보인다.
12 시켈리아 출신인 코락스와 테이시아스가 연설술의 정초자로 알려져 있다.
13 소피스트 고르기아스는 연설의 문체론을 창시하고 어법 이론을 정초했다.
14 플라톤 『고르기아스』 457a 참조.
15 키케로는 아리스토텔레스가 제안한 세 가지 종류의 사안 구분을 따르고 있다. 『수사학』 1, 3(1358a) 참조.
16 기원전 2세기 중후반에 활동한 수사학자 헤르마고라스는 쟁점 이론을 통해서 연설술의 체계를 확장했다. 그의 쟁점 이론은 키케로 『발견론』의 토대가 된다.
17 특수 사안(causa, 희랍어 *thesis*)은 quaestio finita(한정된 문제)를 말하고, 일반 문제(quaestio, 희랍어 *hypothesis*)는 quaestio infinita(비한정된 문제)를 말한다. 그런데 내용적으로 아리스토텔레스의 세 가지 유(類)는 헤르마고라스의 한정된 문제에 속한다.
18 아리스토텔레스 이전에는 연설의 세 부분, 즉 발견, 배치, 표현만이 다루어졌다. 아리스토텔레스는 '실연'의 중요성을 인지했지만, 그것을 이론화하지는 않았는데(『수사학』 3, 1; 1403b), 아마도 실연은 테오프라스토스에 의해 네 번째 부분이 되었고 헬레니즘 시대에 이르러서야 '기억'이 다섯 번째 부분으로 추가된 것으로 보인다.
19 여기에서 '성질'로 옮긴 'genus'는 아리스토텔레스가 나눈 유가 아니라

헤르마고라스의 쟁점(status)를 의미한다.

20   이후에 키케로는 쟁점을 constitutio가 아니라 status나 causa라는 용어로 지칭했다.
21   쟁점이 심의류나 전시류나 소송류로 간주되어선 안 된다는 말이다.
22   『헤렌니우스에게 바치는 수사학』에서는 자세하게 설명된다(1,18). 아이아스는 광기에 사로잡혀 수치스러운 짓을 했음을 알게 되자 칼 위로 몸을 던져서 자결한다. 그러고 나서 오뒷세우스가 와서는 그의 시신에서 피 묻은 칼을 뽑았다. 바로 그 때, 아이아스의 이복 동생 테우크로스가 나타나서 형 아이아스의 죽음과, 형의 원수가 칼을 소지했음을 보자 살인죄로 오뒷세우스를 고발한다.
23   프레겔라이(Fregellae)는 중부 이탈리아에 위치한 오래된 식민지들 중 하나인데, 기원전 125년 로마에 대항하다가 정복되고 말았다. 그 자리에 로마인들은 파브라테리아 노바(Fabrateria Nova)라는 이름의 식민 도시를 건설했다.
24   이 부분은 Weidner(1878)가 삭제 판정했다.
25   이 부분은 Schuetz(1804)가 삭제 판정했다.
26   비교는 '의무의 충돌'이라는 내용을 포함하는데, 이는 키케로의 『밀로 변호 연설』에 잘 나타나 있다(6, 23.30f, 72~91).
27   기원전 169년, 퓌드나 전투에서 로마인들이 마케도니아를 정복하고 나자, 희랍인들은 다시 로마에 대항하기 위해 아카이아 동맹에 합류했다. 이에 로마인들은 본보기를 보여 주기 위해서 기원전 146년에 코린토스를 완전히 파괴했다.
28   마케도니아의 필립포스 5세는 일리리아에서 로마인들을 몰아내기 위해서 한니발과 동맹을 맺었다. 1차 마케도니아 전쟁(215~205)에서 로마는 그가 발칸 반도에서 한니발을 지원하는 것을 막았다. 2차 마케도니아 전쟁(200~197)의 말미에 그는 테살리아의 키노스케팔라이에서 괴멸되자 그리스 반도의 지배권을 포기해야만 했다.
29   이 세 가지 질문은 모두 심의류에 해당한다.

30 키케로는 헤르마고라스의 논리적인 류(*logikon genos*)와 법률적인 류(*nomikon genos*)의 분류를 따른다. 희랍에서 모든 사안은 앞의 두 가지 종류로 나누어진다. 논리적인 류는 *stochasmos*(추정), *horos*(정의), *poiotēs*[질(質)], *metalēpsis*(이전)로 나뉘고, 법률적인 류는 *rhēton kai hypexairesis*(문언과 의도), *antinomia*(법률의 상충), *amphibolia*(애매함), *syllogismos*(유추)로 나뉜다. 키케로는 이 논리적인 요소들을 사안의 쟁점들로 만들었다. 쟁점들 다음에는 법률적인 요소들을 열거하지만, 그것들을 쟁점으로 간주하진 않았다.
31 오레스테스의 누이인 엘렉트라와 크리소테미스를 말한다.
32 키케로는 쟁점 질문(quaestio), 변호인의 근거(ratio defensoris), 근거의 반박(infirmatio rationis), 판단 사항(iudicatio), 변호인의 확증(firmamentum defensoris)의 다섯 단계로 구성한다. 그런데 변호인의 '근거'와 '확증'은 중첩되는 것으로 보인다.
33 "개별 종들"이라는 연설의 부분들을 말한다.
34 즉, '발견'에서는 연설 부분의 순서가 엄수될 필요가 없다.
35 헤르마고라스는 연설의 부분을 *prooimion*(머리말), *dihēgēsis*(서술), *dihairesis*(구분), *pistis*(논증), *epilogos*(맺음말)의 다섯 부분으로 나누었다. 키케로의 『수사학(*part. orat.*)』에서는 네 부분으로 나누었다(27). 또 『연설가론』 1, 43;2, 80, 307 참조.
36 이 사안의 종류는 단지 소송류에 속하는 것들로서 전시적인 것, 심의적인 것, 소송적인 것의 세 가지 유와는 관련이 없다.
37 아리스토텔레스에서는 성격, 즉 에토스(*ēthos*)의 역할이 비교적 적은 편이다(『수사학』 1378a).
38 심판인들은 연설에서 최상의 청자라 하겠다.
39 I 20 참조.
40 아리스토텔레스도 머리말에서 웃음이 유용하다고 주장한다(『수사학』 1415a).
41 I 20 참조.

42　사건에 따른 서술과 인물에 따른 서술의 구분은 아리스토텔레스 『시학』(1448a) 참조.
43　'허구'라는 뜻의 argumentum은 논증의 argumentum과는 구분해야 한다. I 34, 46, 48 참조.
44　파쿠비우스 『메데아』 단편 397 R2. 아이들을 살해한 메데아는 뱀수레를 타고 날아간다.
45　기원전 264년, 집정관 압피우스는 제1차 카르타고 전쟁을 선포했다.
46　『안드리아』 51. 여기에서 시모가 소시아에게 그의 아들 팜필루스에 대해 설명한다.
47　테렌티우스 『형제들』 60~64. 미키오는 독백을 하면서 그의 형제 데메아와 그의 부적절한 교육 방식을 비난한다.
48　키케로가 든 예는 희극에서 가져온 것이다. 퀸틸리아누스에 의하면 인물들의 성격 묘사(*prosōpopoiai*)는 연설가의 예비 연습에서 상당한 역할을 했다고 한다(『수사학 교육』 II 4, 2).
49　장식들은 단지 미화가 아니라 논증을 강화하거나 관심을 끌거나 설득하기 위한 수단이 될 수도 있다.
50　키케로가 수사학에 대한 총괄적인 저술을 집필하려고 했음을 알 수 있다(II 178).
51　이러한 특성은 이소크라테스 학파에서 가져온 것들이다(퀸틸리아누스 『수사학 교육』 IV 2, 31).
52　아마도 이것은 엔니우스와 스키피오 나시카와 관련된 재치 있는 일화의 시작 부분으로 보인다. 『연설가론』 2, 276에서 이를 다시 설명하는데, 여기에서는 노예 소년이 아니라 하녀가 등장한다.
53　아리스토텔레스에 의하면 주제에 따라서 서술의 길이가 상이해야 한다(『수사학』 3, 1416b).
54　연설가의 두 번째 과제인 '배치'에 대해서는 I 9 참조.
55　이들 두 가지가 일반적으로 필요한 것인지는 명백하지 않다.
56　즉 오레스테스는 부친을 살해한 모친을 살해할 권리가 있는가?

57 I 18 참조.
58 철학에서의 활용에 대해선 알려진 바가 없다.
59 『안드리아』 49
60 『안드리아』 51
61 『안드리아』 157
62 『안드리아』 168
63 확증을 다루면서 키케로는 연설의 모든 형식에 대한 규칙을 제시한다 (34~49).
64 이 논의는 I 97까지 이어지게 된다.
65 1권의 확증(34~77)과 논박(78~96) 부분에서는 세 가지 종류의 사안과 관련된 일반 소재를 한꺼번에 소개하고, 2권에서는 개별 사안에 대한 논증 이론을 다룬다.
66 그렇게 키케로는 논증의 원천들에 접근한다. 그것들은 퀸틸리아누스가 loci argumentationum이라고 부르는데, 공통 논소와 구별하고 또 인물(persona)의 속성과 사태(res)의 속성으로 구분한다(『수사학 교육』 V 10, 23 이하).
67 이름은 praenomen(개인 이름), nomen(씨족명), cognomen(가문명), 심지어 agnomen(별명)을 모두 의미한다.
68 이들 모든 관점은 논거 발견을 위한 수단이다. 연설가는 연설을 준비하면서 반드시 이들 모든 질문을 던지고 이들 모든 속성을 개괄해야 한다.
69 이 부분은 Stroebel(1915)이 삭제 판정했다.
70 I 36 참조.
71 I 43 참조.
72 이들 네 가지는 스토아 철학에서 말하는 정념이다.
73 바로 다음에 나오는 행위의 속성에서 반복된다. 인물의 속성에 대한 또 다른 하위 분류에 대해서는 II 177 참조.
74 II 37 참조.

75 II 42 참조.
76 이 부분은 무명의 필사본에서는 누락되었는데, Knackstedt(1874)는 삭제를 제안했다.
77 I 32에서 키케로는 단지 genus와 pars만 정의하고, species 개념에 대해선 언급하지 않는다.
78 II 99 참조. 고의를 가지고 공개적이고 난폭하게 저지른 행위는 설득이나 비밀로 저지른 행위만큼이나 비난받을 수 있다. 전자를 행한 자는 그의 무례함으로, 후자를 행한 자는 그의 기만으로 비난받게 된다.
79 I 15, II 94 참조.
80 II 24 참조.
81 II 41 참조.
82 예를 들어 범죄의 숫자, 기소된 사람의 숫자 등
83 구분(partitio)에 대해서는 I 32에서 이미 언급함.
84 genus와 pars의 정의에 대해서는 I 23, 35, 40 참조.
85 I 32 참조.
86 II 155~176 참조.
87 필연적인 진술(*anankaia*)과 개연적인 진술(*eikota*)을 서로 맞세우는 구분은 아리스토텔레스의 전통에 따른 것이다(『수사학』 1357a).
88 conplexio, 즉 희랍어 *dilēmma*는 simplex conclusio와 구별되게 duplex conclusio에 해당하는 것이다. 또 conplexio는 연역 논증의 다섯 번째 부분인 결론에도 해당한다(I 59, 67).
89 enumeratio는 맺음말의 요약이기도 하다(I 98).
90 아리스토텔레스 『수사학』 1397a.
91 아리스토텔레스 『에우데모스 윤리학』 1237b.
92 아리스토텔레스 『수사학』에서는 헤르모크레온이 아니라 디오메돈의 이름이 나온다(1397a). 또 퀸틸리아누스 『수사학 교육』 V, 10, 78 참조.
93 퀸틸리아누스 『수사학 교육』 V, 10, 81 참조.
94 '징후'는 사실 증명에서 사용하는 간접 증거를 말한다.

95 II 43 참조.
96 징후들(signa)에 대해서는 I 81 참조.
97 I 79~80 참조.
98 I 82 참조.
99 티베리우스 셈프로니우스 그락쿠스(220~150)는 그락쿠스 형제의 부친인데, 177년에는 집정관, 169년에는 클라우디우스 압피우스와 함께 감찰관을 역임했다. 이 두 사람은 엄격하게 업무를 집행하여 여러 적을 만들었기에 퇴임 후에는 고발되어 법정에 서게 되었다. 셈프로니우스는 무죄 방면 되었지만 압피우스는 유죄판결을 받았다. 그런데 셈프로니우스가 압피우스가 추방되면 함께 동행하겠다고 하자 두 사람 모두 무죄로 방면되었다. 163년에 셈프로니우스는 인민의 존경을 받아서 또 다시 집정관이 되었다.
100 I 82 참조. 비교 가능한 것(comparabile)은 '비교(comparatio)'와 구분해야 한다(1,15).
101 퀸틸리아누스 『수사학 교육』 V 11, 2, 23 참조.
102 I 17 참조.
103 이 '귀납'과 '연역'은 수사학적인 추론이다. 다시 말해서, '귀납'은 진정한 귀납 추론이라기보다는 유비에 가까운 것이고, 연역은 syllogismos가 아니라 그것의 수사학적인 각색인 *enthymēma*나 *epicheirēma*라 하겠다.
104 소크라테스의 제자로 소크라테스의 철학에 대한 일곱 개의 대화편을 남겼지만, 단편들만이 남아 있다.
105 밀레토스 출신으로 페리클레스의 두 번째 부인이며 미모와 지성과 웅변으로 유명했다.
106 필레시아(Philesia)를 말한다. 크세노폰이 그녀에게 헌정한 『가정 경제』에서 그는 아내의 덕을 칭찬하고 부부의 가정 경영을 기술했다.
107 이 부분을 인용하고 있는 퀸틸리아누스 『수사학 교육』 V 10, 28~29 참조.

108 코르넬리우스 네포스(Cornelius Nepos)의 『유명인들에 대하여(*Epaminondas*)』 7f. 참조.
109 I 17, II 121 참조.
110 '연역'을 설명하기(I 67~76) 전에 연역의 분할에 대한 논의를 진행한다(I 57~66).
111 여기에서 키케로는 '연역'을 정의하기보다는 대체로 유추에 의존한 '귀납'과의 차이점을 부각하고 있다.
112 I 67에서 다섯 부분의 논증이 다시 요약되고 정의된다.
113 대전제(propositio)에 해당한다.
114 대전제의 증명(*protheseōs apodeixis*).
115 소전제(*proslēpsis*)에 해당한다. 키케로가 말하듯이 라틴어 adsumptio는 그것이 대전제에서 취한 요소임을 잘 보여 준다.
116 소전제의 증명(*proslēpseōs apodeixis*).
117 이 부분은 Lindemannus(1828)가 삭제 판정했다.
118 '결론'으로 옮긴 complexio는 행위의 요약(I 37)이나 딜레마(I 45)를 의미하기도 한다.
119 퀸틸리아누스 『수사학 교육』 V. 14 참조.
120 여기에서 키케로는 착각하고 있다. 실제로 소요학파의 논증(*enthymēmata*)은 단지 세 부분만으로 이루어지기 때문이다. 한편, 다섯 부분의 논증(*epicheirēmata*)은 삼단논법의 수사학적인 각색에서 비롯된 것인데, 아마도 헤르마고라스의 분할인 것으로 보인다.
121 I 51 f. 참조.
122 Kay(1860)가 삭제 판정했다.
123 키케로가 다섯 부분을 선택하는 이유는 I 62~67에서 제시된다.
124 I 62 참조.
125 퀸틸리아누스 『수사학 교육』 V 14,5 참조.
126 I 72에서 키케로는 두 부분의 논증을 반대하고 I 74 이후에는 논증 개념의 양가성을 지적하면서 한 부분의 논증을 반대한다.

127 I 69 이하 참조. 다섯 부분의 논증은 키케로의 다음 연설문에 잘 나타나 있다. 『무레나 변호 연설』 3~5, 『퀸크티우스 변호 연설』 48~50, 『라비리우스 변호 연설』 29f., 『툴리우스 변호 연설』 41f 참조.
128 I 17 참조.
129 여기에서 '대전제의 증명'이 시작한다.
130 여기에서 '소전제'가 시작한다.
131 이 구절로 '소전제의 증명'이 시작한다.
132 이 마지막 문장이 결론에 해당한다.
133 다시 에파미논다스에 대한 고발 사례에 대해서는 I 55 이하, 69 참조. 이 부분은 2권의 문언과 의도의 논쟁과 연관되어 있다(II 125, 126, 128, 134, 135).
134 소전제의 시작인데, 이어서 그것의 증명이 뒤따른다.
135 이 마지막 문장이 결론에 해당한다. 논쟁은 원고 측의 새로운 연설로 복잡해지는데, 특히 문언과 의도의 논쟁에서 그러하다.
136 카르타고 문제는 I 17 참조.
137 대전제의 증명의 시작이다.
138 증명이 없는 소전제인데, 당장 결론이 뒤따른다.
139 리비우스 『로마사』 XXI 4, 9 참조.
140 I 11,17 참조. 대 카토가 사용했을 법한 논거다.
141 I 44 참조.
142 에파미논다스의 변호, I 69이하 참조.
143 I 71 참조.
144 대전제와 소전제의 요약(*anakephaiōsis*)을 말한다.
145 논증이 한 부분만으로도 구성될 수 있다는(74) 이론을 말한다.
146 다양성과 싫증에 대해서는 아리스토텔레스 『수사학』 1371a25 이하, 『연설가론』 III 32 이하, 퀸틸리아누스 『수사학 교육』 IX 4, 43 참조.
147 철학에서의 연역(*syllogismos*)은 연설가의 연역(*epicheirēmata*)과 구분해야 한다.

148 이 네 가지 경우는 각각 I 79~86, 87~89, 89~95, 96에서 논의된다.
149 여기에서 첫 번째 종류의 반박이 시작된다. 이 첫 번째 종류는 개연적인 것(83 초반까지)과 필연적인 것(83~86)의 두 하위 종으로 나뉘지는데, 이는 위에서의 I 44, 46의 분류에 상응한다.
150 I 47 참조.
151 I 45 참조. 그곳에시는 딜레마가 conprehensio가 아니라 complexio라고 불렸다.
152 I 44 참조.
153 I 48 참조.
154 스크리보니우스 쿠리오는 기원전 121년에 법무관을 역임했다.
155 근친상간으로 고발된 플라쿠스에 대한 쿠리오의 연설에서 취한 인용문이다. 이 유명한 연설은 키케로의 연설 『브루투스』 122에서도 인용되었다.
156 I 48 참조.
157 II 45, 90, 94 참조.
158 I 49 참조.
159 이 지침들은 유추에 의한 논쟁(II 151)의 지침들과 일치한다.
160 I 51~56 참조.
161 I 48 참조. iudicatum의 다른 용례는 II 67 참조.
162 논박 부분에서 확증의 논소들을 제시하는 것이 다소 이상해 보인다.
163 무명 작가와 작품에서 인용한 것.
164 I 45 참조.
165 I 45 참조.
166 "그러므로 당신은 군대에 입대하지 않았다"라는 결론이 나온다. proficisci(출발하다)와 venire(오다)를 입대의 정확한 의미로 사용하지 않기에 애매함이 생긴다.
167 대전제.
168 소전제.

169 대전제(propositio)의 신빙성이 결론에서 사라진 것이다.
170 I 80 참조. 그곳에선 그릇된 개연성을 반박하기 위해서 금전과 지혜를 대비했다.
171 파쿠비우스 『메두스』, 263.
172 자마의 정복자 푸블리우스 스키피오 아프리카누스를 말한다.
173 기원전 177년과 163년에 집정관을, 169년에 감찰관을 역임했다. 이 결혼식에 대해 리비우스가 전해 주는 일화 참조(『로마사』 XXXVIII 57).
174 에우리피데스 『메데이아』를 각색한 엔니우스 『메데아』의 프롤로고스에서 유모가 말하는 대사다.
175 세 가지 잘못된 정의가 구분된다.
176 엔니우스 『튀에스테스』. 이 인용문은 아트레우스와 튀에스테스를 화해시키는 논거로 보인다.
177 아리스토텔레스 『수사학』 1401b 참조.
178 아리스토텔레스 『수사학』 1355b26 이하와 키케로 『연설가론』 2, 304~305 참조.
179 카이피오는 106년에 집정관을 역임하면서 원로원 위원이 다시 심판인이 될 수 있는 법률(lex Servilia iudiciaria)을 통과시켰다. 심판인 지위는 셈프로니우스 그락쿠스에 의해 기사 계급에만 부여되었는데, 이 법률로 인해 원로원 위원과 기사 계급 모두가 함께 심판인이 될 수 있었다고 한다.
180 I 89에서 설명했던 두 번째 종류다.
181 예언자 암피아라오스는 테바이 원정에 참전하지 않으려고 숨어 있었다. 그의 아내 에리퓔레는 폴뤼네이케스에게 목걸이 뇌물을 받고 나서 남편을 설득해서 출전하게 했다. 결국 암피아라오스는 전사하고 말았다.
182 에우리피데스의 『안티오페』를 각색한 파쿠비우스의 『안티오파』에서는 농부와 병사의 삶을 찬양하는 제투스와, 음악과 지혜를 변호하는 암피온을 대립시킨다. 『연설가론』 2, 155 참조.

183 사실이 아니라 인물에 대한 이들 설득력 없는 논증은 자주 수사학 자체를 반대하는 논거로 사용된다.

184 I 30 참조.

185 헤르마고라스의 구분에 대한 인유(引喩), I 8 참조.

186 『서 푼짜리 인간』 23.

187 I 79에서 언급한 네 번째 종류다.

188 유익한 것, 훌륭한 것, 필연적인 것은 편의적인 것과 마찬가지로 심의류의 중심 범주다. II 156이하 참조.

189 헤르마고라스에 대한 키케로의 입장에 대해서는 I 8, 12~14 참조.

190 여담(digressio)의 다른 용법에 대해서는 I 27 참조.

191 공통 논소들은 2권의 여러 쟁점들에서 상세하게 다루어진다(II 14이하). 추정의 쟁점의 첫 공통 논소에 대해서는 II 48 참조.

192 실제로 키케로는 여담을 꽤 폭넓게 활용한다. 특히 『세스티우스 변호 연설』의 여담이 유명한 사례다.

193 II 47 이하 참조.

194 칭찬과 비난은 전시류 부분에서 개별적으로 다루어야 한다. II 177~178 참조.

195 아리스토텔레스 『수사학』 1419b와 키케로 『수사학(*Part. orat*)』, 27 참조.

196 '맺음말'인 conclusio(epilogos)는 simplex conclusio(I 44이하와 I 86)와는 구분해야 한다.

197 아리스토텔레스 『수사학』에서 맺음말의 네 가지 과제는 반드시 좋은 신뢰를 얻으며 상대방은 반박하고, 유리한 것은 강조하거나 불리한 것은 절하하고, 청중의 감정을 일깨우고, 요점을 정리하는 것이다(3, 19(1419b)) 또 『수사학(*Part. orat*)』, 52에서는 맺음말을 강조(amplficatio)와 요약(enumeratio)의 두 부분으로 나눈다.

198 추론의 유형인 enumeratio(소거)에 대해서는 I 45, 그리고 『수사학(*Part. orat*)』, 59 참조.

199 I 98~100a에서는 요약(enumeratio)의 다양한 변주를 언급한다.

200 I 31 참조.
201 확증(confirmatio)(I 34~77)과 논박(reprehensio)(I 78~96) 참조.
202 법률이 말하게 하는 것은 수사학에서 자주 등장한다. 키케로는 플라톤의 『크리톤』의 한 부분(49D~54C)을 인유하고 있다.
203 I 98에서 언급된 수단들.
204 퀸틸리아누스 『수사학 교육』 VI 1, 2.
205 I 100b~105에서 분개에 대한 열다섯 개의 논점들을 열거한다.
206 I 34 이하 참조.
207 I 98의 요약(enumeratio) 참조.
208 I 98 참조.
209 대비(*antiparabolē*)에 대해서는 아리스토텔레스 『수사학』 1414b, 1419b, 퀸틸리아누스 『수사학 교육』 VI 2, 21 참조.
210 이는 재현(*diatypōsis*)에 해당한다.
211 이 부분은 Schue(1804)가 삭제 판정했다.
212 I 107~109에서 16개의 논소가 열거된다. 그것들은 연민을 느끼게 하기 위한 것들이다. I 106, 109 참조.
213 『수사학(*Part. orat*)』, 57 참조.
214 묘사에 해당하는 descriptio나 demonstratio(*enargeia, hypotypōsis*)와 유사하다.
215 의인법에 해당하는 conformatio나 *prosōpopoiia*와 유사하다.
216 소송의 쟁점의 범주(I 15)에 해당하는 사죄(deprecatio)와는 구분해야 한다.
217 기원전 2세기에 활동한 연설술 교사 아폴로니우스의 격언이다.

2권

218 남부 이탈리아의 동쪽 해안가에 위치한, 주요 희랍 식민 도시였다.
219 기원전 435~390. 그가 한 소년의 손에 놓인 버찌를 생생하게 묘사해

서 새들이 그것을 쪼아 먹으려 했다는 일화가 전해진다.
220 제욱시스의 헬레네 상에 대해서는 플리니우스 『자연의 역사』 35, 36 참조.
221 이 유명한 일화는 키케로가 자신의 절충적인 방법을 정당화하기 위해 인용한 것으로 보인다.
222 시칠리아 출신으로 기원전 5세기에 활동한 수사학자다.
223 『연설술 요약(*technōn synagōgē*)』이라는 제목의 저술은 소실되었다.
224 제자들 중에서는 우선 테오프라스토스(371~287)를 떠올릴 것이다.
225 기원전 436~338. 고르기아스의 제자로 아테나이에 수사학 학교를 설립했다.
226 주로 철학 연구에 헌신했던 아리스토텔레스 학파에서 수사학은 단지 이차적인 분야에 불과했다. 하지만 이소크라테스 학파는 전적으로 수사학에만 몰두했다.
227 예를 들어, 헤르마고라스(Hermagoras), 라릿사의 아폴로니우스(Apollonios), 아스칼론의 안티오코스(Antiochos)와 같은 수사학자를 말한다.
228 이것은 키케로가 라릿사의 필론(Philon)에게서 배운 것으로 아카데미아 회의주의에 대한 고백으로 보인다.
229 I 6~9.
230 I 10~19.
231 I 19~109.
232 I 10~16.
233 I 10~19.
234 II 14~154.
235 II 51까지 이 주제가 논의된다.
236 I 11 참조
237 I권에서 언급된(97. 106) 공통 논소와 특정 논소의 구분이다.
238 이 구분은 속성에 따른 것이다. 인물과 행위를 고려한다(I 35~43 참조).
239 이 두 가지는 inprudentia(고의 부재)와 prudentia(고의)에 해당한다(I

41). I 57 이하의 ratiocinatio는 '연역'을 의미한다.
240 II 28~37.
241 I 41.
242 II 24 마지막 부분 참조.
243 II 16에서 예고한 두 번째 부분.
244 I 34~36.
245 칼두스(Caldus)는 calidus, 즉 성격이 불 같은, 클로디우스(Clodius)는 claudus 또는 clodus, 즉 절뚝거리는, 카이킬리우스(Caecilius)는 caecus, 즉 형용사로 눈이 먼 또는 명사로 눈을 깜박거리는 사람, 무티우스(Mutius)는 mutus, 즉 벙어리인이라는 뜻이 들어 있다.
246 이 부분은 텍스트가 분명하지 않다. 이들 가문명이 씨족명의 이름으로 표기되기에 희랍인들이 혼동한다고 말하는 듯하다.
247 I 35 참조.
248 과거, 현재, 미래 시제에 대해선 I 36 참조.
249 I 106 이하 참조. 분개(indignatio)와 한탄(conquestio)에 대해서는 I 98 이하 참조.
250 II 16에서 세 번째 부분(38~51)이 예고되었다.
251 II 38~42a.
252 II 42b~51.
253 I 37에서 정의됨.
254 I 37 참조.
255 I 38~41 참조.
256 I 38에서의 목록에는 방법(modus)이 하나 더 있었다.
257 I 42 참조.
258 I 43 참조.
259 더 완전한 목록은 I 34를 보라.
260 I 38과 II 40.
261 II 14 이하.

262 II 32~37.
263 아마도 같은 논거가 변호는 물론 고발에서도 사용될 수 있다.
264 I 44~46 참조.
265 고문, 증언, 소문은 기술 없는 증거들(pisteis atechnoi)에 해당하는데, 아리스토텔레스 『수사학』에서는 법조문, 증언, 계약, 질문, 맹세로 분류되어 있다(1375a).
266 II 16 참조.
267 인물과 행위의 속성들.
268 48~50a에서는 공통 논소가 일반적으로 다루어지고, 51에서는 공통 논소가 추정의 쟁점과 관련하여 논의된다.
269 공통 논소는 피고인과 고발인 양측 모두가 사용할 수 있는 논거를 말한다.
270 I 100~109.
271 I 46~49.
272 공통 논소는 특히 연설의 마지막에 전개된다.
273 고발인에게 한정된 공통 논소와 변호인에게 한정된 공통 논소를 구분하고 있다.
274 II 52~56 정의의 쟁점.
275 I 11 참조.
276 가이우스 플라미니우스는 그락쿠스 형제 이전에 귀족 세력에 대항했던 자였다. 기원전 232년에는 호민관으로서 농지법을 관철시켰는데, 그 법률은 피케눔과 갈리아의 농지가 로마인 이주자들에게 배분되어야 한다는 것이었다. 그는 223년과 217년에 두 번 집정관을, 220년에는 감찰관을 역임했다.
277 이 죄목은 질(質)의 쟁점 관점에서 반박할 수 있는데, 이는 비교(comparatio)나 전가(remotio criminis)를 통해서 가능하다(I 15, II 72~78a, 86b~94a).
278 질(質)의 쟁점(constitutio generalis)은 사안의 쟁점이 여러 하위 종들을

갖고 있다(I 14~15).
279   I 17 참조.
280   안토니우스가 이러한 종류의 대역죄 정의(定義)를 비판한다(『연설가론』 2, 108f.).
281   II 157~176 참조.
282   I 11.
283   I 53 참조.
284   Kay(1860)가 삭제 판정한 부분이다.
285   II 47~51.
286   inductione(귀납법으로)가 필사본 전통이지만, 역자는 Philipson(1918)가 추정한 독법 indignatione를 선택했다.
287   로마에는 심급(審級)이 두 부분으로 이루어져 있다. 하나는 법정 절차(in iure)인데, 소송이 정당한지, 또 정당하다면 어떤 소송이 요구되는지 확인하고 또 누가 심판인이 되어야 하는지 결정한다. 또 하나는 재판 절차(in iudicio)인데, 배심원들 앞에서 열리는 재판은 논고와 변론, 증거 채택, 무죄나 유죄 판결로 이루어진다.
288   심리(審理)가 없는 특별 사문회를 말한다.
289   항변이 다른 쟁점들에서 취한 논거들로 뒷받침되어야 함을 보여 주려는 것이다.
290   예를 들어, 기원전 52년에 클로디우스가 밀로인들에게 살해되었을 때, 원로원이나 집정관이나 때로는 법무관이 선행 결정(praeiudicium)을 공표할 수 있었다. 『밀로 변호 연설』에서 키케로는 머리말 다음에 '서술'로 넘어가기 전에 세 가지 선행 결정의 논박을 도입했다(7~22).
291   이 중재단(recuperatores)은 세 명이나 다섯 명의 심판인으로 구성되는데, 그들은 주로 즉결 심판에 관여했다.
292   II 65~68a.
293   즉, 추정의 쟁점, 정의의 쟁점, 이전의 쟁점.
294   I 12~15 참조.

295 I 14 참조.
296 퀸틸리아누스는 pars negotialis가 헤르마고라스의 개념 *pragmatikē*를 옮긴 것이라고 설명한다(『수사학 교육』 III 6, 57이하).
297 그 소년이 법적인 권한을 갖기 전이다.
298 Hubbell(1949), 226쪽.
299 아버지로부터 상속받지 않았다는 말이다. 소년이 아버지로부터 상속받은 재산은 논쟁의 대상이 아니다. 그 재산은 아버지의 유언에 따라서 후순위 상속인들에게 돌아갔다. 그 부친이 죽고 나서 소년이 어떤 이로부터 상속받았던 재산을 두고는 후순위 상속인들과 소년의 숙부들 사이에 다툼이 벌어진 것이다(Hubbell(1949), 226쪽, 각주 b).
300 자연법은 만민법(ius gentium)으로서 시민법(ius civile)(2, 67)과는 구분된다. 자연법은 모든 인간에게 해당하지만, 시민법은 단지 로마 시민에게만 해당한다.
301 관습법은 재판에서 거의 아무런 영향력이 없다.
302 이 내용은 II 160~162에서 반복된다.
303 법무관의 고시가 점차 실제의 시민법을 형성했다. 법무관은 명령을 선포함으로써 법률을 공표하는데, 매년 갱신되는 법무관들의 명령을 통해서 형법이 변경되고 보강되는 것이다.
304 이 논의는 더는 전개되지 않는다.
305 II 48.
306 I 14.
307 I 15의 정의들과 비교.
308 I 14에서 이 종류에 대해 거의 동일한 정의를 내렸고 I 15, 16에서 그것의 하위 종의 성질을 언급했다는 것을 망각한 듯하다.
309 펠로폰네소스 전쟁 시에 테바이는 스파르타 편에 섰다. 그러나 두 도시국가는 전리품을 두고 서로 다투게 되자 불화가 생겨났다. 여러 차례 전쟁으로 승패가 오락가락했지만, 기원전 371년에 테바이인들이 레우크트라에서 스파르타를 무찔렀다.

310　희랍의 열두 종족으로 구성된 종교적이고 정치적인 단체로서 입법과 재판의 전권을 갖고 있었다.

311　II 78~87a.

312　책임이 스파르타인들에게 돌려지게 된다. 그들이 같은 동포에게 전쟁을 일으켰다는 죄로 기소되었기 때문이다.

313　사법과 관련된 유의 내재적인 종과 역고발을 말한다.

314　II 62~68.

315　II 62 이하.

316　I 15. 비교는 II 72~78a, 역고발은 II 78b~86a, 전가는 86b~94a, 자인은 94b~109a에서 논의된다.

317　『헤렌니우스에게 바치는 수사학』 1, 25에 따르면 지휘관의 이름은 포필리우스(C. Popilius)다. 기원전 107년에 롱기누스(L. Cassius Longinus)가 게르만 종족과의 전쟁에서 전사하고 나자 부사령관 포필리우스는 적들과 협정을 맺었다. 그래서 로마인들은 인질들을 보내고 그들 물자의 절반을 넘겨주어야 했다. 그래서 포필리우스는 호민관 칼두스(C. Caelius Caldus)에 의해 기소되었고 추방당했다.

318　대역죄의 의미를 논의할 수 있기 때문이다. II 52~56 참조.

319　이 부분은 Weidner(1878)가 삭제 판정했다.

320　훌륭함, 유익, 불가피함은 심의류의 요소들이다. 이 공통 논소는 II 82b(역고발), II 94~103(면죄), II 138(문언과 의도의 논쟁), II 176(전시류)에 적용된다.

321　'이익'은 병사의 목숨을 구하는 것이고, '손해'는 무기와 장비를 넘겨주는 것이다.

322　II 155~176a.

323　II 73.

324　I 15에서 정의되었다.

325　세 쌍둥이의 대결과 이어지는 사건들에 대해선 리비우스(『로마사』 1, 24~26)와 다른 작가들이 전하고 있다. 여자 형제를 살인한 죄로 기

소된 호라티우스는 민중 앞에서 소명하게 되었고, 결국은 무죄 방면되었다.
326 II 74 참조.
327 호라티아가 약혼자 쿠리아티우스를 위해 애도했다는 사실이 판단되지 않아서 그녀의 애도는 법정에 증거로 제시되지는 못했다.
328 직접 호라티우스를 처벌하는 것이다.
329 그러한 종류의 법률을 피고인이 인용할 수 없는데, 그러한 법률이 존재하지 않기 때문이다.
330 그것은 피고인이 채택한 것이다. II 75의 마지막 부분을 보라.
331 II 76 참조.
332 II 82의 마지막 부분을 보라.
333 변호인은 때때로 자신을 피고인의 자리에 놓는 경우가 있다.
334 I 15에서 거의 같은 용어로 이미 정의되었다.
335 어떤 외교 사절단을 말하는지는 규명할 수 없다. 로도스는 첫 번째 아티카 해상 동맹(기원전 477)에 가입하여 아테나이와 동맹을 맺었지만, 기원전 363년에는 동맹에서 탈퇴했다.
336 II 72a~78a, 78b~86a.
337 II 155~176a.
338 II 94~109.
339 II 72~78a.
340 II 71 이하.
341 기원전 321년, 카우디움(Caudium) 협곡에서 로마가 패전한 후 집정관 포스투미우스가 베투리우스와 맺은 조약을 말한다.
342 군사조약을 맺기 위해서는 돼지, 양, 소를 희생 제물로 바쳐야 하는데, 이는 *suovetaurilia*라고 불린다. 인민과 원로원이, 장군이 맺은 조약을 승인하지 않으면 그 장군은 적들에게 넘겨지게 된다.
343 non sine는 Weidner(1878)의 추정인데, 이 추정에 따라서 우리말로 옮겼다. 한편, 필사본 전통의 독법 sine에 의하면 "자인의 종들을 사용

하지 않으면서"로 옮겨야 한다.
344 II 94 참조.
345 실제로 법무관도 명령권을 갖고 있지만 집정관의 명령권이 더 우위에 있었다.
346 II 155 이하 참조.
347 I 15에서 이미 정의되었다.
348 '면죄'는 II 95~103, '사죄'는 II 104~109에서 다룬다.
349 이 세 가지 개념에 상응하도록 II 99 이후에는 형용사 ignorabile, fortuitum, necessarium을 사용한다.
350 I 41 참조.
351 퀸틸리아누스『수사학 교육』VII 4, 14 참조.
352 로도스 섬과 관련된 예들이 자주 등장하는데(I 47, II 87), 이는 키케로의 스승이 로도스 섬 출신임을 암시하는 듯하다.
353 재무관(quaestor)은 희랍 도시국가의 타미아스(tamias)에 해당하는 직책이다.
354 II 16 이하 참조.
355 II 62~68.
356 II 69~71 참조.
357 II 155 이하 참조.
358 I 101 참조.
359 II 116~154.
360 II 121b~143.
361 I 15와 비교. 퀸틸리아누스『수사학 교육』VII 4, 17 참조.
362 아프리카의 군주. 2차 포에니 전쟁 동안 카르타고인을 돕기도 하고 로마인을 돕기도 했지만 결국 카르타고의 편에 서서 싸웠다. 이 자가 생포되자 원로원은 이 사안을 심의했다.
363 처음에 그는 로마에 모반을 일으켰지만, 기원전 125년에는 집정관 오피미우스에게 자신의 고향 프레겔라이를 넘겼다. 그래서 그가 주

동자로 처벌되어야 하는지, 또는 로마를 위해 배신한 행동이 보상받아야 하는지가 심의되었다.
364 『리가리우스 변호 연설』 29~38에서 키케로는 '사죄'의 방법을 활용하고 있다.
365 I 106~109a를 보라.
366 II 108의 처음에 변호를 위한 공통 논소가 소개되었는데, 여기 이 논소도 변호인과 관련된 것으로 보인다.
367 I 69의 첫 문장 보라.
368 I 14와 II 69 참조.
369 II 69 이후에 설명했다.
370 군사 위원회나 행정관들의 위원회.
371 기원전 95년에 집정관을 역임한 유명한 연설가다.
372 '공로'는 II 112, '포상받을 자'는 II 113a, '포상의 종류'는 II 113b, '포상 능력'은 II 115에서 논의된다.
373 II 109와 110에서 '처벌'에 대해서 논의한다고 예고했지만, 실제로는 논의되지 않았다.
374 I 17에서와 동일한 하위 분류
375 "원하는(volet)"의 주어가 아들(filius)인지 아내(uxor)인지가 분명하지 않기 때문에 애매함이 생겨난다.
376 퀸틸리아누스 『수사학 교육』 VII 9, 9 참조
377 I 34~36
378 "국가 재산이 되어야 한다"라는 문장에서 meretrix(매춘부)나 corona(금관)가 모두 주어가 될 수 있기 때문에 애매함이 생긴다.
379 두 법률이 같은 목표를 가질 수 없기 때문이다.
380 II 116.
381 II 155~176 참조.
382 II 116에서 예고됨. 아리스토텔레스 『수사학』 1374b, 1375a, 퀸틸리아누스 『수사학 교육』 III 6, 61 참조.

383 II 122~124에서는 '의도'에 입각한 논증이 전개된다.
384 쿠리우스 소송과 유사한 이 사안은 『연설가론』 I 180, II 140 등에 인용되어 있다.
385 유언자 가부장은 아들이 사망하는 경우 후순위 상속인을 지명했다. 그러나 아들이 태어나지 않았기 때문에 단지 아버지의 상속인만이 존재할 수 있다.
386 가부장의 형제들(agnati)에 반대하는 후순위 상속인을 말한다.
387 II 122의 시작에 언급됨.
388 II 71 이하.
389 마리우스의 군대에서 일어난 사건이라고 한다(『밀로 변호 연설』 9).
390 II 87 참조.
391 '자인'의 다른 종인 '사죄'는 활용될 수 없다.
392 II 95.
393 II 98.
394 II 96.
395 II 125~137에서는 문언을 옹호하는 논증이 전개된다.
396 II 62와 II 122 이하.
397 사법과 관련된 쟁점의 외래적인 종에 대한 설명은 II 71 참조. '문언'과 '의도'와 관련된 논쟁의 사례들은 II 124에서 이미 언급되었다.
398 II 127의 마지막 부분에서 언급된 두 번째 반박 논거다.
399 이 세 부분의 내용을 간략하게 제시하고 그 내용을 II 143까지 논의할 것이다.
400 간접화법이지만 마치 실제 연설인 것처럼 심판인에게 말을 걸고 있다.
401 피고인이 '문언'에서 벗어났을 때 제시한 두 번째 변명은 II 122 참조
402 derogatio는 법률의 부분 폐지이고, abrogatio는 완전 폐지이고, commutatio는 변경이다.
403 II 130.
404 II 130.

405 첫 두 논점을 말한다(II 130~135).
406 II 72~109.
407 이를테면 정의(定義)의 쟁점을 들 수 있다.
408 II 138~143에서는 문언에 반대하는 논증이 전개된다.
409 II 71b~109.
410 간집화법이지만 마치 실제 연설인 것처럼 심판인에게 말을 걸고 있다.
411 II 155 이하 참조.
412 II 136.
413 II 148~153a 참조.
414 II 71~111.
415 I 17과 II 116에서 언급되었다. 퀸틸리아누스 『수사학 교육』 VII 7,7~9 참조.
416 이 두 법률은 상상한 것으로 보인다.
417 악명 높은 폭군이다. 기원전 358년에 퀴노스켈라스에서 펠로피다스와 테바이인들에게 패전했다고 전한다. 그런데 여기 일화는 키케로가 좋은 사례 제시를 위해서 역사적 사실을 각색한 것이다. 실제로 이 폭군은 그의 아내의 형제들 손에 살해되었고 또 자식이 없었다고 하기 때문이다(크세노폰 『헬레니카』 VI 4, 35~37).
418 II 155 이하에서는 심의적 방법이 언급된다.
419 II 116~121, 148~154.
420 II 155 이하.
421 I 17과 II 116에서 이미 예고됨.
422 이들 법률은 12표법에서 인용된 것이다.
423 『헤렌니우스에게 바치는 수사학』에 의하면 말레올루스(Malleolus)라는 자가 어머니를 살해한 사건이었다고 한다(I 23).
424 리비우스에 의하면 말레올루스라는 자가 처음으로 가죽 부대 안에 개, 원숭이, 닭, 독사 따위 짐승과 함께 넣고 봉해져서 강물에 던져지는 형벌을 받았다고 한다(『요약들(*Periochae*)』, 68).

425 II 62와 II 122 이하와 비교.
426 II 69~71 참조.
427 I 82 참조.
428 '유추'의 공통 논소는 대체로 '문언과 의도'의 공통 논소와 중첩된다.
429 이 부분은 이미 I 17과 II 116에서 언급됨.
430 II 52~56.
431 전시류는 II 177~178에서만 다루어진다.
432 소송류의 쟁점들이 심의류와 전시류에서도 나타날 수 있다는 것이다.
433 아리스토텔레스 『수사학』 1358b에 따르면 심의류의 목적은 행복(*eudaimonia*)이나 유익(*sympheron*)이다. 한편, 키케로 『수사학(*Part. orat.*)』, 83에서는 '유익'이 심의류의 유일한 목적이라고 한다.
434 추한 것, 무익한 것, 추하고 동시에 무익한 것.
435 불가피함(necessitudo)은 II 170~175, 상태(affectio)는 II 176 참조.
436 플라톤과 스토아 철학의 사주덕이다.
437 '현명'은 160a, '정의'는 160b~162, '용기'는 163~164a, '절제'는 164b에서 설명된다.
438 II 65~67에서는 자연법(naturae ius), 관습에 의한 법(consuetudine ius), 법률에 의한 법(iura legitima)으로 분류했다.
439 여기에서 'veritas'는 II 66에서와는 다르게 해석된 것으로 보인다.
440 I 86에서도 볼 수 있듯이 키케로가 철학적인 저술을 집필할 계획이 있음을 알려 준다.
441 키케로가 저술하게 될 『라일리우스 우정론』(기원전 44)을 떠올리게 한다.
442 이 구분에 대해서는 플라톤 『고르기아스』 444c; 『니코마코스 윤리학』 1098b 참조.
443 그것은 쉬운 것, 또는 보다 정확하게는 가능한 것(dynaton). 『수사학(*Part. orat.*)』, 95 참조.
444 II 158에서 언급된 논점들.

445 아리스토텔레스(『수사학』, 1359a)에서 언급됨.
446 II 169.
447 기원전 216년 2차 포에니 전쟁 기간에 일어났던 포위 공략을 말한다.
448 Achard(1994)가 삭제 판정했다.
449 앞 문단에서의 세 가지 사례를 말한다.
450 『오뒷세이아』 4, 242~64. 오뒷세우스는 정찰을 위해서 거지로 위장하여 트로야에 잠입했다.
451 소크라테스의 제자이며 퀴레네 학파의 창설자다. 그는 어느 날 출항 후에 자신이 해적들에게 붙잡혀 있음을 알게 되었다. 그러고 나서 우연을 가장하며 배 바깥에 돈을 투척했다. 돈을 버려서 목숨을 구하는 것이 돈을 지키려고 목숨을 잃는 것보다 더 낫다고 생각했기 때문이다(『유명한 철학자들의 생애와 사상』 2, 77).
452 『연설가론』 2, 342~348. 퀸틸리아누스 『수사학 교육』 III 7, 283 참조.
453 I 34~36, II 32~34 참조.
454 I 34에서는 다르게 구분되었다.
455 II 159~165.
456 이 문장에서 작품의 제목이 결정된 것으로 보인다.
457 이들 저술은 집필된 적이 없다.

작품 안내

『발견론』의 탄생과 그 배경

『발견론』은 청년 키케로가 집필한 수사학 분야의 첫 번째 저술이다. 이 분야의 대작으로 손꼽히는 『연설가론』은 기원전 55년에 집필되었고, 『브루투스』, 『연설가』, 『최상의 연설에 대해서』, 『수사학: 말하기의 규칙과 체계』 등과 같은 저술들은 그의 마지막 창작기인 46년부터 집필되었다. 『연설가론』의 서론을 읽어 보면 『발견론』에 대한 평가를 엿볼 수 있다. "내 소년 시절, 아니 청년 시절의 초고에서 빠져나온 미완성에 조잡한 글들은 현재 나의 삶과, 내가 관여한 수많은 중요 재판들에서 얻은 경험에 비추어 보면 거의 가치가 없으니까요."(I 5)[1] 이 전거에 의하면 『발견론』은 초고 수준의 미완성작이었음을 알 수 있다.

키케로는 기원전 91년에 연설술 수학을 시작했다. 2세기 이후로는 로마에서도 연설술이 희랍 출신 연설술 교사와 철학자들에 의해서 전파되어 교수되기 시작했다. 마침내 93년에는 로마에 연설술 학교가 개교했는데, 연설술 교사들 중에서 플로티우스 갈루스[2]가 가장 유명했다. 그런데 연설술이 엄청나게 유행하자, 92년에 감찰관 리키니우스 크랏수스와 도미티우스 아테노바르부스가 연설술 학교에 폐교령을 내렸다. 연설술이 '평지 돌출'(homo novus)이나 민중에게 커다란 이익이 되는 것으로 보였기 때문이다. 그 이후로 연설술 교사는 집필 활동으로 돌아서게 되었다. 그럼에도 소년 키케로는 연설술 수학을 이어 나갔는데, 연설술 학교에 폐교령을 내린 장본인인 크랏수스가 키케로에게 연설술 분야의 유능한 스승을 소개했다. 그 스승의 이름은 알려져 있지 않지만, 이 교사의 강의를 접하면서 키케로는 그리스 로마의 연설술을 공부했고, 이 공부를 바탕으로 연설술 지침서를 집필하기로 결심했다.

연설술 지침서 『발견론』의 특징을 정리해 보자. 첫째, 미완성 저술이다. 젊은 키케로는 연설술의 과제 모두, 즉 발견, 배치, 기

---

1 퀸틸리아누스 『수사학 교육』 III 1, 20~21 참조.
2 최초의 직업적인 라틴어 연설술 교사다.

억, 표현, 발표에 대한 방대한 저술을 계획했지만,[3] 실제로는 '발견'에 대한 두 권만을 집필했을 뿐이다. 둘째, 강의록의 성격을 띠고 있다. 이는 키케로가 연설술 교사에게서[4] 배운 내용을 정리한 강의록을 바탕으로 『발견론』을 집필했기 때문이다.[5] 셋째, 절충적인 방법이 적용되었다. 2권의 서론(1~10)에서 알 수 있듯이 키케로는 아리스토텔레스의 모범을 따르며 여러 수사학 관련 자료들을 수집하고 검토하고 종합하여 『발견론』을 집필했다.

따라서 『발견론』은 키케로가 기원전 91년에 연설술 수학을 시작해서 81년에 청년 변호사로 법정에 데뷔하기 전에 완성했을 것이다. 84년이나 83년 또는 이 두 해에 『발견론』이 집필되었다는 Achard의 가설이[6] 가장 설득력 있어 보인다. 그 가설의 근거로 Achard는 당시 로마의 역사적 상황을 제시한다. 88~87년은 마리우스와 술라 사이의 내전으로 인해 로마가 혼란스러웠으니 집필 활동이 쉽지 않았을 것이다. 그런데 86~83년은 비교적 평화로운 시기였으니 활발한 집필 활동이 가능했을 것이다. 하지만 83년에는 술라가 로마에 귀환했으니 다시 작품 활동이 어려워졌

---

3 『발견론』 II 178.
4 『발견론』에서 키케로 스승의 이름을 알 수 없다.
5 퀸틸리아누스 『수사학 교육』 III 6, 59 참조
6 Achard(1994), 5~10쪽. 한편 Nüßlein(1998)은 『발견론』이 86년에서 84년 사이 집필된 것으로 본다(365쪽).

을 것이고 작품의 출간도 금지되었을 것이다. 이 84~83년의 가설이 옳다면 키케로는 당시 22~23세의 나이에 『발견론』을 완성한 것이다.

아리스토텔레스 『수사학』의 영향

연설술의 역사에서 아리스토텔레스의 『수사학』은 연설술의 가장 중요한 교과서라 하겠다. 그에 따르면 연설술은 학문(*epistēmē*)이 아니라 능력(*dynamis*)에 불과하지만, 그럼에도 연설술에서도 논리의 엄격함과 체계적 방법이 중시되었다. 아리스토텔레스는 설득의 세 가지 방법을 소개했는데, 그것들은 연설가의 성격(*ēthos*), 청중의 감정(*pathē*), 기술이 있거나 없는 증거들(*pisteis entechnai* 또는 *atechnai*)로 구성된다. 그런데 『수사학』은 연설의 실제에서 직접 사용 가능한 상세한 지침을 주지 않기에 실용적이라고 볼 수는 없다. 연설술의 '발견'과 관련해서는 수사학적 연역인 엔튀메마(*enthymēma*), 귀납, 사례들의 사용을 권장하고 연설술과 관련된 실수들을 경고하고 연설가의 성격의 중요성을 부각했다.[7]

『발견론』의 여러 부분에서 아리스토텔레스의 영향을 확인할 수 있다. 우선 키케로는 아리스토텔레스가 나눈 심의, 전시, 소

---

7 『수사학』1354a~1357a, 1378a, 1393b 참조.

송이라는 사안의 세 가지 분류를 따르고 있고,[8] 이 세 가지 종류의 사안에 연설술의 기본 개념들 중 하나인 소재(materia)가 해당한다고 말한다(I 7, 9). 또 아리스토텔레스의 분류법을 따라 연역을 다섯 부분으로 나누겠다고 한다(I 61).[9] 또 키케로는 자신이 어떻게 희랍의 수사학 전통을 절충하며 정리했는지 설명할 때, 연설술 지침의 적합한 해설자로 아리스토텔레스를 칭찬하고 그 덕분에 연설술의 역사를 알게 되었음을 강조한다(II 6~7). 또 심의류의 목적이 '유익'이라고 생각한 아리스토텔레스와는 다르게, 자신은 그것의 목적이 '훌륭함'과 '유익'이라고 주장한다(II 156). 이처럼 『발견론』에서는 체계와 이론적 성격에 유념하고 연역과 귀납의 중요성을 강조하며 논증의 오류에 대해 경고하는 등 아리스토텔레스와 유사한 특성을 잘 보여 주고 있다.

그러나 아리스토텔레스의 수사학 이론과 『발견론』 사이에 정확한 유사함이 있다고 보기는 어렵다. 우선 아리스토텔레스가 연설술에 대한 자신의 이론과 선배들의 이론을 정리했다고 하는 『기술들의 요약』은 전해지지 않는다. 또한 이 작품을 포함한 수사학 관련 저작들은 키케로가 『발견론』을 집필하면서 직접 탐구

---

8 심의적 연설은 입법 기관을 대상으로, 소송적 연설은 법정을 대상으로, 전시적 연설은 오락이나 재미를 위해 모인 집단을 대상으로 한다.
9 이는 키케로의 오해다. 아리스토텔레스 철학에서 연역, 즉 엔튀메마는 세 부분으로 구성되기 때문이다.

했다기보다는 그의 스승과 같은 중재자들이 교육적인 목적으로 각색한 저작들을 통해서 아리스토텔레스의 연설술을 접했던 것으로 보인다. 이처럼 아리스토텔레스의 영향은 간접적이라 하겠다. 게다가 『발견론』의 많은 부분은 아리스토텔레스의 수사학과는 거리가 멀다. 이를테면 키케로는 헤르마고라스의 쟁점 이론을 도입했고 아리스토텔레스의 수사학과는 무관한 사례들을 선택했고 아리스토텔레스가 중시한 연설가 성격을 도외시했다.

아리스토텔레스의 제자인 테오프라스토스의 영향도 마찬가지로 가늠하기 어렵다. 연역(ratiocinatio)에서 그의 이름이 짧게 언급될 뿐이다(I 61). 연설의 문체와 관련해서 테오프라스토스는 언어의 정확성(*Hellēnismos*), 명료함(*saphēneia*), 적합함(*prepon*), 미사여구(*kosmos*)의 요소를 중시했다. 그런데 '발견'보다는 연설의 형식, 연설의 실제, 기억 등에 더 많은 관심을 기울였기 때문에 테오프라스토스의 이론은 『발견론』에선 인용되기 어려웠을 것이다.

헤르마고라스 쟁점 이론의 수용과 비판

2세기 중 후반에 활동한 템노스의 헤르마고라스의 『연설의 기술들』은 로마에서 수사학 교육의 기초가 되었다고 한다.[10] 헤르

---

10 『브루투스』 2, 63.

마고라스는 사안의 쟁점 분야에서 혁신을 이루었다. 논의될 사안이 속한 쟁점을 결정하는 것이야말로 논거의 안출과 공통 논소의 선택을 좌우하기 때문이다. 헤르마고라스는 '발견'을 위한 기술인 쟁점 이론을 통해서 연설술의 이론을 확장했다고 볼 수 있다. 그는 연설을 논제에 따라서 두 가지 종류로 구분하는데, 하나는 일반적이고 근본적이며 추상적인 질문을 던지는 일반 문제들(quaestiones infinitae)이고, 다른 하나는 제한된 사실과 인물에 대해 구체적인 질문을 던지는 특수 사안들(causae) 또는 한정된 문제들(quaestiones finitae)이다. 또 '특수 사안들'은 (1) 법률 관점에서 고려하는 법률적인 유(*genos nomikon*)와 (2) 사실과 형평의 검토를 위해 질문하는 논리적인 유(*genos logikon*)로 나누어진다. 전자인 법률적인 유는 네 가지 쟁점으로 세분되는데, 그것들은 문언과 의도(*kata rhēton kai hypekshairesin*), 법률의 상충(*antinomia*), 애매함(*amphilogia*), 유추(*syllogismos*)이다. 이들 네 가지 쟁점은 더 구체적인 쟁점으로 세분된다. 한편 후자인 논리적인 유도 네 가지 쟁점으로 세분된다. 그것들은 사실 자체가 논쟁이 되는 추정(推定, *stochasmos*)의 쟁점, 사실의 명명이 논쟁이 되는 정의(定義, *horos*)의 쟁점, 쟁점의 법적인 성질이 문제가 되는 질(質, *poiētēs*)의 쟁점, 고발인의 법률 권한 내지 법원의 관할권을 두고 다투는 이전(移轉, *metalēpsis*)의 쟁점을 말한다. 또 이들 쟁점 가운데, 옳음과 그름의 문제와 관련된 '질의 쟁점'은 '심의적인 것', '전시적인 것', '사법(司法)과 관련된 것', '법무(法務)와 관련된 것'으로 나뉜다.

키케로는 헤르마고라스의 쟁점 이론을 받아들여 『발견론』의 기본 토대로 삼았다. 그럼에도 헤르마고라스를 다음과 같이 비판한다. 우선 연설가의 소재가 일반 문제와 특수 사안으로 구분되고 연설가가 어떻게 일반 문제를 다룰지 알아야 한다는 주장을 비판했고(I 8), 쟁점이 없는 사안들이 있다는 견해를 부정했다(I 10). 또 '질의 쟁점'이 심의적인 것, 전시적인 것, 사법과 관련된 것, 법무와 관련된 것의 네 부분으로 나뉜다는 분류를 인정하지 않았다(I 9, 12). 또 여담(digressio)이 연설의 한 부분을 차지할 수 있다는 생각을 비판했다(I 97). 그런데 특히 I 8과 12에서는 너무 지나친 비판 어조를 엿볼 수 있다.

위 비판들 중에서 키케로는 헤르마고라스의 '질의 쟁점' 분류를 인정하지 않았는데, 그 이유는 그가 아리스토텔레스의 분류법에 따라서 사안 또는 연설을 심의류, 전시류, 소송류로 나누었기 때문이다(I 5,7). 또 소송류 아래에는 추정의 쟁점, 정의의 쟁점, 이전의 쟁점, 질의 쟁점을 위치시키고, '질의 쟁점'의 하위 종으로는 '법무와 관련된 것'과 '사법과 관련된 것'을 놓았다(II 14~154). 한편, 쟁점과는 별개인 '문서와 관련된 논쟁'을 다섯 가지로 나누었는데, 그것들은 애매함(ambiguitas), 문언과 의도(scriptum et sententia), 법률의 상충(leges contrariae), 유추(ratiocinatio), 정의(definitio)이다(I 17, II 116~154).

『발견론』의 구성

두 권으로 구성된 『발견론』은 논증의 기술적인 방법을 자세하게 소개하고 있다. 헤르마고라스의 쟁점 이론을 중심으로 한 논증법을 두 권으로 설명하는데, 두 권의 서론은 폭넓은 고찰을 담고 있다. 1권의 서론은 연설술의 중요성과, 인간 문명에서 그것의 역할에 대해 말하고, 2권의 서론은 희랍의 연설술 이론을 각색하고 절충하는 방법론을 소개한다. 1권에서는 쟁점 이론을 연설의 부분들에 적용하고, 2권에서는 쟁점 이론을 사안의 세 가지 종류에 적용한다.

1권에서는 서론에 이어서 연설술의 다섯 기본 개념들을 제시하고 연설술을 정치학의 하위 부류에 귀속시킨다. 이 다섯 기본 개념은 종류(genus), 임무(officium), 목표(finis), 소재(materia), 부분들(partes)이다. 이들 중에서 '소재'와 '부분들'이 연설술의 토대에 해당한다. '소재'는 사안의 세 가지 유인 심의, 전시, 소송을 말하고, '부분들'은 연설가의 다섯 가지 과제, 즉 발견, 배치, 표현, 기억, 실연을 말한다. 다섯 기본 개념 중에서 종류, 임무, 목표의 집필은 다음 기회로 미루고 '소재'와 '부분들'을 서로 엮어서 『발견론』의 체계를 세운다(I 9). 그런데 사안 또는 연설의 세 가지 유가 연설술의 부분들(partes)과 같은 것은 아니지만, 그 부분들 중에선 단지 '발견'만을 논의했다.

첫 번째 부분(I 10~19a)에서는 쟁점과 그것의 개념들이 소개된다. 실질적인 쟁점 이론(I 10~16)에는 단순한 사안과 복합적 사안 등의 설명이 추가되어 있다(I 17~19a). 두 번째 부분(I 19b~109)은 연설의 여섯 부분, 즉 '머리말', '서술', '구분', '확증', '논박', '맺음말'에 대한 지침을 담고 있다. 법정 연설의 여섯 부분 각각에서는 논거들을 어떻게 취해야 하는지에 대한 지침을 주는 것이다. 특히 확증(I 34~77)에서는 일반 논증의 논소(34~49)와 귀납과 연역의 형식(50~77)이 연관 없이 병치되어 있다. 2권의 주된 내용인 세 번째 부분(II 11~178)은 사안의 세 가지 종류에 따른 논증의 기술이 펼쳐진다. 14~154에서는 소송류, 155~176에서는 심의류, 177~178에서는 전시류가 다루어진다. 여기에서 소송류가 대부분을 차지하는데(14~154), 연설술의 지침이 법정 연설을 위한 것이기 때문이다. 또 이 세 번째 부분에서는 연설의 여섯 부분에 따른 엄격한 도식을 해체하고 '확증'과 '논박'을 중심으로 쟁점 이론을 전개한다. 특히 개별 쟁점을 소개하는 방식은 다음과 같다. 상황을 설명하는 사례, 고발(intentio), 부인(depulsio), 근거(ratio), 근거의 반박(infirmatio rationis), 마지막으로 판단 사항(iudicatio)의 순서로 전개한다. 이어서 주어진 쟁점에 상응하게 고발인과 변호인을 위한 가능한 논거들을 제시하고 또 여기에 관련된 공통 논소들을 소개한다.

세 번째 부분에서는 '확증'과 '논박'을 중심으로 쟁점 이론을 전개하기 때문에 『발견론』의 구성이 더 간결하고 더 일목요연하게 되지만, 지침의 내용이 교차하고 중복되는 일이 발생한다. 또 일반 쟁점 이론을 다루는 첫 번째 부분과 특수 쟁점 이론을 다루는 세 번째 부분이 명확하게 구분되지 않는다. 또 첫 번째 부분을 두 번째 부분과 연결하여 어떤 완결된 체계를 구상하고 있다는 인상을 준다.

『발견론』과 『헤렌니우스에게 바치는 수사학』의 관계

90년과 80년 사이에 출현한 라틴어 연설술 저술들 중에선 『헤렌니우스에게 바치는 수사학』(이하 『헤렌니우스』)과 『발견론』만이 살아남았다. 두 저술은 우리에게 전해지는 가장 오래된, 연설술에 대한 라틴어 교과서인데, 기원전 1세기 80년대 중후반, 거의 동시대에 탄생한 것으로 보인다.

두 저술의 유사함을 인정하더라도, 하나가 다른 하나에 직접적인 영향을 미친 것이 아니라 두 저술이 같은 출처에서 영향을 받았다는 것이 중론이다.[11]

두 저술의 동일하거나 유사한 점들은 다음과 같다. 연설의 부분들이 같고(I 7, 9 cf. 『헤렌니우스』 I 2, 3), 머리말의 분석이 같고,

---

11 Achard(1994) 20쪽 참조.

서술(narratio)과 맺음말(conclusio)의 설명이 같다. 또 심의, 전시, 소송의 사안의 분류와, 연설술의 부분들에 대한 정의가 유사하고(I 7, 9 cf. 『헤렌니우스』 I 2, 3), 호의를 얻으려는 방법이(I 22 cf. 『헤렌니우스』 I 8) 유사하고, 사안의 쟁점에 따른 논거의 관리가 유사하고, 두 작가가 쟁점을 stasis가 아니라 constituio라 칭한다는 점에서 전문용어들도 유사하다(I 10 cf. 『헤렌니우스』 I 8).[12] 또 때때로 사례들이 같고, 엔니우스와 파쿠비우스의 인용들이 같고, 또 아이아스, 오뒷세우스, 오레스테스, 카이피오처럼 언급되는 인명들이 거의 같고, 그리고 연설술 지침의 작성 요령이 두 작품 모두에 나타난다(I 8 cf. 『헤렌니우스』 IV 6).

그럼에도 두 저술의 두드러진 차이점들은 다음과 같다. 키케로는 전적으로 연설가의 과제들 중에서 '발견'만을 다루고 있지만, 『헤렌니우스』의 저자는 그 모든 과제, 즉 발견(1, 2~3, 15), 배치(3, 16~18), 실연(3, 19~27), 기억(3, 28~3, 40), 표현(4, 11~4, 68)에 대한 내용을 담고 있다.[13] 또 사안의 쟁점에 대해서는 키케로가 추정의 쟁점, 질의 쟁점, 정의의 쟁점, 이전의 쟁점으로 구분하는데, 『헤렌니우스』에서는 추정의 쟁점, 법률과 관련된(legitima) 쟁점, 사법과 관련된(iuridicialis) 쟁점으로 나눈다. 이

---

12 『헤렌니우스』의 divisio(1, 4), confutatio(1, 24), translatio(1, 4)는 『발견론』에선 partitio, refutatio, relatio라고 불린다.
13 내용 면에서는 『헤렌니우스』 1, 2-3, 15만이 『발견론』에 상응하는 부분이다.

러한 분류의 차이는 두 저술의 전체 구조의 차이를 보여 준다. 『헤렌니우스』에서는 곧장 소송류를 다루면서 추정의 쟁점, 법률과 관련된 쟁점, 사법과 관련된 쟁점들에 따라서 지침을 나누고 나서 논증 일반을 다룬다. 그런데 『발견론』에서는 일반 지침으로 시작해서 그것을 사안의 개별류에 적용하는 방식을 취한다(I 34~94, II 11 이하). 또 두 저술은 집필의 정신에서도 상이하다. 키케로는 웅변의 시민적 역할을 부각하고 체계와 관련해서 희랍의 연설술 전통에 적대적이지 않기에 필요하다면 그것을 기꺼이 인용하여 수용한다. 반면, 『헤렌니우스』는 연설이 철학 또는 도덕과 맺는 연관성을 고려하지 않고 희랍의 연설술 전통과 차별화하려고 노력한다.

또 『헤렌니우스』에는 없지만 『발견론』에만 있는 내용들을 살펴보면, 두 저술의 차이점이 보다 더 두드러진다. 1권과 2권의 서론 부분, 일반 문제와 특수 사안에 대한 논의(I 8), 구분(partitio)에서 유와 종에 대한 설명(I 31~33), 인물과 행위의 속성들에 대한 설명(I 34~43), '확증'에서 귀납에 대한 논의(I 50~56), 포상의 문제(II 109b~115), 헤르마고라스의 여담에 대한 논의(I 97) 등을 들 수 있다.

키케로가 『헤렌니우스』의 저자가 아니라는 사실은 오늘날에는 논란의 여지가 없다. 또 『헤렌니우스』가 『발견론』의 확장판이라는 주장도 설득력을 잃었다. 19세기 중후반부터 두 저술의 관계에 대해선 세 가지 가설이 제시되었다.[14] 첫째, 『헤렌니우스』의 저자가 『발견론』을 활용했다. 둘째, 키케로가 『발견론』을 집필할 때 『헤렌니우스』를 눈앞에 두고 작업했다. 셋째, 두 저술은 로마의 같은 연설술 교사의 가르침에 영향을 받아서 집필된 것이다. 이들 중에서 세 번째 가설이 가장 설득력 있어 보인다.

요컨대 『발견론』은 아리스토텔레스로부터 간접적인 영향을 받았고 사안의 쟁점과 관련해서 헤르마고라스의 영향이 심대했음을 알 수 있다. 또 연설술 스승의 영향을 받은 키케로는 『발견론』에서 아리스토텔레스의 사안의 세 가지 분류와 헤르마고라스의 쟁점 이론을 결합하여 종합하려고 했다. 또 『발견론』은 희랍 수사학의 전통적인 가르침과 매우 실용적인 로마 수사학자의 가르침을 융합하여 종합하려고 했다. 이후 『발견론』은 중세 후기의 교육에 상당한 영향력을 행사했으며 또 그러한 이유로 주목을 받아 왔다. 고전 수사학의 역사에서 『발견론』은 기원전 4세기에 쓰여진 아리스토텔레스의 『수사학』과 『알렉산드로스에게 바치는 수사학』 이후 처음으로 출현해서 250년 동안의 '발견'이란 주제의 변화 양상을 가늠하고 키케로의 후기 연설술의 업적을 평가하는 중요한 토대라 하겠다.

---

14 Nüßlein(1998), 384쪽.

6. 판본 소개

9세기에서 11세기 기간에 생산된 『발견론』의 필사본들은 200개 이상으로 확인되었다. 『발견론』의 모본(模本) X에서 유래한 필사본의 두 계열을 상정할 수 있는데, 이 모본 X는 물론 두 계열 각각의 모본도 전해지지 않는다. 둘 중 한 계열은 '불구'라는 뜻의 Mutili라고 불리며 M으로 표기하는데, 여기에는 9세기부터 10세기에 이르는 가장 오래된 필사본들이 속한다. M 계열 필사본의 중요한 특징은 I 62~76과 II 170~174의 두 부분이 누락되어 전승되었다는 것이다. 가족 M에 속한 대표적인 필사본으로는 대문자 H, P, S, L, R를 들 수 있다.[15] 또 다른 계열은 '완전'이라는 뜻의 Integri라고 불리며 I로 표기하는데, 여기에는 10세기와 주로 11세기에서 생산된 많은 필사본들이 속한다. 가족 I에 속한 대표적인 필사본으로는 b, 1, s, u, v2, v7를 들 수 있다.

최초의 인쇄 출판본(editio princeps)는 1470년에 베니스에서 출판된 Omnibonus Leonicenus의 *De inventione, sive rhetorica vetus*로 알려져 있다. 20세기에 출판된 중요한 비판 정본으로는 우선 Eduard Stroebel의 *Rhetorici libri duo qui vocantur De inventione*(Leipzig, 1915)를 들 수 있다. 또 다른 비판 정본은 G.

---

15 기호일람표(sigla)는 Achard(1994), 45~46쪽 참조.

Achard의 *De L'Invention*(Paris, 1994)이다. 이 두 비판 정본은 서문에서 텍스트 전승사를 자세하게 설명했고 필사본의 계보도를 작성했다.[16] 그런데 Taylor-Briggs는 필사본 간 '오염' 이론을 근거로 삼아서 계보도 작성의 불가능함을 주장했다. '오염'의 두 가지 근거는 다음과 같다.[17] 첫째는 『발견론』이 중세 후기, 초기 대학의 수사학 교재로 애용되었다는 것이다. 그래서 이문(異文)들이 널리 퍼져서 필사본들에 심어지게 되었다. 둘째는 12~14세기에 『발견론』에 대한 다수의 주석서가 널리 통용되어 특히 텍스트 인용을 통해서 필사본 사이의 오염이 가속되었다는 것이다.

---

16 Stroebel(1915) III-XX쪽, Achard(1994), 30~44쪽.
17 Taylor-Briggs(2006), 99~100쪽.

참고 문헌

1. 원전 및 번역본

Achard, G., (ed). *De l'invention*, Paris: Les Belles Lettres, 1994.
Caplan, Harry, (tr.), [*Cicero*] *Rhetorica ad Herrennium*, Cambridge, MA: Harvard Up, 1954.
Freese, J.H.(tr.), Striker, Gisela(rev.), *Aristotle Art of Rhetoric*, Cambridge, MA: Harvard Up, 2020.
Nüßlein, Theodor (ed. & tr.), *De Inventione; De optimo genere oratorum*, Düsseldorf: Artemis & Winkler, 1998.
Hubbell, H.M. (ed.&tr.) *Cicero: De inventione; De optimo genere oratorium; Topica*. Cambridge, Mass.: Harvard UP, 1949.
Rackham, H., *Cicero On the Orator Book 3, On the fate, Stoic Paradoxes, Divisions of Oratory*, Cambridge, MA: Harvard Up, 1942.
Russell, Donald A. (ed.&tr.) *Quintilian The Orator's Education*,Books 1-2, 3-5, 6-8, 9-10, 11-12, Cambridge, MA: Harvard Up, 2001.

Ströbel, Eduard, *M. Rhetorici libri duo qui vocantur De inventione*, Leipzig: Teubner, 1915.

Sutton, E.W., Rackham, H.,(tr.), *Cicero On the Orator Books 1-2*, Cambridge, MA: Harvard Up, 1948.

片山英男(翻訳), キケロー『発想論ほか』, 岩波書店, 2000.

김기영 옮김, 에우리피데스, 『메데이아』, 을유문화사, 2022.
김기영 옮김, 호메로스, 『오뒷세이아』, 민음사, 2022.
김남우 외 옮김, 키케로, 『설득의 정치』, 민음사, 2015.
김인곤 옮김, 플라톤, 『고르기아스』, 아카넷, 2021.
김주일 외 옮김, 디오게네스 라에르티오스, 『유명한 철학자들의 생애와 사상』, 나남, 2021.
송유레 옮김, 아리스토텔레스, 『에우데모스 윤리학』, 아카넷, 2021.
성중모 옮김, 키케로, 『토피카』, 아카넷, 2022.
안재원 옮김, 키케로, 『수사학. 말하기의 규칙과 체계』, 도서출판 길, 2006.
이기백 옮김, 플라톤, 『크리톤』, 아카넷, 2020.
조대호 외 옮김, 아리스토텔레스, 『아리스토텔레스 선집』, 도서출판 길, 2023.

2. 2차 문헌

문준영, 성중모, 조지만 옮김, 가즈다 아리츠네, 『개설 서양 법제사』, 민속원, 2020.
안재원, 「키케로(Cicero, 기원전 106년~43년)의 쟁점 구성 이론(status)에 대하여: 쿠리우스 소송(causa curiana)을 중심으로」, 『서울대학교 법학』, 제51권 제2호, 2010, 37-68.
최병조, 「법과 문학 사이에서―키케로 〈수사학〉 국역본에 대한 촌평: 연설론 쟁점 구성론의 효용―안재원 소견에 대한 촌평, 법정 연설 부분을 예증 삼아」, 『서울대학교 법학』, 제49권 제4호, 282-323.

최병조, 「연술론 쟁점 구성론의 효용」, 『서양고전학 연구』, 41권, 2010, 209-241.

하재홍, 「쟁점 이론과 구두변론」, 『서울대학교 법학』, 제54권 제3호, 2013, 601-644.

Adamietz, J. *Ciceros de inventione und die Rhetorik ad Herennium*, Ph.D. diss., Marburg, 1960.

Barwick, K., "Die Vorrede zum zweiten Buch der rhetorischen Jugendschrift Ciceros und zum vierten Buch des Auctor ad Herennium", *Philologus* 105, 1961: 307-14.

Christes, J. "Realitätsnähe und Formale Systematic in der Lehre vom Exordium der Rede (Cic. inv. I, 10 - 26, Rhet. Her. I, 5-11)", *Hermes* 106, 1978: 556-73.

Connolly, J., *The state of speech: Rhetoric and political thought at Rome*. Princeton, NJ: Princeton UP, 2007.

Taylor-Briggs, Ruth, "Chapter 2 Reading between the Lines: The Textual History and Manuscript Transmission of Cicero;s Rhetorical Works" in V. Cox & J.O. Ward(ed.), *The Rhetoric of Cicero in Its Medieval and Early Renaissance Commentary Tradition*, Leiden: Brill, 2006: 77-108.

Douglas, A. E., "The intellectual background of Cicero's rhetorica: A study in method" in *Aufstieg und Niedergang der Römischen Welt I. 3*. Berlin and New York: DeGruyter, 1973: 95-138.

Dugan, J., "Cicero's rhetorical theory" in *The Cambridge companion to Cicero*., ed. C. E. W. Steel, Cambridge: Cambridge UP, 2013, 25-40.

Fantham, E., "The growth of literature and criticism at Rome" in *The Cambridge history of literary criticism. Vol. 1, Classical criticism*, ed. G. A. Kennedy, Cambridge and New York: Cambridge UP, 1989: 220-244.

Fortenbaugh, W. W., "Cicero, On Invention 1.51–77: Hypothetical Syllogistic and the Early Peripatetics", *Rhetorica* 16, 1998: 25–46.

Fuhrmann, Manfred, *Die Antike Rhetorik*, Artemis & Winkler Verlag: Zürich, 2003.

Herbolzheimer, G. "Ciceros rhetorici libri und die Lehrschaft des auctor ad Herennium", *Philologus* 81, 1926: 391–426.

Horn, Christoph & Rapp, Christof, *Wörterbuch der antiken Philosophie*, München: Verlag C.H.Beck, 2002.

Hornblower, S., & Spawforth, A., *The Oxford Classical Dictionary*, Oxford: Oxford UP, 1996.

Kennedy, G. A., *The Art of Persuasion in Greece,* Princeton: Princeton UP, 1963.

Kennedy, G. A., *The art of rhetoric in the Roman world 300 BC–AD 300*, Princeton: Princeton UP, 1972.

Lausberg, Heinrich, *Handbuch der literarischen Rhetorik*, Stuttgart: Franz Steiner Verlag, 2008.

May, J. M., (ed.), *Brill's companion to Cicero: Oratory and rhetoric*, Leiden: Brill, 2002.

Menge, Hermann, *Lateinische Synonymik*, Universitätsverlag Winter: Heidelberg, 2011.

Montanari, Franco, *The Brill Dictionary of Ancient Greek*, Leiden: Brill, 2018.

Schmitz, D., "Rhetorik in Praxis und Theorie: Cicero: Pro Sestio/De inventione", *Der Altsprachliche Unterricht* 38, 1995: 41–53.

Staffhorst, U., "Helena in jeden Weibe?: zum Prooemium des 2. Buches von Ciceros Schrift De Inventione", *Gymnasium* 99, 1992: 193–200.

Thiele, Georg, *Hermagoras Ein Beitrag zur Geschichte der Rhetorik*, Strassburg: Teubner, 1893.

〈키케로 선집 번역〉 홈페이지 www.cicero.or.kr

찾아보기

라틴어(희랍어)–한국어

absoluta pars 내재적인 종 I 15, II 69~71a, 100, 151
absolutio 완결됨 I 32
accusatio 고발 I 7
actio 소송 I 10
adiunctio 부가 조건 II 171~173
admirabile 기이한 것 I 20
adprobatio/approbatio(*apodeixis*) 증명 I 59, 66, 67
adprobatum 추인된 것 I 48
adsumptiva pars 외재적인 종 I 15, II 71b~109, 123, 143
adsumptio/assumptio(*prolēpsis*) 소전제 I 59, 67
adsumptionis approbatio 소전제의 증명 I 67
adversarius 역행하는 I 89, 94
aequitas 형평 II 136, 138, 142, 143, 151, 156
affectio 상태 I 36, II 17, 19, 25, 30, 158, 170, 176
ambiguum 애매함 I 17, II 116~121a, 142, 147
amicitia 우정 II 157, 166~168
amplificatio 확장 I 27, 97, 101
amplitudo 영향력 II 166
anceps 양가적인 I 20
animus 의도(II 112), 영혼(II 177)
apertus 명료한 I 28, 29
approbatum 추인된 것 I 48
argumentatio 논증 I 44
argumentum 허구 I 27

ars 기술 I 2
ars dicendi 연설술 교과서 II 4
artificium 기교 I 6
attentus 주의를 기울이는 I 20
auctoritas 권위 I 5, 34, 101, II 166
audacia 무모함 I 4, II 165
beneficium 이익 II 75, 공로 II 112
benivolentia 호의 I 22, 26
benivolus 호의적인 I 20
brevis 간결한 I 28
brevitas 간결함 I 32
casus 변고 I 15, 36, 41, II 31, 42, 96, 99, 124, 우연 II 112
causa 특정 사안 I 8, 책임 I 15, II 87, 90, 동기 II 16, 17, 32~34, 변명 II 129, 130, 130~138, 140, 141, 사안 또는 연설 II 177
civilis ratio/civilis scientia 정치학 I 6
clementia 관용 II 164
commoditas 편의 II 40, 이익 II 173
commune 공통적인 것 I 40, 48
communis 공통적인 I 26, 89, 90
commutabile 전용 가능한 것 I 26
concessio(*syngnōmē*) 자인 I 15, II 90, 92, 94b~109a, 124, 137
concinnitudo 형식적 조화 I 25
conclusio 맺음말 I 97, 98~109a
confirmatio(*kataskeuē*, *bebaiōsis*) 확증 I 13, 34~77, 78, 97, 99, II 11
coniectura 추정 II 152, 153
coniecturalis constitutio 추정의 쟁점 I 10, 19, 59, 81, 87, II 14~51, 74, 105
conlatio(*parabolè*) 대비 I 49
conparabilis/comparabilis 비교 가능한 I 49, 79, 82
conparatio/comparatio(*antistasis*) 비교 I 15, 17, II 72~78a, 79, 82, 87, 123, 137
conplexio/complexio 딜레마 I 45, 결론 I 59, 61, 67, 79, 72, 87
conprehensio 딜레마 I 79, 83
conquestio(*oiktos*) 한탄 I 91, 98, 106~109, II 36, 46, 48, 51, 71, 83, 85, 86, 94, 107
consecutio(*symptōma*) 귀결 I 43, 74, II 42
consilium 의도 I 36, II 31, 42, 43, 176
constitutio(*stasis*=status) 쟁점 I 10, 18
consuetudine ius 관습에 의한 법 II 67, 162
consuetudo(*synētheia*) 관습 I 3, II 65, 67, 160, 162
contentio 대비 I 104, II 150
continentia 극기 II 164
contra praecepta 지침에 반하는 I 26
contrariae leges 법률의 상충 I 17, II 144~147
contrarium 정반대인 것 I 42
contrarius 반대되는 I 89, 93
controversia 논쟁 I 10

controversus 논란의 여지가 있는 I 89, 91
conversio(*antimetabolē*) 환위 I 83
copia dicendi 연설 능력 I 1, 3
corpus 신체 II 177
credibilis 믿을 만한 I 48, 79, 80
defensio 변호 I 7
definitio(*horos, horismos*) 정의(定義) II 74, 142, 147, 153b~154
definitiva constitutio 정의(定義)의 쟁점 I 10, II 52~56, 154
definitivum 정의(定義) I 17
delectatio 즐거움 I 27
deliberativum genus(*symbouleutikon genos*) 심의류 I 7, 12, 43, 96, II 76, 155~176
demonstrativum genus(*epideiktikon genos*) 전시류 I 7, 12, II 177~178a
deprecatio(*paraitēsis*) 사죄 I 13, 15, II 104~109, 111
depulsio(*apophasis*) 부인(否認) I 10, 13, II 15, 52, 62, 70, 73, 79, 87, 92, 95, 97, 98
diffidentia 불신 II 165
dignitas 위엄 I 25, 존엄 II 160, 지위 II 166
digressio(*paradiēgēsis, parekbasis*) 여담 I 27, 97
disparatum 부정된 것 I 42
dispositio(*taxis, oikonomia*) 배치 I 9, 30
dissertus, 유창한 I 1

docilis(*eumathēs*) 수용적인 I 20, 23
elocutio(*lexis, phrasis*) 표현 I 9, 27, 29
eloquentia 웅변 I 1~5
enumeratio(*dihairesis; anamnēsis, anakephalaiōsis*) 소거 I 45, 79, 84, 요약 I 98, 99~100
eventus 결과 I 42, II 23, 41
exceptio 항변 II 57~59, 예외 II 172
exemplum(*paradeigma*) 선례 I 49, 모범 II 4, 5
exercitatio(*meletē, gymnasia*) 연습 I 2
exordium(*prologos, prooimion*) 머리말 I 20~26
expolitio 수식(修飾) I 74, 78, II 11
expositio 설명 I 28
extra ordinem 비상 심리 절차로 II 58
extraria res 외부 사물 II 177
fabula(*mythos*) 신화 I 27
facta 행적 I 36, II 31, 42
factum 사실 I 10, II 16, 행위 I 15
factum ipsum 행위 사실 자체 II 38~51
facultas 능력 I 2, 수단 I 41, II 24, 40, 43, 포상 능력 II 115
falsus 거짓인 I 89, 90
festivitas 해학(諧謔) I 25, 27
fidentia 신념 II 163
fides 신뢰 I 34
finis 목표 I 5
firmamentum(*pistis*) 확증 I 18, 19, 34
fortitudo 용기 II 163

fortuna 운수 I 35, II 30, 42
generalis constitutio(*poiotēs*) 질의 쟁점 I 10, 14, II 62~115
genus 유(類) I 12, 32, 33, 42, 종류 I 5, 82, 113, 성질 I 5, 10
gloria 영광 II 166
gratia 감사 II 66, 161
habitus 습성 I 36, II 30, 42
historia 역사 I 27
homo 포상받을 자 II 113
honestas/honestum(*to kalon*) 훌륭함 II 54, 55, 89, 94, 141, 147, 156, 158, 172~4
honestum 훌륭한 것 I 20
humile 사소한 것 I 20
ignavia 비겁 II 165
imago 비유 I 49
in iure 법정절차 II 57
incolumitas 안전 II 169, 173~4
inconstans 모순되는 I 89, 93
indignatio(*deinōsis, pathos*) 분개 I 98, 100~105, 109, II 36, 48, 51, 53, 56, 71, 83, 85, 91, 94
inductio(*paradeigma, epagōgē*) 귀납 I 50~56
infirmatio 반박 II 52, 60, 62, 64, 70, 73, 79, 82, 87, 92, 95, 97, 98
infirmatio alterius partis 한 항목의 반박 I 83
iniquum 불형평 II 69
inprudentia(*agnoia*) 부지(不知) I 15, II 95, 99, 102, 124, 고의의 부재 I 41
inpulsio 충동 II 17, 25
inscientia 부지(不知) I 41
insinuatio(*ephodos*) 우회 도입 I 20, 21, 23, 26
intellegentia 이해 II 160
intentio(*kataphasis*) 고발 내용 I 10, II 15, 52, 62 ,70, 73, 79, 87, 92, 95, 97, 98
iniustitia 불의 II 165
inutilitas 무익 II 158
inventio (*heurēsis*) 발견 I 9, 78, II 45, 177
iudicatio(*krinomenon*) 판단 사항 I 18, 19, 23, 31, 97, II 15, 52, 60, 62, 64, 70, 73, 76, 79, 87, 92, 95, 97, 98, 111
iudicatum(*kekrimenon*) 판단 I 48, 79, 82, 83 판례 II 68, 162
iudiciale 소송적인 것 II 110
iudiciale genus(*dikanikon genos*) 소송류 I 7, 13
iunctus 복합적인 I 17, 159
iura legitima 법률에 의한 법 II 68
iuridicialis pars(*dikaiologikon genos*) 사법과 관련된 종 I 12, 14, II 69~115
ius 법 II 65
iustitia 정의 I 3, II 160
laus 칭찬 II 177
levis 사소한 I 89, 90
lege ius 법률에 의한 법 II 162

lex 법률 II 65
locus 장소 I 38, 82, II 40 논소 I 44
locus communis(*topos koinos*) 공통 논소 II 48~51, 55, 56, 61, 68, 71, 77, 85, 86, 91, 94, 100, 101, 104, 108, 114, 143, 147, 150, 152
longinquitas 기간 II 40
longum 장황한 것 I 26
magnificentia 위대함 II 163, 175
magnitudo 중요성 I 82
maleficium 손해 II 75
maiestatem minuere 대역죄 II 53
mala defintio 잘못된 정의 I 89, 91
materia 소재 I 5, 7, 9
memoria(*mnēmē*) 기억 I 9, II 160
misericordia 연민 I 108
modestia 겸손 II 164
modus 방법 I 41
narratio(*diēgēsis*) 서술 I 21, 27~30
natura(*physis*) 본성 I 34, 82, II 29, 42, 자연 II 65, 160, 162
naturae ius 자연법 II 65, 161
necessarius 필연적인 I 44, 46
necessitas/necessitudo(*anankē*) 불가피함 I 15, 41, II 43, 89, 95, 98, 99, 124, 140, 158, 170~175
negotialis pars(*pragmatikon genos*) 법무와 관련된 종 I 12, 14, II 62~68, 100
negotium, 행위 I 10, 34, 78, 사건 I 27

nomen 이름 I 34, II 28, 명칭 I 10, II 52
non concessus 인정되지 않는 I 89, 92
obscurum(*dysparakolouthēton*) 난해한 것 I 20
obsecratio 애원 I 22, 109
observantia 공경 II 66, 161
occasio 시기(時機) I 40, II 40
offensus 불쾌한 I 89, 92
officium(*ergon*) 임무 I 5, 6, II 11
opinio 의견 I 46, 평판 I 82
opportunitas 호기 II 40
oratio 발언 I 36, II 31, 42, 연설 II 13
pactum(*synallagma*) 협약 II 68, 162
par 평등 원칙 II 68, 162
pars 종 I 12, 32, 33, 42
partitio(*merismos*) 구분 I 31~33, 61, 98, 99, 분할 I 60, 61
patientia 인내 II 163
paucitas 최소화 I 32
pecunia 금전 II 157
perseverantia 끈기 II 164
persona 인물 I 27, 34, 78, 82, II 16, 28b~37, 176, 177
perspicuus 자명한 I 89, 92
persuasio 설득 I 6
pertinacia 고집 II 165
petitio 청원 I 7
pietas 충효 II 66, 161
poena 처벌 I 14, II 69

potentia 권능 II 169
potestas 능력 II 24, 40
praemii genus 포상의 종류 II 113
praemium 포상 II 69, 109b~115
praeiudicium 선행 결정 II 59, 60, 113
principium 단도직입 I 20, 21, 26
probabilis 개연적인 I 28, 29, 44, 46, II 46
pronuntiatio(*hypokrisis*) 실연(實演) I 9
propositio(*protasis, prothesis, lēmma*) 대전제 I 59, 67
providentia 예지 II 160
prudentia 고의 I 41, 현명 II 160
publicum 공공적인 것 I 40
purgatio 면죄 I 15, 41, II 94b~103, 124
quaestio 일반 문제 I 8, 쟁점 질문 I 10, 18, 19, II 52, 60, 62, 70, 73, 79, 87, 92, 111, 고문 II 46
ratio 논증 I 17, 18, 근거 I 18, II 52, 62, 63, 70, 73, 79, 87, 92, 95, 97, 98
ratiocinatio 연역(*enthymēma*) I 57~76, 계산 II 17~18, 26, 유추 II 142, 147, 148~153a
ratiocinativum 유추 I 17
rectum 옳음 I 14
recusatio 이의 I 7
relatio criminis(*antenklēma*) 역고발 I 15, II 70, 78b~86a, 87, 124, 137
religio 경외 II 66, 경건 II 161
religiosum 경건한 것 I 48
remotio criminis(*metastasis*) 전가(轉嫁) I 15, II 86b~94a, 124, 137
remotus 동떨어진 I 89, 91
reprehensio 논박 I 78~96, 97, 99, II 11
res 사태 II 21, 90, 91, 행위 II 43
rhetorica 연설술 I 6
rumor 소문 II 46
sapientia 지혜 I 1, 5, II 141
scientia 지식 II 157
scriptum 문서 I 17, 문언(文言) I 55, II 147, 154, 법률 II 134
scriptum et sententia 문언과 의도 I 17, II 102, 121b~143
sententia 의도 I 55, II 147
separatum 무관한 것 I 26
signum(*sēmeion*) 징후 I 48, 79, 81, II 45
simile 유사한 것 I 42
similitudo(*parabolē, eikōn, eikasia*) 유사함 I 46, 53, 82, II 151
simplex 단순한 I 17, 단일한 II 159
simplex conclusio 단순 결론 I 45, 79, 86
singulare 개별적인 것 I 40
splendor 화려 I 25
studium 학문 I 2, 애호 I 36, II 31, 42
superstitio 미신 II 165
temperantia 절제 II 164

tempus 일시 I 39, 82, II 40, 정황 II 112, 시기 II 176
testimonium 증언 II 46
translativa constitutio(*metalēpsis*) 이전의 쟁점 I 10, 16, II 57~61, 80
translatum 빗나간 것 I 26
turpis 치욕적인 I 89, 92
turpitudo 추함 II 158
utilitas(*sympheron, to chrēsimon*) 유익 I 2, 3, 5, II 12, 54, 55, 65, 89, 94, 141, 147, 156, 158, 160, 166~168, 172
veritas 성실 II 65, 진실 66, 157, 161
victus 생활 방식 I 35, II 29, 42
vindicatio 응징 II 66, 161
virtus 덕 I 5, II 157, 159
vis 의미 I 82, II 112, 불가항력 II 124
vituperatio 비난 II 177
voluntas 의사(意思) II 64, 123, 128, 의도 II 94
vulgaris 평범한 I 26, 통속적인 I 89, 90)

고유명사

고르기아스 Gorgias I 7
그락쿠스 형제의 부친 Tiberius Sempronius Gracchus I 48, 91
그락쿠스 형제 Gracchi(*Gaius Sempronius Gracchus, Tiberius Sempronius Gracchus*) I 5, 91
누미토리우스 Quintus Numitorius Pullus II 105
디아나 Diana 여신 II 95
라일리우스 Gaius Laelius I 5
소크라테스 Socrates I 51, 53
쉬팍스 Syphax II 105
스키피오 아프리카누스 Publius Cornelius Scipio Aemilianus Africanus I 5, 91
아가멤논 Agamemnon I 31
아리스토텔레스 Aristoteles I 9, 61, II 6~7
아리스팁포스 Aristippos II 176
아스파시아 Aspasia I 51~52
아이스키네스 Aeschines I 51
아이아스 Aias I 11
아폴로니오스 Apollonios I 109
알렉산드로스 Alexandros, 마케도니아의 I 93
알렉산드로스 Alexandros, 페라이의 II 144
암피온 Amphion I 94
암피크티오네스 amphictyones II 69
압피우스 Appius Claudius Caudex I 27
에리퓔레 Eriphyle I 94
에우리피데스 Euripides I 94
에파미논다스 Epaminondas I 55~56, 69~70, 73

오뒷세우스 Odysseus I 11, II 176
오레스테스 Orestes I 18, 91
오피미우스 Lucius Opimius II 105
이소크라테스 Isocrates II 7
제욱시스 Zeuxis II 1~2
카르타고 Carthago I 11, 17, 72
카이피오 Quintus Servilius Caepio I 92
카토 Marcus Porcius Cato I 5
코르넬리아 Cornellia I 91
쿠리오 Gaius Scribonius Curio I 80
크랏수스 Lucius Licinius Crassus II 111
크로톤 Croton II 1
크세노폰 Xenophon I 51~52
클뤼타이메스트라 Klytaemestra I 31
테렌티우스 Terentius I 27, 33
테오프라스토스 Theoprastos I 61
테이시아스 Teisias II 6
프레겔라이인들 Fregellae I 11
플라미니우스 Gaius Flaminius II 52
플라우투스 Plautus I 95
한니발 Hannibal I 17, II 171
헤르마고라스 Hermagoras I 8, 12, 97

옮긴이의 말

『발견론』은 청년 키케로가 그리스 로마 연설술을 수학하며 집필한 연설술 교과서다. 이 번역본은 국내 초역본으로 출간되었다. 『발견론』의 번역은 정암학당 키케로 번역팀이 2019년 한국연구재단의 연구소 지원 사업에 선정되어 착수되었고 정암학당의 공동 번역 지침에 따라서 진행되었다. 연구 책임자 김진식 선생님의 지휘 아래 2019년부터 1년 동안 원전 강독이 진행되었고, 번역 초고의 공동 독회는 2022년 12월부터 2023년 11월까지 진행되었다. 김선희 선생님을 비롯하여 김진성, 성중모, 양호영, 이선주, 김진식 선생님이 공동 독회에 참여하여 번역 초고의 여러 오류를 바로잡고 가독성을 높이는 데 많은 도움을 주었다. 이에 심심한 감사를 표한다. 아울러 2024년 9월부터 집중 독회를 도맡아 번역 원고를 꼼꼼하게 검토하여 여러 유용한 제안을 해 준 김출곤 선생님에게는 특별한 감사를 표한다. 또 정암고전총서 키케로 전집에 관심과 지원을 아끼지 않은 이정호 이사장님과 김주일 정암학당 학당장님에게도 감사를 표한다. 또 이 책을 제작해 준 아카넷 편집자님에게도 감사를 표한다. 마지막으로 나의 작은 버팀목 김효정에게 큰 감사의 마음을 전한다.

사단법인 정암학당을 후원해 주시는 분들

정암학당의 연구와 역주서 발간 사업은 연구자들의 노력과 시민들의 귀한 뜻이 모여 이루어집니다. 학당의 모든 연구는 시민들의 자발적인 후원을 바탕으로 하기 때문입니다. 그 결실을 담은 '정암고전총서'는 연구자와 시민의 연대가 만들어 내는 고전 번역 운동의 산물이라고 할 수 있습니다. 이 같은 학술 운동의 역사적 의미를 기리고자 이 사업에 참여한 후원회원 한 분 한 분의 정성을 이 책에 기록합니다.

평생후원회원

Alexandros Kwanghae Park	유익재	정흥교	전병환	최현석(프라임 요양병원)	강대진
강상진	강선자	강성식	강성훈	강순전	강승민	강용란	강주완	강창보	강철웅
고재희	공기석	곽삼근	권세혁	권연경	권장용	기종석	길명근	김경랑	김경현
김귀녀	김기영	김남두	김대겸	김대오	김미성	김미옥	김병연	김상기	김상수
김상욱	김상현	김석언	김석준	김선희(58)	김성환	김숙자	김순옥	김영균	김영순
김영일	김영찬	김영희	김옥경	김운찬	김유순	김 율	김은자	김은희	김인곤
김재홍	김정락	김정란	김정례	김정명	김정신	김정화	김주일	김지윤(양희)
김지은	김진규	김진성	김진식	김창완	김창환	김출곤	김태환	김 헌	김현래
김현제	김현주	김혜경	김혜자	김효미	김휘웅	도종관	류한형	문성민	문수영
문우일	문종철	박계형	박금순	박금옥	박명준	박병복	박복득	박상태	박선미
박선영	박선희	박세호	박수영	박승찬	박윤재	박정수	박정하	박종면	박종민
박종철	박진우	박창국	박태일	박현우	박혜영	반채환	배인숙	백도형	백영경
변우희	사공엽	서광복	서동주	서 명	성 염	서지민	설현석	성중모	손병석
손성석	손윤락	손혜민	손효주	송경순	송대현	송성근	송순아	송요중	송유레
송정화	신성우	심재경	안성희	안 욱	안재원	안정옥	양문흠	양호영	엄윤경
여재훈	염수균	오서영	오지은	오홍식	유재민	유태권	유 혁	유형수	윤나다
윤신중	윤정혜	윤지숙	은규호	이경선	이광영	이기백	이기석	이기연	이기용
이도헌	이두희	이명호	이무희	이미란	이민숙	이민성	이봉규	이상구	이상원
이상익	이상인	이상희(69)	이상희(82)	이석호	이선희	이순이	이순정	이승재	이시연
이아람	이영원	이영호(48)	이영호(66)	이영환	이옥심	이용구	이용술	이용재	이용철
이원제	이원혁	이유인	이은미	이응명	이임순	이재경	이재환	이정선(71)	이정선(75)
이정숙	이정식	이정호	이종환(71)	이종환(75)	이주완	이주형	이지민	이지수	이 진
이창우	이창연	이창원	이충원	이춘매	이태수	이태호	이필렬	이한주	이향섭
이향자	이황희	이현숙	이현일	임대윤	임보경	임성진	임연정	임창오	임환균
장경란	장동익	장미성	장영식	전국경	전헌상	전호근	정선빈	정세환	정순희
정연교	정옥재	정은정(65)	정은정(72)	정 일	정정진	정제문	정준영(63)	정준영(64)	정해남
정희영	조광제	조대호	조문숙	조병훈	조성대	조익순	조정희	조준호	조태현
지도영	차경숙	차기태	차미영	채수환	최 미	최세용	최수영	최병조	최병철
최영아	최영임	최영환	최윤규	최원배	최윤정(77)	최은영	최인규	최지호	최 화
표경태	풍광섭	하선규	하성권	한경자	한명희	허남진	허선순	허성도	허영현
허용우	허정환	허지현	홍성의	홍순정	홍 훈	황경화	황규빈	황예림	황유리
황주영	황희철

가지런e류 교정치과　　　나와우리〈책방이음〉　　　도미니코 수도회　　　도바세
아카넷　　　　　　　　　한국방통대 문화교양학과서울18대동문회　　　　　　　한국방통대소담터스터디
한국방통대안양학습관재학생　한국방통대동문(25주년 기념회)　한국방통대영문과07미아팀
법률사무소 큰숲　　　　부북스출판사(신현부)　　　생각과느낌 정신건강의학과
이제이북스　　　　　　　㈜알파휴　　　　　　　카페 벨라온

(개인 307, 단체 16, 총 323)

후원위원

강성식	강진숙	강태형	고명선	곽성순	구미희	권소연	권영우	권이혁	길양란
김경원	김교빈	김기훈	김나윤	김대권	김대희	김명희	김미란	김미선	김미향
김백현	김복희	김상봉	김성민	김성윤	김성훈	김순희(1)	김승우	김양희	김애란
김연우	김영란	김용배	김윤선	김장생	김정수	김정이	김정자	김정형	김지수(62)
김진숙(72)	김현자	김형준	김형희	김희대	맹국재	문영희	박미라	박우진	박원빈
박종근	박태준	박현주	백선옥	서도식	성민주	손창인	송민호	송봉근	송상호
송찬섭	신미경	신성은	신영옥	신재순	심명은	안희돈	양은경	양정윤	오현주
오현주(62)	우현정	원해자	유미소	유효경	이경진	이명옥	이봉철	이선순	이수민
이수은	이순희	이승목	이승준	이신자	이은수	이정민	이정인	이지희	이진희
이평순	임경미	임우식	장세백	장영재	전일순	정삼아	정은숙	정태윤	정태흡
정현석	조동제	조명화	조미연	조민아	조백현	조범규	조성덕	조진희	주은영
천병희	최광호	최세실리아	최승렬	최승아	최이담	최정옥	최효임	한대규	허 광
허 민	홍순혁	홍은규	홍정수	황정숙	황훈성	정암학당1년후원

사가독서회　　　　　한국방통대문화교양학과경기지역대학〈처음처럼〉　　　　한국방통대수원3학년학생회
한국방통대안양학생회 경기8대학생회　　　한국방통대경기총동문회　　　　한국방통대대전충남학생회
한국방통대베스트스터디　　　　　　한국방통대부산7기동문회　　　　한국방통대부산지역학우일동(2018)
한국방통대안양학습관　한국방통대안양동문(2024)　　　　　　　　　　한국방통대안양학습관(2025)
한국방통대인천동문회　한국방통대인천지역학생회　　　　　　　　　　한국방통대철학동아리〈아노도스〉
한국방통대동아리〈예사모〉　　　　　한국방통대동아리〈프로네시스〉

(개인 126, 단체 18, 총 144)

후원회원

강경훈	강경희	강규태	강보슬	강상훈	강선옥	강성만	강성심	강신은	강유선
강은미	강은정	강임향	강지원	강창조	강 항	강희석	고강민	고경효	고복미
고숙자	고승재	고창수	고효순	공경희	곽범환	곽수미	구본호	구외숙	구익희
권 강	권동명	권미숙	권미영	권성철	권순복	권순자	권오경	권오성	권오영
권용석	권원만	권정화	권해명	권혁민	김건아	김경미	김경원	김경화	김광석
김광성	김광택	김광호	김귀종	김길화	김나경(69)	김나경(71)	김남구	김대영	김대훈
김동근	김동찬	김두훈	김 들	김래영	김명수(1)	김명주(2)	김명하	김명화	김명희(63)
김문성	김미경(61)	김미경(63)	김미숙	김미정	김미형	김민경	김민웅	김민주	김범석

김병수	김병옥	김보라미	김보희	김봉습	김비단결	김선규	김선민	김선희(66)	김성곤
김성기	김성은(1)	김성은(2)	김세은	김세원	김세진	김수민	김수진	김수환	김숙현
김순금	김순태	김순호	김순희(2)	김시인	김시형	김신태	김신판	김승원	김아영
김양식	김영선	김영숙(1)	김영숙(2)	김영애	김영준	김영효	김옥주	김용술	김용한
김용희	김유석	김유진	김은미	김은심	김은정	김은주	김은파	김인식	김인애
김인욱	김인자	김일학	김정근	김정식	김정현	김정현(96)	김정훈	김정희(1)	김정희(2)
김종태	김종호	김종희	김주미	김주희	김중우	김지수(2)	김지애	김지열	김지유
김진숙(71)	김진태	김철한	김충구	김태식	김태욱	김태헌	김태훈	김태희	김평화
김하운	김한기	김해라	김현규	김현숙(61)	김현숙(72)	김현우	김현정	김현정(2)	김현중
김현철	김형규	김형전	김혜숙(53)	김혜숙(60)	김혜원	김혜정	김홍명	김홍일	김희경
김희성	김희정	김희준	나의열	나춘화	나혜연	남수빈	남영우	남원일	남지연
남진애	노마리아	노미경	노선이	노성숙	노채은	노혜경	도진경	도진해	류남형
류다현	류동춘	류미희	류시운	류연옥	류점용	류종덕	류지아	류진선	모영진
문경남	문상흠	문성호	문순현	문영식	문정숙	문종선	문종진	문준혁	문찬혁
문행자	민 영	민용기	민중근	민혜정	박경남	박경수	박경숙	박경애	박귀자
박규철	박다연	박대길	박동심	박명화	박문영	박문형	박미경	박미숙(67)	박미숙(71)
박미자	박미정	박민주	박믿음	박배민	박보경	박상선	박상윤	박상준	박선대
박선영	박성기	박성지	박소운	박수양	박순주	박순희	박연숙	박영찬	박영호
박옥선	박원대	박원자	박유정	박윤하	박재준	박재학	박정두	박정서	박정오
박정주	박정은	박정희	박종례	박주현	박주형	박준용	박준하	박지영(58)	박지영(73)
박지창	박지희(74)	박지희(98)	박진만	박진선	박진헌	박진희	박찬수	박찬은	박춘례
박태안	박한종	박해윤	박헌민	박현숙	박현자	박현정	박현철	박형전	박혜숙
박홍기	박희열	반덕진	배기완	배수영	배영지	배제성	배효선	백기자	백선영
백수영	백승찬	박애숙	백현우	변은섭	봉성용	서강민	서경식	서근영	서두원
서민정	서범준	서봄이	서승일	서영식	서옥희	서용심	서원호	서월순	서정원
서지희	서창립	서회자	서희승	석현주	설진철	성윤수	성지영	소도영	소병문
소상욱	소선자	손금성	손금화	손동철	손민석	손상현	손성호	손정수	손지아
손태현	손한결	손혜정	송금숙	송기섭	송명화	송미희	송복순	송석현	송수경
송연화	송염만	송원욱	송원희	송용석	송유철	송인애	송진우	송태옥	송효정
신경남	신경원	신경준	신기동	신명우	신민주	신상하	신성호	신영미	신용균
신정애	신지영	신혜경	심경옥	심복섭	심은미	심은애	심재윤	심정숙	심준보
심희정	안건형	안경화	안미희	안숙현	안영숙	안정숙	안정순	안진구	안진숙
안화숙	안혜정	안희경	안희돈	양경엽	양미선	양병만	양선숙	양세규	양예진
양지연	양현서	엄순영	오명순	오성민	오승연	오신명	오영수	오영순	오유석
오은영	오진세	오창진	오혁진	옥명희	온정민	왕현주	우남권	우 람	우병권
우은주	우지호	원만희	유두신	유미애	유성경	유승현	유정모	유정원	유 철
유향숙	유희선	윤경숙	윤경자	윤선애	윤수흥	윤여훈	윤영미	윤영선	윤영이
윤에스더	윤 옥	윤은경	윤재은	윤정만	윤혜영	윤혜진	이건호	이경남(1)	이경남(72)
이경미	이경아	이경옥	이경원	이경자	이경희	이관호	이광로	이광석	이군무
이궁훈	이권주	이나영	이다연	이덕제	이동래	이동조	이동춘	이명란	이명순

이미옥	이민희	이병태	이복희	이상규	이상래	이상봉	이상선	이상훈	이선민
이선이	이성은	이성준	이성호	이성훈	이성희	이세준	이소영	이소정	이수경
이수련	이숙희	이순옥	이승훈	이승훈(79)	이시현	이양미	이연희	이영민	이영숙
이영실	이영신	이영애	이영애(2)	이영철	이영호(43)	이옥경	이용숙	이용안	이용웅
이용찬	이용태	이원용	이유진	이윤열	이윤주	이윤철	이은규	이은심	이은정
이은주	이이숙	이인순	이재현	이정빈	이정석	이정선(68)	이정애	이정임	이종남
이종민	이종복	이준호	이중근	이지석	이지현	이진아	이진우	이창용	이철주
이춘성	이태곤	이태목	이평식	이표순	이한솔	이 혁	이현주(1)	이현주(2)	이현호
이혜영	이혜원	이호석	이호섭	이화선	이희숙	이희정	임가흔	임미정	임석희
임솔내	임정환	임창근	임현찬	장모범	장선희	장시은	장영애	장오현	장재희
장지나	장지원(65)	장지원(78)	장지은	장철형	장태순	장해숙	장홍순	전경민	전다록
전미래	전병덕	전석빈	전영석	전우성	전우진	전재혁	전종호	전진호	정경희
정계란	정금숙	정금연	정금이	정금자	정난진	정미경	정미숙	정미자	정상묵
정상준	정선빈	정세영	정아연	정양민	정양욱	정 연	정연화	정영목	정영훈
정옥진	정용백	정우정	정유미	정은하	정일순	정재연	정재웅	정정녀	정지숙
정진화	정창화	정하갑	정현진	정은교	정해경	정현주	정현진	정호영	정환수
조권수	조길자	조덕근	조미선	조미숙	조병진	조성일	조성혁	조수연	조슬기
조영래	조영수	조영신	조영연	조영호	조예빈	조용수	조용준	조윤신	조윤정
조은진	조정란	조정미	조정옥	조정원	조증윤	조창호	조황호	주봉희	주연옥
주은빈	지정훈	진동성	진보성	차문송	차상민	차혜진	채양열	천동환	천명옥
최경식	최명자	최미경	최보근	최석묵	최선희	최성준	최수현	최숙현	최연우
최영란	최영부	최영순	최영식	최원옥	최유숙	최유진	최윤정(66)	최은경	최일우
최자련	최재식	최재원(1)	최재원(2)	최재혁	최정욱	최정호	최정환	최종희	최준원
최지연	최진욱	최혁규	최현숙	최형석	최혜정	표종삼	하승연	하혜용	한규호
한미영	한생곤	한선미	한연숙	한옥희	한윤주	한호경	함귀선	허미정	허성준
허 양	허 웅	허인자	허정우	홍경란	홍기표	홍병식	홍성경	홍성규	홍순아
홍성은	홍영환	홍은영	홍의중	홍지흔	황경민	황광현	황미영	황미옥	황선영
황신해	황은주	황재규	황정희	황창배	황현숙	황혜성	황희수	kai1100	익명

리테라 주식회사	서울대학교 철학과 학생회	㈜아트앤스터디	영일통운㈜
장승포서점(김장후)	책바람	한국방통대문화교양학과강원동문회
한국방통대강원학생회	한국방통대경기〈문사모〉
한국방통대경기동문〈문사모〉	한국방통대서울총동문회
한국방통대원주학생회잠실송파스터디	한국방통대인천졸업생
한국방통대전국총동문회졸업생	한국방통대8대전국총학생회
한국방통대11대서울학생회	한국방통대K2스터디

(개인 760, 단체 19, 총 779)

2025년 9월 30일 현재 1,193분과 53개의 단체(총 1246)가 정암학당을 후원해 주고 계십니다.

옮긴이

김기영

연세대학교 철학과를 졸업하고 서울대학교 서양고전학 협동 과정에서 석사 학위를, 독일 베를린자유대학교에서 「소포클레스 양분 구성 드라마 연구」로 박사 학위를 받았다. 연세대학교에서 강의하는 가운데 정암학당 연구원으로 활동하고 있다. 지은 책으로 『그리스 비극의 영웅 세계』, 『신화에서 비극으로』 등이 있고, 옮긴 책으로 『오뒷세이아』, 『오레스테이아 3부작』, 『오이디푸스 왕 외』, 『메데이아』가 있다.

정암고전총서는 정암학당과 아카넷이 공동으로 펼치는 고전 번역 사업입니다. 고전의 지혜를 공유하여 현재를 비판하고 미래를 내다보는 안목을 키우는 문화적 기반을 마련하고자 합니다.

정암고전총서 키케로 전집

발견론

1판 1쇄 찍음 2025년 11월 4일
1판 1쇄 펴냄 2025년 11월 25일

지은이 키케로
옮긴이 김기영
펴낸이 김정호

책임편집 임정우
디자인 이대응

펴낸곳 아카넷
출판등록 2000년 1월 24일(제406-2000-000012호)
주소 10881 경기도 파주시 회동길 445-3 2층
전화 031-955-9510(편집) · 031-955-9514(주문)
팩시밀리 031-955-9519
www.acanet.co.kr

© 김기영, 2025

Printed in Paju, Korea.

ISBN 979-11-7559-006-9 94160
ISBN 978-89-5733-746-2 (세트)

이 저서는 2022년 대한민국 교육부와 한국연구재단의 지원을 받아 수행된 연구입니다.
(NRF-2022S1A5C2A02092200)